星出版

新觀點
新思維
新眼界

腦力全開

打破局限信念，加速學習，開啟無限人生新境界

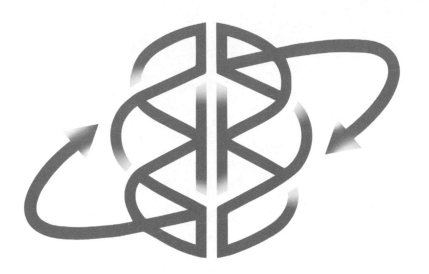

LIMITLESS

Upgrade Your Brain, Learn Anything Faster, and Unlock Your Exceptional Life

吉姆・快克 JIM KWIK 著　李芳齡 譯

本書內文使用：

☑較不易泛黃紙張印刷，延長使用保存價值。

本書謹獻給我的讀者和學生，
以及你們內在的無限英雄。
感謝你們的時間與對我的信賴。

目錄

推薦序

你的大腦升級手冊

我們最珍貴的天賦，就是我們的頭腦。

頭腦讓我們學習、愛、思考、創造，體驗樂趣。頭腦是通往情緒的門徑，使我們能夠深度體驗生活，能夠擁有持久的親密關係。頭腦使我們能夠創新、成長、實現。

很少人知道，藉由運用一些實用的方法，我們可以增強大腦和學習能力。多數人知道，我們可以透過運動和飲食改善心血管健康，但多數人不知道，我們也可以大大改善我們的頭腦，進而改善生活。

不幸的是，我們的世界並沒有為我們的頭腦形成一個健康的環境。吉姆·快克在為我們提供一份變得無限的路線圖之前，先指出阻礙我們思考、專注、學習、成長及充分展現人性的四個惡棍。

第一個惡棍是**數位洪水（digital deluge）**——在這個時間有限、期望過高過多的世界，無止境的資訊洪流導致我們招架不住、焦慮、失眠。淹沒在資料和快速變化中的

我們，渴望有方法和工具可以讓我們恢復一些生產力、效能與心智平和。

第二個惡棍是**數位分心（digital distraction）**——不斷急湧而逝的數位多巴胺娛悅，取代了深度關係、深度學習或深度工作所需要的專注保持力。最近的一場演講，我注意到鄰座的一個朋友在幾分鐘內查看她的手機多次，我借用她的手機，拉出螢幕時間管理應用程式，發現她在一天之內查看手機超過千次，有一千條通知。簡訊、社群媒體通知、電子郵件、新聞推播訊息，這些固然有其重要性，但可能干擾我們的專注，使我們從當下最重要的事務分心。

第三個惡棍是**數位痴呆（digital dementia）**——我們放任記憶力肌肉萎縮。你的口袋裡有一部超級電腦，這對個人有好處，但它就像一輛電動腳踏車，輕鬆、有趣，卻對健身無益。有關痴呆症的研究顯示，我們的學習能力愈強，亦即我們做愈多的「大腦運動」（brainercise），我們得痴呆症的風險愈低。但是，我們太常將記憶力外包出去，導致我們的記憶力欠缺操練而萎縮。

第四個傷害頭腦的惡棍是**數位推論（digital deduction）**——在可以大量取得資訊的世界，我們在使用資訊方面可能做得太過，甚至到了讓科技為我們做大部分思辨與推論的地步。線上有太多別人得出的結論，以至於我們開始棄置自己思考得出結論的能力。我們絕對不會讓別人代替我們思考，卻太安適於讓數位裝置代替自己思考。

這四個數位惡棍一起洗劫我們的專注力、學習力，最重要的是，減損我們的深度思考力。它們減損我們的心智清晰度，導致腦疲勞、分心、不容易學習，以及不快樂。當代的科技進步有潛在的益處與害處，我們使用科技的方式可能導致過荷、記憶力傷害、分心及依賴性，而這些問題只會日益嚴重。

本書傳達的訊息來得太是時候了。你與生俱有最重要的技術，沒有什麼比我們的腦部健康及腦適能更為重要的了，頭腦支配我們人生中的一切。為了在21世紀生存、成功，我們得學習如何過濾所有資料，發展駕馭分心事物及泛濫資訊的新方法與技巧。學習，以及能夠更快速、更輕易地學習的能力，使得人生中的種種變得可能；這意味的是，現在，我們比以往更能如同鍛鍊身體般鍛鍊我們的頭腦。你希望擁有健康的身體，當然也希望擁有靈活、優秀、活力充沛、強健的腦袋——這是吉姆賴以維生的功夫，他是心智的個人教練。

你將透過本書學會如何克服種種限制，前述四個超級惡棍只是其中的例子。誠如吉姆所言，想要擁有不凡的人生，關鍵之鑰是讓自己擺脫束縛、突破限制，他已經用他的無限模型（Limitless Model）破解了這種個人轉變的密碼。若你苦於掙扎在任何領域達成目標，首先你必須自問：究竟是什麼限制了我？你很可能遭遇心態（mindset）、幹勁（motivation）或方法（methods）上的限制，這意味的是，並非你有什麼個人缺點，或是未能指

出任何能力上的缺失。我們往往相信，我們面臨的障礙是固定、無法動搖的；其實不然，一切操之在我們，任何時候，我們都能夠克服。

　　若我們的心態沒有校準於願望或目標，我們就永遠無法達成願望或目標。你必須辨識出你的局限信念（limiting beliefs）、故事、根深蒂固的想法、態度，以及有關你本身及可能性的假設。想要建立無限心態，第一步就是檢視、挖掘、除去這些局限信念。我的母親告訴我，我能夠成就任何事，我很聰明、能幹，不論我努力想嘗試什麼，都能夠做到最好。這種根深蒂固的信念，使我得以做到超越我最狂野的夢想的成功境界。但是，目睹我父母的離婚及破碎婚姻，我也有了另一個信念 —— 關係很難，充滿了痛苦和戲劇性。我花了將近五十年的時間，才去除這種信念，在我的婚姻中找到真正的快樂。

　　無限人生的第二個祕訣，就是你的幹勁必須充足。吉姆在本書列出幹勁的三要素：第一項要素是你的目的 —— 為什麼，動機很重要。我想要好好變老，所以我努力做重訓，讓自己變得更強壯。雖然這不是我喜愛做的事，但目的凌駕了不適。

　　第二項要素是做你想做的事情的能力，這需要精力，而精力需要精力管理。為了達成你的目的，人體機能科學很重要，這部分探討的是吃非加工食物、運動、壓力管理、優質睡眠，以及溝通和建立健全關係（與去除有害關係）的技巧。第三項要素是，把工作分成小批量、小步

驟進行，這樣更容易成功。比方說，一次用牙線清潔一顆牙，讀一本書的一頁，做一下伏地挺身，冥想一分鐘……這些全都能夠增進信心，最終引領出更大的成功。

　　無限人生的最後一個祕訣，就是懂得運用正確的方法。我們被教導拿著19、20世紀的工具在21世紀運作，本書教我們五種達成我們想做之事的方法：專注、學習、提升記憶力、速讀和思辨。運用這些進步的學習方法，可以幫助我們善用心態與幹勁，更輕鬆、有效率地實現夢想。

　　吉姆深知受限的生活是什麼滋味。童年時，腦部受傷損害了他的專注力和學習能力，一位輕忽他人感受的老師指著他，對其他人說：「那是個腦袋壞了的男孩。」吉姆從此致力於學習如何克服並從腦傷痊癒，把他遭遇到的困難與挑戰，轉化成一種強大的學習能力。其實，我們全都受苦於某種程度的腦損，而這本書是治癒我們的頭腦、重組我們的信念，改善我們的人生的處方。學習如何學習，精通這件事具有最強大的力量，使我們有可能習得每一種技巧與能力，這本書的目的就是教會你這件事。

　　吉姆在本書提供學習如何學習的一份路線圖，我們多數人在成長過程中，並未學到我們需要的這類工具，吉姆在本書大方分享他學到的種種訣竅。過去三十年，他和學生、教師、名人、建築工人、政治人物、企業家、科學家……各行各業的人共事，與全球一些最先進的教育體制合作，用他的方法訓練教育從業人員、教育監管人員及學生，他的方法確實有效，使我們所有人受惠。

　　這世上沒有什麼聰明藥，但是有方法可以使你變得更聰明，你將在本書發現這些方法。這本書是你的大腦升級手冊，不僅教你如何更快速、更有效地學習，也教你如何透過營養、補充品、運動、冥想、睡眠等等，促進生成新的腦細胞及它們之間的連結，修復腦細胞，增強你的腦力。

　　本書可說是三本書合而為一，若你目前的心態、幹勁和方法限制了你實現夢想的能力，這本書將帶領你迎向更好、更聰敏的大腦，以及更光明的未來，你的學習及人生將永遠改變。

馬克・海曼 醫師 Mark Hyman, M.D.
克利夫蘭醫學中心功能醫學研究機構策略與創新主任
十二度榮登《紐約時報》暢銷書排行榜醫療保健類作家
2019年12月

「當你是個孩子時，
你的想像力無限。
你真的相信
有魔法嗎？
我認為
我擁有超能力。」

—— 蜜雪兒・潘 Michelle Phan，
網路彩妝達人

前言

最重要的能力

你有什麼願望？若精靈准許你許個願，只能許一個，你的願望是什麼？

那還用說嗎？當然是：無限願望！

想像我是你的學習精靈，我准許你許一個學習願望 —— 任何一項學科或技能，你想學什麼呢？什麼學科或技能，等同於要求無限願望？

學習如何學習，對吧？

若你真的懂得如何更聰明、更快速、效果更好地學習，你就可以運用這項能力學習任何東西，你可以學習如何駕馭你的心態或幹勁，或是善用訣竅學中文、行銷、音樂、武術、數學……無限的東西！你將成為一個智力超級英雄！任何事情都將有可能實現，因為你將不受限！

我撰寫這本書的使命，就是准許你許這個願望。首先，我要表達我有多麼尊敬和佩服你，你購買、閱讀這本書，意味的是，你遠遠超前那些認命接受他們目前的境況

與限制的多數人，你不僅想在人生中成就更多，也是願意
為此付出努力的少數人之一。換言之，你是這個故事的主
角，已經回應了這項冒險行動的召喚。我相信，對我們所
有人而言，最重要的冒險行動，就是發揮我們最充分的潛
能，並且激勵他人這麼做。

　　我不知道你的人生旅程如何引領你購買、閱讀這本
書，我猜想，你的人生旅程中，至少有一部分是接受他人
或你自己加諸你身上的限制，比方說：你的閱讀速度不夠
快，所以無法跟上你必須知道的所有東西；你的心智不夠
敏捷，致使你在工作上表現不夠出色、成功；你沒有幹勁
去完成事情，或是欠缺活力達成目標。

　　本書旨在終結這種催眠：我們從父母、節目、媒體或
行銷中學到的集體催眠與謊言，說我們是有限的，我們不
足，沒有能力創造亮眼成就、有所作為、不配擁有、沒有
創意或沒有貢獻。

　　相信你是「有限」的 —— 這種信念可能阻擋你實現
你的最大夢想，至少截至目前為止如此。但我向你保證，
你的任何信念，都無法真正限制住你這個人。每個人內在
都有巨大潛能 —— 未被發掘及使用的力量、智力及專注
力，為了活化這些超能力，關鍵之鑰是讓自己擺脫束縛。
過去二十五年，我和各種年齡、國籍、種族、社會經濟地
位及教育程度的人共事，我發現，不論你來自什麼背景，
不論你面臨什麼困難與挑戰，你都有無限的潛能等待你去
發掘。包括你在內，每一個人，不論年齡、背景、教育水

準、性別或個人史，都能超越他們自以為的可能性。請跟
著我一起努力，你將會把你自己的限制，視為一個過時的
觀念。

在這本書，我使用「超級英雄」及「超能力」這兩個
詞彙，為什麼？首先，我是這方面的怪胎，因為童年時腦
部受傷，學習上遭遇困難與挑戰，在困頓掙扎時，我遁入
漫畫書及電影中，藉此激勵自己。我發現，我喜歡的漫
畫書及電影都有相同的型態：英雄之旅。近乎所有著名
的冒險行動，都出現了約瑟夫・坎伯（Joseph Campbell）
的經典情節結構，包括《綠野仙蹤》（*The Wizard of Oz*）、
《星際大戰》（*Star Wars*）、《哈利波特》（*Harry Potter*）、
《享受吧！一個人的旅行》（*Eat, Pray, Love*）、《飢餓遊戲》
（*The Hunger Games*）、《洛基》（*Rocky*）、《魔戒》（*The Lord
of the Rings*）、《愛麗絲夢遊仙境》（*Alice in Wonderland*）、
《駭客任務》（*The Matrix*）等等。

想想你喜愛的故事，或是我剛才提到的影片或書籍之
一，你有沒有覺得聽起來滿熟悉的？英雄（例如哈利・波
特）起於平凡世界 —— 他們熟悉的世界，後來聽到了冒
險行動的召喚。他們可以作出選擇 —— 忽視召喚，繼續
留在平凡世界，沒有什麼改變；或者響應召喚，加入未知
的新世界。若他們響應召喚，例如《駭客任務》中的尼歐
（Neo）吞下紅色藥丸，結識他們的嚮導或導師，如《小子
難纏》（*The Karate Kid*）中的宮城先生（Mr. Miyagi），訓
練、調教他們克服障礙，達成新的成就水準。導師引介新

的力量與技能給英雄，鼓勵他們以前所未見的方式利用現有能力。英雄超越原本認知的限制，學習新的存在方式，最終面對考驗。當他們重返平凡世界時 —— 例如桃樂絲回到堪薩斯，帶著最重要的收穫 —— 他們從冒險之旅中發現的寶藏，凝聚的情感與力量，獲得的洞見及智慧，他們可以和旁人分享這些禮物和啟示。

　　英雄之旅是理想結構，可為你的個人故事提供力量與目的。在本書，你就是超級英雄。

　　我的核心信念之一是：人的潛能是這世上僅有的極少數無限資源之一，絕大多數其他資源是有限的，但人的智慧是終極超能力 —— 我們的創造力、想像力、意志力，或思考、推理、學習能力是無極限的，然而這資源也是最少被利用的資源之一。我們全都能成為自己故事中的英雄，天天沉入我們的潛能之井，這口潛能之井永遠不會乾涸。可是，很少人在生活中這麼做，這也是我撰寫這本書的原因：我想幫助你認知到，不論你目前處於什麼境況，不論你過去的境況如何，你絕對可以解放自己，從受限邁向自由，這可能是你從平凡世界進入非凡世界所需的唯一「非凡功夫」。

　　這本書將會教你這套非凡功夫。書中有一系列的工具，幫助你擺脫原本的認知限制，你將學習如何更加善用腦力、幹勁、記憶力及專注力變得無限，你將學習如何擺脫對你造成種種限制的習慣。若我是你這趟英雄之旅的導師，那麼這本書就是地圖，幫助你駕馭心態、幹勁和方

法，妥善掌握學習如何學習的能力。一旦你擁有這項能力，你就會變得無限。

　　這裡有扇門，你知道門的那一邊有什麼在等著你，穿越這扇門吧。

「一顆蛋被
一股外力打破，
生命就終結了。
若這顆蛋
由一股內力衝破，
生命便於焉誕生。
偉大的東西，
都是由內開始的。」

——吉姆・快克

第一部

解放你的心智

「我們不需要魔法
改變我們的世界。
我們的內在
已經擁有
我們需要的
全部力量。」

──J. K. 羅琳 J. K. Rowling，
《哈利波特》系列作者

①

變得無限

「我真笨！」

「我不懂。」

「我太笨了，學不來。」

這些是我成長時期的口頭禪，我天天都告訴自己：我很慢，我很笨，絕對學不好閱讀，更別說人生以後階段的東西，我能夠學會的將遠遠更少。若有一種藥丸，只要吞下去，就能夠大大增強我的腦力，使我變得更聰明，就像 2011 年上映的電影《藥命效應》（*Limitless*）中，布萊德利·庫柏（Bradley Cooper）飾演的男主角吞的那種藥丸，我定然不惜一切代價取得。

不是只有我對自己有這種感覺，你若去問我小時候的老師，許多老師一定會說，他們最意想不到會寫這本書的人就是我。當年，若得知我正在閱讀一本書，他們都會跌破眼鏡了，更遑論寫一本書。

這全都是因為我讀幼兒園時發生的一件意外，完全改

變了我的人生軌跡。有一天，我正在上課，窗外響起汽笛聲，教室裡所有人都注意到了，老師向外望，說她看到消防車出動了。全教室的人對這項資訊作出了幼兒園生會作出的反應：衝向窗戶。我尤其興奮，因為當時的我，已經非常著迷於超級英雄（現在的我仍然如此），對我而言，消防員是我在真實生活中最貼近的超級英雄。我跟所有人一樣，衝向窗戶。

問題是，我不夠高，看不到消防車。有個小孩去搬他的椅子來，站在椅子上看，其他小孩也跟進，我跑回去搬了我的椅子，把它靠在窗戶下方巨大鑄鐵葉片式暖爐邊。我站到椅子上，看到消防車，真是興奮極了！我目瞪口呆地看著這些穿著看似堅不可摧的制服的勇敢英雄們，還有鮮紅色的消防車。

突然，有個小孩抽掉我站著的椅子，我失去平衡，跌了下來，頭部撞上鑄鐵暖爐，撞擊力道很大，我開始流血。學校馬上把我送去醫院，醫生處理我的傷口，但事後，他們坦誠告訴我的母親，我的腦部受到不小的傷害。

我的母親說，從那時起，我整個人就跟以前大不同了。在那之前，我是個活潑、有自信、充滿好奇心的小孩；之後，我明顯變得遲滯，學習上有困難，非常難聚焦、專注，我的記憶力也變得很糟。你可以想像得到，學校對我而言變成一種磨難，老師們必須一再重複，直到我學會「假裝已經懂了」。其他小孩在學習閱讀時，我連英文字母都傻傻分不清楚。你還記得小時候，大家圍成一個

圈圈閱讀，把書逐一傳到每個人手中，傳到誰手上，那個人就要大聲朗讀書中的一段嗎？對我來說，那是最可怕的時刻，緊張等著傳閱的書離我愈來愈近，傳到我手上之後，我看著書頁，一個字也不認識（我想，我對於演講的恐懼，就是源於那時。）過了三年之後，我才開始能夠閱讀，接下來很長一段期間，閱讀對我而言，始終都像一場艱辛的戰鬥。

　　要不是我在漫畫書裡看到那些英雄，我不確定我這輩子是否能夠學會閱讀。一般書籍完全無法使我保持專注，但是，我對漫畫的著迷，驅使我持續逼迫自己，直到我能夠自行閱讀這些故事，不需要等別人來為我朗讀。我常在晚上躲在被子裡，用手電筒照著看漫畫，這些故事帶給我希望——個人可以克服艱困阻難。

　　成長過程中，我特別喜歡的超級英雄是 X 戰警（X-Men），並非因為他們是最強悍的，而是因為他們不被了解，他們古怪，和一般人類不同。我覺得我感同身受，他們因為體內的基因突變而被視為變種人，他們和社會格格不入，不了解他們的人對他們退避三舍。這也是我的境況，差別在於我沒有超能力；X戰警是社會棄兒，我也是，我屬於他們的世界。

　　我生長於紐約市市郊的威斯特徹斯特郡（Westchester County），某天晚上，我很興奮得知，根據漫畫書，X教授（Professor Xavier）的天賦少年學校X學院位於離我家不遠的地方。我當時九歲，幾乎每個週末，我都會騎著腳踏車

到社區四處轉轉,尋找X學院。我非常執著,心想:若能找到這間學校,我就能在這間學校找到我的立足之地,我的「怪異」將在那裡怡然自得,我可以在那裡發掘及發展我自己的超能力。

腦袋壞了的男孩

真實世界的生活並不仁慈,大約此時,跟我們同住、幫助養育我的祖母,開始出現失智前兆。看著你心愛的人失去智能和記憶力,實在很難描述那種感覺,那就像逐漸失去她,直到她離世。她是我的世界,再加上我本身的學習困難,她是我如此熱中於腦部健康和腦適能的原因。

回到學校,我遭受霸凌與各種嘲笑,這不但發生在戶外活動場地,也發生在教室內。我記得,小學時,有一天,一位老師因為我不懂授課內容,很挫折地指著我說:

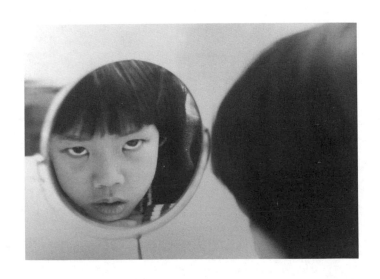

「那是個腦袋壞了的男孩。」她是這樣看待我的，其他人大概也是這麼看待我，著實令我崩潰。

　　當你對某人或某個東西貼上標籤後，往往就會創造一種限制——這個標籤變成了一種限制。成年人必須很審慎於他們對外使用的字詞，因為會很快變成小孩內心的字詞，這就是當時發生在我身上的事。每當我苦於學習、小考考得很差、體育課沒被選上，或是落後同班同學時，我就會告訴自己：因為我的腦袋壞了，我怎麼能夠期望自己跟其他人一樣好呢？我是個壞掉的人，我的大腦無法像其他人那樣運作。縱使我比同學還努力學習，我的成績從來沒有反映出我投入的努力。

　　我太固執，不願意放棄，奮力從一個年級升上一個年級，但我的表現從來沒好過。在幾位功課好的朋友幫助下，我的數學有所進步，但絕大多數其他科目都很差，尤

其是英語、閱讀、外語和音樂。高一時，我的英文差點被當，老師把我的父母找來，討論我可以怎麼做才能及格。

　　她給了我一份額外加分的功課：我必須寫一份報告，比較兩位英才的生活與成就 —— 達文西和愛因斯坦。她告訴我，若這份報告寫得好，她就給我夠高的分數，讓我的英文及格。

　　我認為，這是一個很棒的機會，讓我走得很辛苦的高中求學路可以重新起頭。我卯足全力，設法寫出我能力所及的最佳報告。放學後，我待在圖書館很長的時間，盡我所能查閱關於這兩位英才的資訊，撰寫這份報告。有趣的是，在做調查研究時，我看到許多資料提及愛因斯坦和達文西，都曾經有學習上的困難。

　　經過幾週努力，我打出最終報告。我對自己所做的太引以為傲了，以至於我還去把報告弄了專業裝訂。這份報告是我的一份聲明，我用它來向世界宣布我有能力做什麼。

　　到了報告截止日，我把它放進我的背包裡，十分興奮於即將把它交給老師，更興奮於即將看到老師的反應。我打算在課後把報告交給她，因此先耐心上課，試圖專心。但我的思緒不斷飄出去想像當我把報告交給老師後，她會露出什麼表情。

　　然後，她做了一件出乎我意料的事。課堂一半，她結束講課，告訴大家，她要給大家一個驚喜。她說，我做了一份額外加分的報告，她要我當場向大家作簡報。

　　上學以來，我一直努力保持低調，以免在課堂上被點

到名。畢竟，身為一個腦袋壞了的人，你不會覺得自己有啥可以發表的。我極其害羞，不喜歡引起他人注意；當時，我的超能力是隱形。我也極為害怕演講，真的，我一點也不誇張，若你當時在我身上連結心臟監測儀，我的心跳可能破表。此外，我當下幾乎無法呼吸了，我根本無法站到所有人面前，向他們講述我的報告，所以，我作出了我看到的唯一選擇。

「很抱歉，我沒有做報告，」我結結巴巴，勉強說出這句話。

老師臉上的失望表情（完全不同於我稍早前想像的）強烈到近乎令我心碎，但我根本做不到她想要我做的事——上台報告。課堂結束，所有人離開後，我把報告丟到垃圾桶，也把我的一大部分自尊與自我價值感丟了進去。

你離你的願望清單，比你以為的還要近

儘管課業成績差，在學校遭遇種種困難與麻煩，我還是努力進入了一所本地大學。我心想，成為大學新鮮人是全新開始的最後一個機會，我渴望我的家人能夠以我為傲，向世界（更重要的是，向我自己）證明我真的有成功的潛力。我身處於一個全新的環境，大學教授的授課方式不同於高中老師，這所大學裡沒有人對我有任何先入為主的看法，所以我非常努力，但我在大學課程上的表現，反而比高中時期還要糟。

上大學幾個月後，我開始面對事實，我看不出有何必

要繼續浪費我欠缺的時間和金錢，我準備輟學。我把計畫告訴我的一個朋友，他建議我在作出決定前，週末和他一同去造訪他的家人。他認為，讓我暫時離開校園，或許能夠讓我從別的角度來思考。我們抵達他家後，晚餐前，他的父親帶我參觀他家，過程中，他問我在學校的生活如何？當時，那對我而言是最糟糕的提問，我相信，我的反應一定讓他大吃一驚。我的眼淚奪眶而出，不是那種隱忍著的淚水，而是嚎啕大哭。我看出他的震驚，但他的這項單純提問，打破了我積壓已久的情緒水壩。

　　我向他述說「腦袋壞了的男孩」的整個故事，他耐心聆聽。說完故事後，他看著我問：「吉姆，你為何上學？你希望成為什麼？你想做什麼？你希望獲得什麼？你想要分享什麼？」

　　對於這些問題，我當下沒有答案，因為從來沒人問過我這些，但我覺得必須回答。我開口，但他打住我，他掏出口袋裡的日誌本，撕下幾頁，要我把答案寫下來。（我將在本書的後面章節，教你如何提問，幫助你學得更快、成就更多。）

　　接下來幾分鐘，我寫出我的願望清單。寫完後，我開始摺這幾張紙，準備把它們放進我的口袋。此時，我這位友人的父親，從我手上拿走這幾張紙。我嚇壞了，因為我不知道我寫的這些東西將被他人閱讀，尤其是給這個全然的陌生人看。他打開這些紙，閱讀，我在一旁焦慮不安。

　　他的閱讀彷彿花了幾個小時那麼長，但其實不過是

一、兩分鐘而已。讀完,他說:「你離達成這份清單上的每個項目,差不多這麼遠」,然後他用兩手食指,比出大約30公分的距離。

這句話在我聽來是荒謬可笑的,我告訴他,就算我有十輩子,也無法實現這份清單。然後,他把兩隻食指保持等距,原封不動地移到我的頭頂兩側。原來,他說的和比出來的距離,就是我的腦袋。

「這就是鑰匙,」他說:「跟我來,我讓你看一些東西。」

我們走回屋裡,他把我帶到一個房間,我從未見過這樣的房間,所有牆壁從地板到天花板,書架上擺滿了書。我的人生截至當時為止,並不是個書迷,我感覺來到了一個滿是蛇的房間(請考量到我有閱讀上的障礙);更糟的是,他開始從書架取下書(蛇),交到我的手中。我看了看書名,都是歷史上傑出人士的傳記,以及一些早年有關個人成長的書籍,例如《就是要你大膽思考》(*The Magic of Thinking Big*)、《積極思考的力量》(*The Power of Positive Thinking*)、《思考致富》(*Think and Grow Rich*)。

「吉姆,這些書,我希望你每週讀一本,」他說。

我的第一個想法是:「我剛才說的,其實您沒有在聽?」但我沒有把想法說出來,只是回答:「我不知道如何做到這件事,閱讀對我而言並不容易,而且學校課業那麼多。」

他舉起一隻手指說:「別讓學校妨礙你的教育。」我後來才知道,他說的這句話,往往被指為出自馬克·吐溫。

「我了解閱讀這些書對我大有幫助，但我不想作出自己無法兌現的承諾，」我說。

他停頓了一下，從他口袋裡，掏出我的願望清單，開始大聲逐條唸出來。

聽到別人唸出我的夢想，觸動了我的心靈。坦白說，在這份願望清單上，有很多項是我想為家人做的事 —— 我的父母從未能夠負擔得起去做的事，或是他們負擔得起，但從未為自己做的事。聽到朋友的父親大聲唸出這些，深刻觸動了我的動機與目的（本書第三部將探討如何釋放你的幹勁。）他唸完清單上的項目後，我告訴他，我會遵循他的建議，但心裡頭真不知道要如何完成這樣的「壯舉」。

問對問題

那個週末結束，我帶著那位伯父給我的書，返回學校。我的書桌上，變成有兩堆書，一堆是為了學校課業而必須讀的書，另一堆是我答應友人父親要讀的書。我意識到自己作出的承諾的規模 —— 天哪！閱讀對我來說是如此困難的事，我要如何消化掉這兩堆的書呢？第一堆書已經讓我吃不消了，我該怎麼辦？我哪來的時間？於是，我不吃、不睡、不運動、不看電視，甚至也不和朋友往來了，天天泡在圖書館，直到有天晚上，我累到昏倒，從樓梯上摔了下來，再次傷了頭部。

那次，我在醫院躺了兩天才醒來。我以為我死了，或

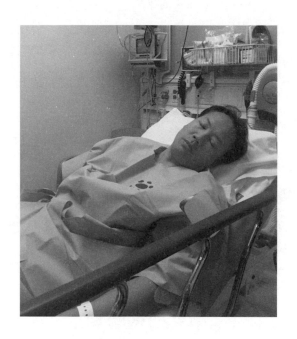

許一部分的我，希望自己死了吧。那真是我人生中既黑暗
又低潮的一個時期，我消瘦下來，體重掉到53公斤，脫
水得很嚴重，必須吊點滴。

　　悲慘中，我告訴自己：「應該有更好的法子。」這當
兒，一位護士拿著一只裝了茶的馬克杯，走進我的病房。
馬克杯上，印著愛因斯坦的照片 —— 高中時激勵我深入
鑽研的那篇讀書報告的主題人物，照片旁邊是愛因斯坦的
一句名言：「我們無法用相同於提出問題時的意識水平來
解答問題。」（No problem can be solved from the same level
of consciousness that created it.）

　　此時，我突然意識到：或許，我問錯問題了。我開始
思忖：我真正的問題是什麼？我知道，我是個學習很慢的

人，但多年來，我的思考方式一直沒變。我認知到，我一直試圖用我被教導的思考方式去解決我的學習問題，那就是：更努力。可是，若我能夠教導自己另一種更好的學習方法呢？若我能夠用更有效率、成果更好，甚至有樂趣的方法學習呢？若我能夠學習如何更快速學習呢？

那一刻，我決心尋找那樣的方法。有了決心，我的心態開始轉變。

我請護士給我一份課程簡章，我逐頁翻看，翻了幾百頁，沒有教導學生「如何學習」的課程，只有「學習什麼」的課程 —— 西班牙語、歷史、數學、科學等等。

學習如何學習

出院後，我對於「學習如何學習」這個概念太好奇了，於是我把課業擺在一邊，只專注於我的導師給我的那些書，以及我找到的成人學習理論、多元智能理論、神經科學、個人成長、教育心理學、速讀等領域的書籍。我甚至鑽研古老的記憶術，因為我想知道在印刷機和電腦之類的外部儲存裝置問世之前，較古老的文化如何傳承知識。我著迷於解開這道謎題：我的腦袋是如何運作的？我可以如何使用我的大腦？

鑽研了幾個月後，一盞燈亮了，我的專注力增強。因為我能夠專注了，不再容易分心了，於是我開始了解新概念。我比較容易回想起幾週前我學過的資訊，開始產生全新水平的精力與好奇心，我這輩子首度能用以往必須花費

的時間的一小比例來閱讀及理解資訊。我的新能力使我產生前所未有的信心，我的日常生活也在改變。我變得清楚自己該做什麼，以保持進步。我擁有強烈的動機，並且釋放了自主、持久的幹勁。因為這些成果，我的心態改變，開始相信凡事皆有可能。

不過，在此同時，我也感到難過。如果學校有教這麼重要的元學習（meta learning，亦即學習如何學習）的方法，就可以避免我那麼多年的自我懷疑及痛苦了。我記得，以前老師總是告訴我：要更努力學習、更專心一點。但是，叫一個小孩要「專注」，就如同叫他們彈奏烏克麗麗，卻不教他們如何彈奏，他們很難會彈奏。

在這趟英雄之旅後，我忍不住想分享我學到的珍寶與啟示，我開始教其他學生這些方法。轉捩點發生在我教一位大一生時，她想學習如何閱讀得更快，提升理解能力，記住她學到的資訊。她很努力，最終達成她的目標 ——30 天讀了 30 本書。我知道她如何做到的 —— 我教她使用本書第 14 章敘述的那些方法，但我想知道為什麼。我發現，她的幹勁來自於她的母親被診斷出癌症末期了，她決心鑽研健康及醫療方面的書籍，想要幫助拯救她的母親。數個月後，她打電話給我，喜極而泣告訴我，她母親的癌症緩解了。

那一刻，我認知到，如果知識就是力量，那麼學習就是我們的超能力，我們的學習能力是無限的，只是需要學習如何取用。看到這個學妹的人生改變，點燃了我內心的

一個意圖，使我認知到我的人生使命：教導心態、幹勁和方法，以提升你的腦力，加快學習速度，使你能夠活出非凡人生。

過去二十多年，我發展出一套可靠、已經驗證、實用的促進學習方法，其中許多方法將出現在這本書中。我不僅兌現了每週讀一本書的承諾，而且繼續幫助被貼上「有學習障礙」標籤的小孩、遭遇腦衰老問題的年長者。我們的團隊（為了記念我祖母而成立）熱中於支持阿茲海默症的研究，我們也相信，受教育是每個小孩與生俱來的權利，因此透過我們慈善組織（WE Charity）、鉛筆的承諾（Pencils of Promise）等等組織，在包括瓜地馬拉、肯亞等國家資助創立學校，提供醫療服務、乾淨用水、幫助貧困小孩學習等等行動。這是我們的使命 —— 打造更好、更聰明的大腦，不讓任何頭腦落後。

我傳授這些方法給其他人，獲得驚人的成果。我對各行各業及各種領域的人演講，每年現場聽眾超過15萬人；我擔任運動及娛樂領域頂尖人士的腦力教練，在許多全球知名的一流公司和大學提供訓練；我領導一個大型的加速學習線上平台，有來自195國的學生；我主持一個名為《快克腦力》（Kwik Brain）的教育性質播客，被下載次數超過千萬，影片觀看次數已達數億。這本書有我多年來學到的啟示與實用建議，還有來自上過我們節目的許多專家的智慧與寶貴資源。

我講述這些是因為，我畢生致力於研究和教導這個主

題，我知道這本書裡有什麼；更重要的是，我知道你的心智中存在什麼。

尋找 X 學院

　　這個故事有一個充滿機緣的結尾。如前所述，我經常為公司執行長及他們的團隊提供大腦訓練指導，幾年前，二十世紀福斯影業（20th Century Fox）執行長暨董事會主席吉姆・吉安納普洛斯（Jim Gianopulos）邀請我為他的主管團隊做一場教練指導。我在週五早上前往一個片場，花幾個小時和高階主管共事，他們非常開放、虛心地聆聽我傳授的東西，馬上就能領會與接受我教導的方法。

　　訓練課程結束時，吉姆走過來，對我說：「太棒了！這是我們辦過的最好訓練課程之一。」聽到這番話，我當然很高興 —— 誰不喜歡正面反饋呢？後來，參觀片場時，我的目光停留在一張金鋼狼的海報上，那部影片預計在那年稍後上映。我指著那張海報說：「我迫不及待想看那部電影，我是超級鐵粉。」

　　「喔，你喜歡超級英雄啊？」吉姆說。

　　「愛死了！X戰警在我的人生中扮演很重要的角色。」我接著講述我的童年腦傷，漫畫書如何幫助我閱讀，以及我尋找X學院等等的故事。

　　他面露微笑說：「我們接下來還會繼續在蒙特婁拍攝下部《X戰警》約三十天，你想不想去片場待一週呢？演員們一定會喜歡和你相處的。」

　　我怎麼可能婉拒這個大好的機會？我以前從未來過片場，而且這可不是什麼隨便的電影拍攝片場耶，是《X戰警》！

　　翌日早上，我們搭上他們所謂的「X-Jet」，其他乘客包括大多數的變種人卡司，我跟珍妮佛・勞倫斯（Jennifer Lawrence）及荷莉・貝瑞（Halle Berry）坐在一起，那是我此生以來最美妙的一天。

　　在飛機上，以及在片場度過的一週，我和一些傑出演員及拍攝工作人員分享一些速讀劇本和記住臺詞的訣竅。你猜怎麼著？我看他們拍攝的第一個場景就在X學院 —— 就是那個我童年時花了無數日子想像與尋找的地方，對我而言，那真是一個超現實的時刻。你有什麼樣的夢想？那個一直存在、猶如你大腦的一部分的夢想是什麼？想像生動細節，把它視覺化，試著感覺，相信你可以實現夢想，天天為它奮鬥。

　　但那還不是這個故事中最棒的部分呢！結束這趟旅程，回到家裡，我發現有個包裹已經送達，是個很大的包裹，大約是一台寬螢幕電視機的尺寸。打開包裹，那是一幅裱了框的大照片 —— 我和《X戰警》全卡司的合照，附了一張董事會主席吉姆的卡片，上頭寫道：

　　吉姆，非常感謝你和我們分享你的超能力。
　　我知道你從童年起，就一直在尋找你的超級英雄學校，這是你的班級合照。

掃描 QR Code，
可見這幅彩照。

讓我們一起追求無限人生

無限（unlimiting）的定義：
一種行動或過程，擺脫「個人潛能有限」這個不正確的觀念。
擁抱下列事實 —— 擁有正確的心態、幹勁和方法，就沒有
極限。

人生中有很長一段時間，我讓自己被我先入為主認知
的限制給界定與框限住。孩提時，我受了傷，我認為那是
一道嚴重的破損，並且相信這道破損，已經為我確立了一
個破損、有限的未來。但是，在一些關鍵人士的幫助下，
我發現我先入為主認知的限制，其實根本不是限制，只不
過是我必須克服的障礙，或是我必須擺脫的框限。當我這
麼做時，我能夠學習成為的，或是我每天能夠做的，就變
得無限了。

變得無限，並非只是加快學習速度、速讀，以及擁有
很強的記憶力。沒錯，你將在本書學到這些訣竅，以及更
多；但是，無限並不是指變得完美，而是指有可能進步到
超越你目前相信的境界。你從你的家庭、文化及生活經驗
中學到了限制，你可以學會擺脫這些限制。這些限制只是
暫時性的障礙，你能夠學會克服。

多年來，我和人們共事，發現大多數的人限縮自己的
夢想，因為必須符合現實。我們說服自己相信，我們身處
的境況、我們接受的信念，以及我們走的路，定義了我

們，也是永久的定義。但是，你其實有其他選擇，你可以甩脫限制，擴展你的心態、幹勁和方法，創造無限人生。當你做到別人不做的事，就能以別人不能的方式過活。閱讀這本書，你已經踏出重要的一步；切記，往更好的方向邁進一步，可以完全改變你的目的地。

　　保持前進的關鍵之鑰是擁有一份地圖 —— 一個成功的模型，有了這個，沒有什麼試煉或猛龍是你過不了的。這份地圖 —— 一個成功的模型如下圖所示。

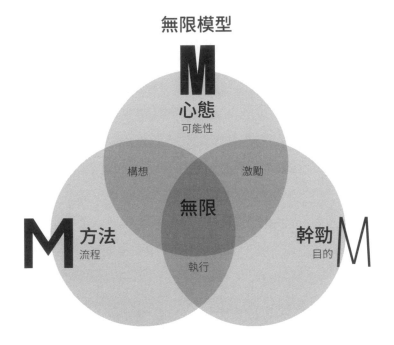

無限模型

　　你可以學習無限制地成為、無限制地做、無限制地擁有，以及無限制地分享，我寫這本書就是要向你證明這點。若你感覺沒有學習或發揮充分潛能，若你目前的現實和你想要的現實之間有落差，原因在此：在下列三個領域之一，存在著你必須擺脫的限制。

- 你的心態存有限制 —— 對於你自己、你的能力、你值得什麼或你的發展可能性，你懷抱著低落的信念。

- 你的幹勁存有限制 —— 你欠缺採取行動的足夠動機、目的或精力。

- 你的方法存有限制 —— 你被教導及採行的流程，無法有效創造你想要的成果。

　　這個模型適用個人、家庭與組織。我們全都有自己獨特的奮鬥故事和力量，不論你的境況如何，好消息是：你並不孤單。我會幫助你用你自己的方式變得無限，運用你即將學到的三元架構：無限心態、無限幹勁和無限方法，下列概略解析。

- 心態（什麼）：一個人深切抱持的信念、態度與假設 —— 關於你是誰、這個世界如何運作、你能夠做什麼、你值得什麼，以及你的各種發展可能性。

- 幹勁（為何）：一個人採取行動的動機和目的，以及展現特定行為所需要的精力。

- 方法（如何）：達成某件事或某項目標的特定流程，尤

其是有條理、符合邏輯或有系統的操作方式。

在無限模型的圖示中，你可以看到，心態和幹勁的交集是激勵（inspiration），你受到鼓舞，但不知道該使用什麼方法，或往何處抒發你的精力。幹勁和方法的交集是執行（implementation），若你缺乏正確心態，那麼你的成果將受限於你覺得你值得什麼、你覺得你能夠做什麼，以及你相信的可能性。心態和方法的交集是構想（ideation），但因為你缺乏實現抱負的精力，所以這些抱負停留在你的心中。心態、幹勁和方法的交集之處就是無限狀態，這是第四個I──整合（integration）。

在本書，你會看到練習、研習、心智工具、認知科學與效能科學領域的研究結果，以及古老智慧（例如，在印刷機之類的外部儲存裝置問世之前，古文明如何記住每個世代的知識。）我們將逐一探討三個M：

- 在本書第二部的無限心態，你將會了解到，當你去除局限信念後，什麼是各種可能性（possibility）。

- 在本書第三部的無限幹勁，你將會發現，為什麼你的目的（purpose）是釋放你的動力與精力的力量及鑰匙。

- 在本書第四部的無限方法，你將會學到如何使用已經驗證有效的流程（processes），落實你的最佳學習。這些工具與方法，將推動你朝向你想要且應得的生活邁進。

最後，我在本書給你一項十天計畫，幫助你重新啟動，邁向無限的一週，以及往後的無限人生。

　　讀完這本書，你將有能力在對你而言重要的任何領域 —— 不論是學術、健康、職場、關係或個人成長 — - 變得無限。我從未進入 X 學院研習，但我為你創立了一個線上學習學院 —— 快速學習（Kwik Learning），天天有來自195國、各種年齡層的人，在那裡學習如何釋放內在的超能力。請把這本書當成你的課本，能夠成為你的 X 教授，是我的榮幸，我很高興你決定跟我走這趟旅程。課程開始了，最棒的是：再也沒有比現在更好的時機了！

「我們現在接受
學習是一種
與變化齊頭並進的
終身過程。
最迫切的工作是
教導人們
如何學習。」

—— 彼得・杜拉克 Peter Drucker，
現代管理學之父

②

「變得無限」
為何現在很重要？

　　我堅信，我們全都有等待被喚醒的驚人超能力。我說的不是飛行、創造鋼鐵鎧甲，或是眼睛發出雷射光之類的能力，而是真實生活中的實用能力，例如：飛快閱讀書籍、鐵甲般超強的記憶力、雷射般的聚焦力、無窮的創造力、清晰的思考力、正念、優異的心智態度等等。我們全都是某種層面上的超級英雄。

　　每個超級英雄都有獨特的能力，也有死敵，這些死敵是超級惡棍 —— 蝙蝠俠的死敵是小丑，超人的死敵是雷克斯‧路瑟（Lex Luthor）。我們面對的惡棍，長相或許不同於電影中的那些惡棍，但他們仍然是壞蛋，身為超級英雄的你必須擊敗他們，遏制他們。現代的超級惡棍阻礙我們，使我們的生活變得更艱難，致使我們無法發揮潛能。他們阻礙我們，洗劫我們的生產力、成就、積極性，使我們的心智受到紛擾，我們得辨識出他們，擊敗他們。

　　若你曾看過漫畫書或超級英雄電影，你知道那些超級

惡棍通常來自看似不可能的地方。以「雙面人」哈維‧丹特（Harvey Dent）為例，他原本是個有最崇高意圖的人，是將壞蛋繩之以法的檢察官，也是蝙蝠俠的盟友。但是，因為一場報復行動，丹特被毀容，他變得憤恨不平、兇殘、報復心重，他變成他原本致力於打擊的對象：拿受害人的未來打賭的雙面罪犯。他的善良面遭到扭曲，被用於邪惡目的。

　　同理，學習的四個超級惡棍，起初也是無害的。它們是人類在過去數百年間產生的一些最傑出進步餵養出來的，是科技促成的。當然，科技是進步及變得無限的要素，使我們得以密切連結與學習，使生活變得遠遠更為便利。但是，我們對數位科技的使用程度，可能到了就連創造者都覺得太極端、太超過的地步。我們現在可使用的技術太新了，大多時候我們還拿捏不了與其互動應該控制在什麼樣的程度才好。

　　我們的教育平台「快速學習」上有來自195國的學員，我們的播客被下載的次數超過千萬，我們的社群愈來愈擔心自己過度依賴科技，他們前來尋求我們的協助，希望提升腦力，擺脫我們這個時代的「四騎士」：數位洪水（digital deluge）、數位分心（digital distraction）、數位痴呆（digital dementia）、數位推論（digital deduction）。過荷、分心、健忘、預設思維，這些都是存在已久的問題，並不是科技帶來的，但現代科技可能導致這些問題更加惡化。數位時代的好處非常多，但讓我們來看看為你提供幫

助的技術進步，可能如何傷害及阻礙你。

數位洪水

你有太多的資訊需要處理，但時間不夠嗎？我們有幸生活在可以自由取得那麼多資訊的世界，在這個高速連結的時代，無知是一種選擇。我們現在一天中汲取的資料量，是15世紀一個普通人一輩子吸收的資料量。在不是很久以前，資訊緩慢地透過口耳相傳、報紙或市鎮廣場的公告欄來傳播；現在，我們的資訊管道多到損及我們的時間和生活品質。現在，一般人汲取的資訊量是1960年代一般人汲取的資訊量的三倍，[1]一份2015年發表的調查報告指出，受訪者每天平均花八小時於消耗精力與時間的媒體上。

《紐約時報》科技線記者麥特‧瑞克托（Matt Richtel）在接受美國全國公共廣播電台（National Public Radio）訪談時說，二十多年來，世人誇讚科技，彷彿科技進步只會帶來好處，但現在：「我想，科學界已經開始認知到，有些技術是Twinkies海綿蛋糕，有些技術是球芽甘藍。若我們消費太多科技，那就猶如我們吃了太多食物，可能有不良後果。」[2]

加州大學舊金山分校的研究人員想研究停工休息的效果，他們讓老鼠獲得一種新的體驗，監測牠們在此活動期間和活動後的腦波。研究人員發現，若讓老鼠在活動後有休息期的話，在多數情況下，新體驗將使老鼠腦部產生新

的神經活動和新神經元。在休息時,神經元將從記憶的門徑進入大腦的長期記憶儲存部位,老鼠得以記住牠們的體驗記憶,形成學習的基礎。[3]

這會不會使你好奇,若你沒有休息期的話,會發生什麼情形?愈來愈多的研究證據顯示,若我們從不讓大腦漫遊或無所事事一會兒的話,我們將付出代價 ── 記性差、腦霧、疲勞。

早在數位洪水遠不若現今那麼嚴重的1990年代中期,就已經開始有研究顯示,持續處於開機狀態,具有嚴重的健康風險。1996年,路透社對英國、美國、新加坡及香港的1,300位經理人進行調查,根據調查結果撰寫了一篇標題為〈為資訊而死?〉("Dying for Information")的報導。這篇報導寫道:「平均每三個受訪者中有兩人表示,同事間的緊張關係及工作滿意度降低和資訊過荷有關;42%的受訪者把健康不佳問題歸因於這項壓力;61%的受訪者說,資訊過荷導致他們必須取消社交互動;60%的受訪者說,他們經常太疲憊而無法從事休閒活動。」這篇報導表示:「面對資訊及資訊管道的猛攻,他們變得無法發展簡單的例行流程以管理資訊。」[4]

此外,我們還必須應付資訊半生期(half-life)縮減的事實。「資訊半生期」指的是資訊被更新或被更正確的資訊取代之前所經歷的期間。你可以盡情研讀你取得的資訊,但你現在處理的資訊過時的速度,比你想像的還要快。文章、書籍及文件中記載的「事實」,有強烈證據作

為根據，並且被接受為真理，但是當一份新研究出爐時，它們就被完全推翻了。

不需要我告訴你，我們每個人如何被數位細節給淹沒了。縱使當我們試圖「離網」時，數位資訊還是有辦法找上我們。我在撰寫此文之際，關閉了我所有的裝置，但我必須為了做研究而連結網際網路，我的電腦上仍會跳出一些通知和更新（是的，我知道，我也可以關閉這些，但我想，你應該明白我的意思。）

在本書第12章〈研習〉和第14章〈速讀〉，你將會發現實用的方法，讓你能夠趕上、跟進、越過你每天必須應付的資訊數位洪水。

Kwik Start 快速啟動

花點時間，在你本週的行事曆，安排30分鐘的空檔。在這30分鐘內，遠離所有的科技裝置，用這段時間沉澱你的心思、放鬆，恢復你的創造力。

數位分心

在行動裝置問世之前，當我們在線上時，我們常會說「brb」（be right back，很快就回來。）現在，我們不再說這句話了，因為有了行動裝置，我們不再暫時離開，我們時時刻刻都在。因為我們那些總是處於開機、永遠保持連線的裝置，我們和家人與朋友在一起時，難以產生連結，

也難以在工作時保持專注。多數人處於某種工作與生活混淆的境況，每天若離開數位連結較長的時間，就會感到不安。我們擔心若別人聯繫不上我們，我們就會蒙受損失，所以我們一直保持連線。

　　問題是，我們樂在其中。每次在社群媒體上獲得按「讚」時，或是收到心愛的人或朋友發送的簡訊，都會刺激我們的多巴胺分泌，帶給我們歡愉，這只會更強化我們的行為。但是，這些獎賞改變了我們的大腦。當我們排隊等候時 —— 等公車或等會面，我們不再輕鬆暫時休息一下，而是掏出手機，訓練我們的分心肌肉。當這成為我們的恆常模式，當每一個輕鬆的時刻，都被閃耀的刺激物填滿時，會發生什麼事？

　　保持連網狀態，或許使我們更有安全感，但不會使我們更快樂。英屬哥倫比亞大學心理系研究人員萊恩・德威爾（Ryan Dwyer）領導的一項研究結果顯示，我們的數位習慣會影響我們的關係。在一項實驗中，三百多名成年人和大學生被要求在進餐時把手機放在桌上，易於取得，其他人則是被要求在進餐時把手機調為靜音，放到桌上的一只容器中。事後，研究人員讓這些實驗對象接受問卷調查，詢問有關他們在進餐時和他人的連結、用餐樂趣，是否分心、感到乏味等等感覺。

　　這份問卷調查也請他們寫出在用餐時花在手機上的時間量。那些容易取得手機的人，在用餐時更常使用手機，描述自己覺得更常分心，用餐的樂趣程度也低於那些無法

取用手機的人。德威爾對這項研究實驗得出的結論是：「現代科技或許很棒，但很容易讓我們分心，使我們和親友相處時心不在焉。」[5]

很少人學到如何學習，同樣地，也沒有多少人懂得如何處理及過濾我們不斷接收到的大量資訊。我們以多工作業模式去接收資訊，這對我們沒有助益。神經科學家丹尼爾・列維廷（Daniel J. Levitin）在《大腦超載時代的思考學》（*The Organized Mind*）一書中指出：「要求大腦把注意力從一項活動轉移至另一項活動，導致前額葉皮質和紋狀體消耗大腦中的氧化葡萄糖，這是它們在保持專注於一項工作上所需要的燃料。我們在多工作業時，快速、持續地在不同工作之間切換，導致大腦快速消耗這種燃料，以至於我們在很短的時間後就會感到疲勞及迷失方向。我們其實是在消耗大腦中的營養素，這導致我們的認知效能和體能表現都變差。」[6]

從應用程式的通知到訊息推播，不是只有成年人面臨這個問題。在技術的可得性和上線及活躍於社群媒體的社會壓力下，小孩和青少年也經常分心。

在本書第11章〈專注〉，你將會發現保持專注與聚焦以有效學習和完成事務的訣竅。

⚛ *Kwik Start* 快速啟動

打開你的手機，前往通知設定的頁面，關閉所有不必要、會導致分心的通知鈴聲。請現在立刻做這件事。

數位痴呆

你上次必須記住某人的電話號碼，是何時呢？我知道，我問這句話，暴露出自己的年紀了，但我屬於那個想打電話給住在同一街區的友人時，必須知道他們的電話號碼的世代。你現在仍記得童年時期一些最要好的朋友的電話號碼嗎？你現在天天交談或傳送簡訊的對象呢，你記得他們的電話號碼嗎？如今你不需要了，因為你的手機會幫你記住。我並不是說任何人想要或應該記住兩百組電話號碼，但我們已經喪失了記住一組電話號碼、剛才的談話內容、一名潛在新客戶的電話號碼，或者必須去做的重要事項的能力了。

神經科學家曼福瑞德・施彼策（Manfred Spitzer）使用「數位痴呆」一詞，描述過度使用數位科技如何導致認知能力的衰弱。他指出，若我們過度使用數位科技，我們的短期記憶力將開始退化。這就像全球定位系統（GPS），進入一座新城市，看看你有多快變得依賴GPS，然後留意你需要花多少時間，才能在你的腦海中描繪出新路線 —— 或許比你更年輕時所花的時間還要多出很多吧！但這並不是因為你的頭腦不如當時那麼靈光了，有了GPS之類的工具，我們沒有給予大腦練習的機會，而是依賴科技幫我們記憶。

這種依賴性可能會傷害我們的長期記憶力。英國伯明翰大學的認知神經科學家瑪麗亞・溫柏（Maria Wimber）

告訴英國廣播公司（BBC），現代人習慣仰賴查詢資訊，這種趨勢妨礙長期記憶力的鍛鍊。溫柏研究團隊調查了英國、法國、德國、義大利、西班牙、比利時、荷蘭及盧森堡6,000名成年人的記憶習慣，發現超過三分之一的受訪者，總是第一時間就用電腦存取資訊，其中英國人的這種依賴度最高，有過半數的受訪者連想都不想，就立刻上網找答案。[7]

　　這有什麼大不了嗎？有，因為這種立即取得的資訊，很容易被立即忘記。溫柏說：「我們每回想起一個記憶，大腦就會更強化這個記憶，忘記那些導致我們分心的不相干記憶。」強迫自己回憶資訊，而不是倚賴外部資源提供資訊，有助於創造與強化永久記憶。多數人習慣時常查詢資訊，甚至是相同的資訊，懶得嘗試記住資訊，這顯然是在自我傷害。

　　那麼，依賴科技，一定是壞事嗎？許多研究人員不這麼認為。他們認為，把一些心智工作外包給科技工具，例如：記住電話號碼和餐廳地址、做簡單的四則運算等等，可以讓我們省下腦力，去做對我們更重要的事。有研究指出，我們的大腦比較像肌肉，不那麼像一個填滿的硬碟，愈使用，大腦就會變得愈強壯，能夠儲存的東西愈多。問題是：我們是否有意識作出這些選擇呢？或者，我們總是無意識出於習慣行動？

　　我們太常把大腦外包給智慧裝置，結果智慧裝置反而使我們變得有點笨。人類大腦是優異的調適機器，似乎能

夠一直進化，但我們經常忘了給予它需要的鍛鍊。若我們總是倚賴電梯、不爬樓梯，我們的身體將付出代價；同理，懶惰的頭腦肌肉也要付出代價。記得，用進廢退。

　　本書第13章〈記憶〉，將提供你簡單的工具和方法，幫助你更快速、更容易記住種種資訊，例如姓名、演講內容、語言等等。

⚛ Kwik Start 快速啟動

花一分鐘鍛鍊你的記憶力：記住某個你經常聯絡的人的電話號碼。

數位推論

　　「在數位優先的世界，千禧世代用滑鼠點一下或用手指一滑，就能夠取得問題的答案。他們依賴科技解答每一項疑問，這種依賴混亂了人們對自身知識與智慧的認知，」視頻合作平台Newrow的創辦人隆尼・札羅姆（Rony Zarom）如此表示。[8] 幾乎所有東西的資訊都無所不在，這也意味著幾乎一切事物充滿了各種觀點。若你想對一項熱議話題產生一點看法，只須上網看看別人的意見；若你想知道某個事件或趨勢的影響或含義，只須上網搜尋一下，各種分析多到看不完。結果是，推論 —— 變得無限的一項必要技巧，結合思辨、解決問題和創造力 —— 變成自動化。

　　當然，這有一些好處。網際網路問世前，我們取得他人意見的管道有限。理想上，能夠取得一個主題愈多元的觀點，非常有助於我們形成自己的看法；不幸的是，真實世界中鮮少如此運作。我們往往會找一些自己認同的觀點來源，讓那些觀點高度影響我們的思考與決策。在此過程中，我們用以思辨及有效推理的「肌肉」漸漸萎縮，我們任由科技為我們做推論。若交由科技形成決策，那我們也把大部分解決問題的能力交出去了；解決問題的能力非常重要，本書後文將有大篇幅的討論。

　　心理學家吉姆‧泰勒（Jim Taylor）對思考的定義為：「根據我們的經驗、知識及洞察來深思、推理、得出結論的能力。它使我們得以為人，使我們能夠溝通、創造、發展、進步，變得文明。」他進一步提醒：「愈來愈多研究顯示，科技可能增強或傷害小孩的種種思考方式。」[9]

　　加州大學洛杉磯分校特聘心理學教授派翠西雅‧馬可斯‧葛林菲爾德（Patricia Marks Greenfield）研究這個問題十多年，她在發表於《科學》（Science）期刊上探討科技對教育的影響的一篇文章中寫道：「若大學生在課堂上用筆電上網，這對學習有何影響？傳播研究課堂上曾對此做過實驗測試，學生被鼓勵在課堂上使用筆電，以便在網際網路上和圖書館資料庫中詳細探索授課主題。這個實驗隨機指定容許半數學生持續開啟使用筆電，另外半數學生則必須關閉筆電。結果，在接下來突然舉行的小考中，那些必須關閉筆電的學生回想起教材的內容量，明顯多於那

些一直開啟筆電的學生。」[10]由於那些關閉筆電的學生在課堂中投入運用心智，而非查詢網路上對授課主題的見解，因此在自行推理時，反應更為敏捷。葛林菲爾德分析另一項研究顯示，那些專注觀看一新聞節目而未低頭查看手機或電腦螢幕的大學生，明顯記得更多新聞主播講述的內容。

　　劇作家理查‧佛爾曼（Richard Foreman）擔心這種依賴網際網路為我們做很多思考工作的情形，正在改變我們自身：「我出身傳統的西方文化，理想（也是我的理想）是複雜、緻密、「大教堂般」的高教育水準結構和口條清晰的性格 —— 一個內在擁有個人建構獨特版本西方傳統的人……。但現在，在資訊過荷的壓力和『即時可得』的科技幫助下，我看到我們（包括我在內）的複雜、緻密內在，被一種新的自我演進取代。」[11]

　　你還記得自己十幾歲、首次獨立於父母之外，形成自我思想與個人見解的情形嗎？我想，那對你而言應是一種極其解放、自由的體驗，甚至可能是你人生中首次真正感覺到你是一個獨立的人吧。當然，那時你的重要心智機能，已經成熟到足以讓你經常在生活中使用推理。

　　那麼，為何你要把這種解放你的技能交給一個電子裝置呢？想想看：當別人試圖把他們的思想加諸你時，你有何感覺？當家人、朋友或同事對你說：「不用想了，就是這樣」，你大概會想盡快離開此人吧。可是，當我們立即上網取得網路資訊時，基本上，我們是在徵求同樣的東

西 ── 不自己思考推理，逕自採納別人的見解。

　　本書第15章〈思考〉，將提供一套強而有力的工具，讓你增強思考力，擴展你在任何主題或問題上的觀點。

　　這四騎士是我們最需要強力對付的惡棍，但還有另一個數位危險性值得我們注意，我稱為「數位憂鬱症」（digital depression），它是比較文化（comparison culture）導致的 ── 社群媒體上他人的精采畫面，導致我們自認不如。請別誤會，我個人很喜歡社群媒體，我喜歡和學員社群及播客聽眾保持連結，得知親友們日常生活的最新動態，這些不僅是我的樂趣源頭，也是我獲得教育及賦能的源頭。但我只建議以有意識、無害的方式使用社群媒體，別出於習慣、不假思索地使用，以免讓社群媒體劫持你的生產力和平靜心思。

　　在本書第二部無限心態，我將分享如何消除這類不足、害怕自己出醜，或是錯過什麼的感覺，這些感覺也會阻礙個人成長與學習。在本書第三部無限幹勁，我將教你如何增強、擺脫或改變一些習慣。

> ### 🧠 *Kwik Start* 快速啟動
> 想想你必須作出的一個決策，安排一些時間，在不使用任何數位裝置下，思考這個決策。

遏制惡棍

　　在英雄之旅中，英雄需要惡棍，就如同惡棍需要英雄。來自試煉及敵手的挑戰，使我們成長、變得更好。惡棍的力量及長處，決定英雄需要什麼力量及長處來對付他們。倘若惡棍很弱，就沒什麼好打擊了，英雄也沒機會變得多強。《無限賽局》（*Infinite Game*）一書作者賽門・西奈克（Simon Sinek）接受我的播客訪談時談到「可敬的對手」（worthy rivals），他們幫助指出我們必須改進的個人弱點，這是你的機會所在。

　　如前所述，我喜歡科技的光明面──數位技術如何促使我們連結，教育我們，對我們賦能，使我們的生活變得更輕鬆。本章敘述的是科技的一些潛在缺點，科技為人類生活帶來好處的同時，無可避免也具有潛在壞處。這就像火，火改變了人類史軌跡，火可以為你煮食，也可能燒毀你的住屋，端看你如何使用。如同任何工具，科技本身無所謂的好或壞，我們必須有意識地控管使用，否則誰將變成工具呢？全憑你選擇如何使用科技。

Kwik Start 快速啟動

四個數位惡棍中,你認為哪些惡棍目前對你的表現、生產力及平靜心思構成破壞力?花點時間,寫出這些惡棍的名稱:＿＿＿＿＿＿＿＿＿＿

＿＿＿＿＿＿＿＿＿＿＿＿＿＿＿＿＿＿＿。

有意識的察覺,是解決問題的第一步。

「人腦有
一千億個神經元，
每個神經元和
另外一萬個神經元
連結。
你肩上的那顆腦袋，
是已知宇宙中
最複雜的東西。」

—— 加來道雄 Michio Kaku，
日裔美籍物理學家

③

你的無限大腦

　　你可能想：吉姆，我知道你對科技的看法，我不想過沒有科技的生活，但我的確感覺比以往更過荷、分心、健忘。這裡給你一個好消息：你有與生俱來的終極技術，最強大的超能力。

　　我們先來看看你的大腦到底有多傑出吧！它每天產生多達70,000個思想，它的速度媲美世上最快速的跑車。跟你的指紋一樣，你的大腦是獨一無二的，世上沒有兩顆一模一樣的頭腦。它的處理速度遠快於任何現有的電腦，而且它有近乎無限的儲存容量。縱使受損了，它仍然富有創造力，縱使你只剩下半個腦，你仍然是個可以充分運作的人類。

　　有關人類大腦的非凡故事太多了！有個昏迷的病人發展出和他的醫生溝通的方法；有位女性可以回想起重要事件的日期，遠溯至她十二歲時；有個懶惰蟲在酒吧跟人打架結果腦震盪後，變成了一個數學天才。這些絕對不是科

幻片·情節或超級英雄漫畫的內容，它們不過是你雙耳間那台非凡機器內建的非凡功能的幾個例子而已。

　　我們對這些功能的絕大部分視為理所當然，從未細思過神奇之處。想想看，一個「普通人」已經達成了多少「普通成就」：一歲時，你學習如何走路，這可不是簡單的事，涉及了許多複雜的神經系統和生理處理程序。再過一年左右，你學習如何使用文字及語言溝通，天天學習數十個字和它們的含義，上學後仍然持續這麼做。在你學習如何溝通的同時，你也學習推理、計算、剖析無數的概念，這發生在你能夠閱讀一本書的一頁或開始上課之前！

　　我們的大腦使我們有別於其他動物。人類不會飛，也不是特別強壯或快速，無法像一些動物那樣靈巧地爬行，也無法在水裡呼吸。就大多數的人體功能來看，人類只不過是普通水準的物種，但是人類大腦使我們成為地球上具有壓倒性支配地位的物種。藉由使用這股超級腦力，我們發明了像魚一般探索深海、像大象般移動重物、像鳥一般飛翔的方法。沒錯，大腦是我們人類了不起的天賦。

　　人腦太複雜了，以至於我們對浩瀚宇宙的了解，遠多於我們對人腦運作的了解。不過，過去十年，我們對人腦運作的了解，比以往整個人類史對它的了解還多，甚至到本書上市的這段期間，我們對人腦的運作也有更多了解。我們對人腦的認識雖然不斷進步，但是截至目前為止，我們也不過取得一小部分的了解而已。然而，光是這僅有的了解，就已經夠驚人了！接下來，讓我帶你探索你的無限

大腦。

　　腦是中樞神經系統的一部分，類似一座機場的塔台，你的腦是整個神經系統的指揮中心，指揮所有輸入和輸出的資訊、處理程序與反應。人腦有三個主要部分：腦幹（brain stem）、小腦（cerebellum）和大腦皮質（cerebral cortex）。大腦和小腦的英文單字以「cere」開頭，源於拉丁文，意為「蠟」（wax），因為其外表似蠟。大腦的主要成分是脂肪與水，重約1~1.5公斤，驅動驚人的力量與能力。[1]

　　腦幹負責調節我們生存所需的基本功能，例如呼吸、保持規律的心跳、吃或性愛的衝動、戰或逃的反應。它位於你的脊椎上方和頭顱下方，深埋於腦內。位於大腦下方、腦幹後方的小腦，負責調節運動與協調，也有愈來愈多研究證據顯示，當我們作決策時，小腦扮演重要的角色。

　　大腦皮質是人腦中最大的部分，我們絕大部分的思考、短期記憶、感官刺激都發生在這裡。大腦皮質主要區分為枕葉（occipital lobe）、頂葉（parietal lobe）、顳葉（temporal lobe）、額葉（frontal lobe）這四個部分，我們絕大部分的思考發生於額葉，邏輯和創意源於此處。

　　人腦區分為左右兩個半球，兩個半球之間由胼胝體（corpus callosum）連結，胼胝體就像各個腦葉之間的電話線，來來回回傳輸訊息。你在閱讀這些字句、吸收資訊的此時此刻，你的腦中有大約860億個神經元（也稱為腦細胞）正在同時運作，傳輸訊息。[2]這些神經訊號釋放至腦中，被神經傳導物質（neurotransmitters）接收後，把訊

息傳送給其他神經傳導物質，或是停止訊息（若這是適當反應的話。）

　　我們以前認為，我們神經系統的發展，在青春期末時就達到高峰，過後我們的腦就不再改變了，或是開始退化。現在，我們知道這並不正確，人腦具有神經可塑性（neuroplasticity）——我們的行動和環境，可以改變、形塑我們的大腦，你的大腦恆常被你的環境和你加諸的要求而改變、重塑。

　　由於我們的大腦受到基因和環境影響，所有人的大腦都是不同的，每個人的大腦都是獨一無二的，就像雪花，每片雪花都是獨一無二的。每一顆腦調適於主人的需求，生長於充滿壓力因子，例如貧窮、欠缺食物或安全環境中的某甲，腦部結構將非常不同於生長在舒適、富足、受到妥善照顧環境中的某乙。不過，我勸你別因此驟下結論，認為若一種環境優於別種環境，就可以養育出一顆運作得更好的腦袋。

　　如前所述，大腦可以重塑，這意味的是，任何人可以在任何時候決定改變大腦的運作方式。生長在壓力較大、環境條件較差的人，或許因為大腦在這些環境下成長，未能充分發揮潛能，但有愈來愈多證據顯示，這些人在這種境況下被迫發展出的心態，可能促使他們成長、茁壯，達到新的成功水準。不少人克服不順遂的生長教養條件而獲致成功，可能是艱困的童年或教養環境，滋生出他們的韌性和其他特質，促使他們成功。

了解神經可塑性

從倫敦市計程車司機的大腦，我們可以學到什麼？

倫敦大學學院神經科學家艾琳諾・馬奎爾（Eleanor Maguire）考慮計程車司機腦袋裡儲存的大量資訊 —— 更確切的用詞是「知識大全」（The Knowledge）時，思考的就是這個疑問。為了取得倫敦市計程車駕駛執照，申請人必須花三、四年的時間，行車熟悉以查令十字地鐵站（Charing Cross Station）為中心、半徑十公里的周圍路線與環境，記住這範圍內的25,000條街道和數千個景點。經過這樣密集的研習，只有約50％的申請人能夠通過一系列的駕照考試。馬奎爾心想，那些成功取得職業駕照者，海馬迴（hippocampus）可能比一般人的來得大。

馬奎爾和同事的研究發現：「相較於相似年齡、教育程度和智力水準的非計程車司機，倫敦計程車司機的海馬迴後部的灰質較多；換言之，計程車司機的記憶中心比同儕豐厚。司機開計程車的時間愈長，海馬迴就愈大，彷彿大腦擴張，以應付行駛於倫敦街區的認知需求。」[3]

這項倫敦計程車司機的研究，為人腦的神經可塑性提供了一個甚具說服力的例子。在學習及獲得新體驗時，大腦有能力自我改造。由於必須不斷學習市區的新路線，迫使計程車司機的大腦創造出新的神經路徑，這些路徑改變了腦的結構和大小，這是無限大腦發揮作用的一個很好例子。

神經可塑性又名大腦可塑性，指的是每當你學習新東

西時，你的大腦就會作出一個新的突觸連結。每當發生這種情形時，你的大腦就改變了——把它的硬體升級，以反映新的心智水準。

神經可塑性取決於神經元的成長以及和腦中其他神經元連結的能力，其運作方式就是建立新連結，以及強化或減弱舊連結。[4]

人類大腦具有可塑性，我們可以藉著在體驗、學習新東西及調適時，形成新的神經路徑，改變大腦的結構與組織。神經可塑性幫助解釋凡事皆有可能，研究人員指出，所有大腦都具有彈性，複雜的神經元連結網絡可以改變連結，形成新的連結網絡。有時候，這意味的是腦在彌補它失去的東西，例如：腦的一個半球學習執行兩個半球的功能。就如同中風的人能夠重建及恢復腦部功能，那些習慣拖延的人、思想過於負面的人，或是無法停止吃垃圾食物的人，或許也能改變神經元連結網絡，改變行為，進而改變生活。

若說學習是建立新的連結，那麼記憶就是維持那些連結。當我們難以記住東西，或是發生記憶缺損時，我們的神經元可能斷連。學習時，若你記不住，你可以視為無法在你已經學到、已經知道的東西，和如何在生活中使用這個東西兩者間建立連結。

舉例而言，若你當下覺得你已經學會的這個東西很寶貴，但日後不會用到，你可能記不住。同樣地，若你學到一個東西，但沒什麼理由解釋為何這個東西對你而言重

要，或是它能夠如何應用在你的日常生活或工作上，那麼你的大腦就不會保留這項資訊。記憶缺失是很正常的事，我們是人，不是機器。但是，若我們把記憶缺失，視為「我記性差」或「我不夠聰明，記不住」，這種態度將會負面影響我們學習和成長的能力。換言之，我們對自己健忘的看法，傷害力遠遠大於記憶缺失本身的傷害。這種自我對話強化了我們的局限信念，認定這是我們的固有能力不足所致，無法改變，於是我們就不會承認錯誤，重新取得資訊。

這對學習又有何含義？可塑性意味的是，你能夠重塑你的大腦，滿足你的欲望。比方說，你可以訓練你的記憶力——若你懂得如何幫助你的腦袋接收、編碼、處理及鞏固資訊，你的記憶力就能夠增強。可塑性意味的是，只要作出一些簡單的改變，例如改變你的環境、飲食或運動，你就能夠顯著改變你的頭腦的運作方式。我將在第8章〈精力〉詳細分享這些訣竅。

重點是：可塑性意味著你的學習和你的生活，並非固定、不可改變的。藉由優化和重塑你的大腦，你可以成為、做到、擁有、分享任何東西。當你擁有、採納正確的心態、幹勁和方法後，就不受局限了。

你的第二大腦

了解大腦的無限力量後，我的學生告訴我，他們有了全新的價值感，他們的自尊在一夕之間增大了。這裡

有個更好的消息：你不是只有一個大腦，你有第二個大腦——你的腸子。你可曾有過「直覺」（gut feeling）？那種「我就是知道」的時刻？若你曾經「跟著你的直覺走」而作出決策，或是感覺「胃裡有蝴蝶，七上八下」（butterflies in stomach），你可曾納悶為何如此？你的第二大腦隱藏在消化系統裡，這個「腸子裡的大腦」徹底改變了醫學界對消化、情緒、健康，甚至思考方式之間的關連性的了解。

科學家稱這第二大腦為「腸神經系統」（enteric nervous system, ENS），它是食道和直腸之間的腸胃道壁裡布滿了超過一億個神經細胞的兩個薄層。科學家才剛剛開始了解腦－腸軸線（brain-gut axis），以及它如何影響我們的腦、情緒及行為，你可能聽過它被稱為「腦－腸關連」（brain-gut connection）。過去十年，我們已經發現，我們的腸對我們的腦的運作方式有巨大影響。你可以把它類比為一棵樹的機能運作，地下樹根從土壤中吸取養分與水，並和其他植物溝通；這些養分被輸送至樹身，養育樹幹，為這棵樹提供每個春天長出新葉所需要的營養；樹葉收集陽光，陽光是另一個能量源頭。

同理，我們攝取的營養被腸子吸收，我們仰賴這些營養為腦部提供燃料。人腦雖然只占我們體重很小的部分，但腦部使用我們攝取的能量高達20％，因此營養對腦部的每日運作影響甚巨。

腸壁布滿了超過一億個神經細胞，構成腸神經系統的

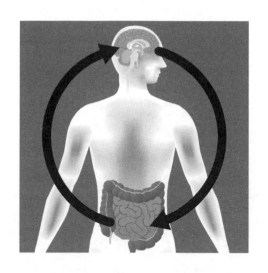

一部分。當胎兒在子宮成長時，腸神經系統和中樞神經系統從相同組織發展出來，透過迷走神經（vagus nerve）保持連結。從許多方面來看，腸神經系統和中樞神經系統的結構相似，兩個系統也使用許多相同的神經傳導物質運作，包括血清素、多巴胺、乙醯膽鹼。跟中樞神經系統一樣，我們過去以為，每個人與生俱有一定數量的細胞，數量不會改變，但是跟人腦一樣，我們現在知道，整個成年期，腸神經系統會生成新的神經元，神經元損傷時可以修復。[5]腸子由這些神經元和細菌網絡形成的腸道微生物體構成，跟人腦一樣，每個人都有獨一無二的腸道微生物體。

　　此外，這些神經細胞透過極其相似於腦部的路徑運作。杜克大學神經科學家迪耶哥‧博爾凱斯（Diego Bohórquez）2010年發現，腸內分泌細胞有足狀突出物，就像神經元用來相互溝通的突觸。這項發現使博爾凱斯好

奇，這些腸內分泌細胞是否能夠使用相似於神經元傳遞訊號的方式來和大腦「交談」；他假設，若是這樣的話，它們就必須使用迷走神經，連結腸與腦幹。[6]經過進一步實驗檢測，博爾凱斯研究團隊發現，腸內分泌細胞確實使用迷走神經把訊息傳送至腦部，速度比透過血液傳輸還要快。

團隊合作

科學界目前仍在探索腦和腸之間的關連，但看起來，它們的運作方式很相似，而且它們串聯運作。腸裡的腦和頭腦結合起來，部分左右我們的心智狀態，當你直覺到事情不對時；或者，相反地，當你覺得應該跟著直覺走，這並不是迷信，你的腸子有自己的方式解讀事情，並向大腦發出訊號。此外，當你餵給腸子欠佳的食物時，你也餵給你的腦子欠佳的燃料。

此時此刻，你的腸子正在消化你剛才吃的食物，傳送這些燃料到你的腦部。在此同時，你的頭腦的一部分，正在接收你眼前書頁（或閱讀器螢幕）帶給你的感覺，感受椅子支撐你的舒適感，並監視你的周遭環境，確定你是安全的。你的頭腦的另一部分，正在接收環境中的氣味，也許是咖啡、香水或書本的氣味。你的頭腦的另一部分，正在吸收頁面上的文字符號，把它們轉化成意義，在短期記憶中處理與儲存，再傳送至長期記憶裡（我們稍後在相關段落會談到這個。）

這一切意味的是，你雙耳間的那顆腦袋，有著終極超

能力。你也有能力把這股超能力變得更強大，或是放任它萎縮、衰退。你必須決定要讓你的超能力生活於怎樣的環境中 —— 支持你的人生使命的環境，或是使你岔離最大夢想的環境。

費解的顯然

　　既然人腦具有如此巨大的力量，為何我們依舊不時困頓、受挫？若你的頭腦真的這麼強大，為何過荷、分心、健忘，以及能力不足的感覺，對我們的影響這麼大？我們擁有這麼大的潛能，有時卻連一個簡單的名字都想不起來，彷彿瞬間失憶了，我們又該如何接受這種事實呢？答案很簡單，幾乎是費解的顯然：因為沒人教我們如何做。

　　向他人提供一個好點子，你就改善了他們的這一天；教導他人如何學習，你可以改善他們的整個人生。

　　學校是很好的學習場所，教導我們學習什麼、思考什麼、記住什麼。但在學校，鮮少課程教我們如何學習、如何思考、如何記住。

　　肯尼斯・羅賓森爵士（Sir Kenneth Robinson）在談論教育改革的著作《讓天賦發光》（*Creative Schools*）中寫道：「我最關切的事情之一是，雖然世界各地改革教育制度，但這些改革當中，有許多是出自政治和商業考量，並不了解人們確實學習的方式，以及優異學校的實際運作方式。結果，這些改革傷害了無數年輕人的前景，遲早會影響到你或你認識的某人，影響可能是好的，也可能是壞的。」[7]

「勝出
的唯一途徑是
比任何人
學得更快。」

——艾瑞克・萊斯 Eric Ries，
《精實創業》（*The Lean Startup*）作者

　　我想，可能已經影響到你和你身邊的每個人。如前所述，我在教育制度中的體驗相當複雜，我承認，我的情況不尋常；但事實上，就算我在幼兒園時沒有遭遇嚴重的頭部創傷，我的學校教育為我提供的收穫，恐怕也會遠不如理想。這是因為世上少有學校在課程中教學生學習如何學習，學校課程灌輸我們資訊，讓我們接觸優秀的文學作品，以及那些改變人類文明軌跡的人物，學校測驗我們（有時是沒完沒了的測驗），判斷我們是否能夠複述在課堂上教我們的東西；但是，學校不會從根本上教我們如何教自己，如何增進人腦，如何發掘新概念，如何確實吸收我們學到的、對日常生活重要的東西。

　　這並不是在指責那些努力教導小孩的教師，在我看來，教師屬於社會中最有愛心、仁慈、能幹的人類之列。我的腦部受傷後，我的母親成為一名教師，因為我在學習上太困難了，她想幫助我和其他像我一樣的人。問題在於教師身處的過時制度，若《李伯大夢》（*Rip Van Winkle*）中的主角李伯醒來後，時間已經過了幾十年，那麼他現在唯一還認得的東西將是教室，因為教室幾乎沒有什麼改變。教育的變革太少了，不足以使我們為現今生活的世界做好準備。在自駕車已經問世、火箭能把我們送上火星的這個年代，我們的教育制度等同馬匹和馬車。

　　此外，我們的賺錢維生之道也大大改變，而且改變速度愈來愈快。自動化及人工智慧影響工作前景，我談的不只是工廠裡的勞工被機器人取代，我們許多人面臨

必須從辦公室工作的結構轉變至多變的零工經濟（gig economy）。五年前少有人想像得到的工作，如今已經很普遍；此時此刻，還有其他新類型的工作正在崛起中，將會影響接下來的職場。

這一切指向同一方向：我們必須掌管自己的學習。若學校教我們學習什麼，但沒有教我們如何學習，我們就必須自己承擔其餘工作。若數位過荷可能劫持我們的腦袋，我們就必須善用如何學習的訣竅重設基本原則。若職場變化太快，以至於我們無法確定明日的工作對我們的含義，那麼唯有完全掌控自己的學習，我們才能為未知的未來做準備。

開啟動力

概述你也許聽過的一個小故事：在一座發電廠，某天，所有運作戛然而止。所有機器停擺，安靜得嚇人，廠裡人員忙亂成一團，過了很多小時，沒人能夠解決問題，廠長焦頭爛額，向外求援。

專業技師到場，環視了一下，走到其中一個電箱前，打開電箱，檢視裡面的螺絲和線路。他轉了一顆螺絲，然後，奇蹟似地，所有機器再度運作起來，電廠恢復作業。

廠長大大鬆了一口氣，向技師道謝，問他需要支付多少錢？技師說：「10,000美元。」廠長嚇了一跳：「什麼意思？10,000美元？你只花了幾分鐘而已。轉一顆螺絲，誰都做得到。麻煩你，我需要列出帳單名目。」

技師從口袋中掏出筆記本，在上頭寫了幾行，把帳單交給廠長。廠長看了看帳單，立刻付錢。帳單上寫著：「旋轉螺絲：1美元；知道該轉哪顆螺絲：9,999美元。」

這個故事的啟示是什麼？不是你有一顆螺絲鬆了，這個故事闡明了兩點。

第一，一顆無限頭腦能為你和他人增添多少價值。我們已經邁入腦力勝過蠻力的專家經濟，兩耳之間的那顆腦袋，是創造財富的最大資產 —— 有人知道這點，有人不知道。應用知識不僅是力量，也能營利，思考、解決問題、作出正確決策、創造、創新及想像的能力，就是我們創造價值的方式，你學得愈快，就賺得愈快。

第二個啟示：一顆小螺絲也能造就大不同。我指導過一些很棒的腦袋，不是英才也能看出英才留下的提示，型態之一是：優異的心智表現者過濾並聚焦於造就大不同、開啟其他一切的少數「螺絲」。本書將提供我發現的許多行為、工具及策略，幫助你的努力獲致最大成果與回報。

世界現在向你拋出的挑戰遠多於以往，一切跡象顯示，挑戰將會持續增加；在此同時，一顆持續精修調整的腦袋，可以獲得的收穫將遠多於以往。你現在已經知道，你擁有遠遠足夠的潛能，可以應付任何挑戰，但這需要你掌控自己的學習。

你或許曾經覺得需要有超人的能力，才能應付當前現實的需求，但你早就已經擁有隱藏的超能力了：你的腦袋。你或許無法像蜘蛛人那樣，用你的手發射出一張網，

但你擁有遠遠更好的 —— 你腦袋裡的神經網路。你雙耳間的超級發電廠網絡，就是你的最大天賦和最大優勢；我們需要做的，就是像升級你的手機那樣，升級你的腦袋。那麼，你要如何在你的腦袋安裝新軟體？我最喜歡的方法之一，就是你現在正在做的事：閱讀。

「我不只運用
我擁有的
所有腦袋，
也動用我能借到的
所有腦袋。」

── 伍德羅・威爾遜 Woodrow Wilson，
美國第 28 任總統

④
如何閱讀與記住本書（以及任何書籍）

　　你的時間是你最寶貴的資產之一，無法失而復得。

　　身為你的腦力教練，我想讓你從你的注意力，獲得最大的成果與回報。所以，我在本章提出一些建議，幫助你看這本書獲得最大成效，你也可以把這些建議應用在你想學習、閱讀的任何東西。

　　我們從下列問題著手：你是否有過這樣的經驗，看了一些東西，但第二天就忘了？

　　放心，有這種經驗的，不只有你。心理學家稱此為「遺忘曲線」（forgetting curve），這是一個數學式子，描述在起初習得資訊後，忘記這些資訊的速率。研究顯示，人類在學習和取得資訊後的一小時內，大約50％的東西被遺忘；二十四小時後，大約70％的東西被遺忘。[1]

　　本章提供的一些建議，可以幫助你保持在遺忘曲線水準之上。後文我們討論研習、速讀和改善記憶力時，我將教你一些先進策略，加速你的學習、增強你的記憶力。

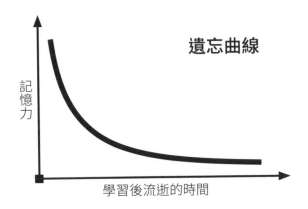

研究顯示，我們的自然專注力介於10到40分鐘，過了這段時間，專注力就會降低。若我們在工作上投入的時間，超過自然專注力的時間，時間投資報酬就會遞減，因為我們的注意力開始降低了。因此，我建議你使用「番茄工作法」（Pomodoro Technique），這是義大利籍企管顧問法蘭西斯科‧西里洛（Francesco Cirillo）在1980年代提出的一種生產力管理方法，基本概念是持續投入一件工作上的最適時間為25分鐘，接著休息5分鐘。[2]每一段25分鐘，稱為一個「Pomodoro」──義大利語的「番茄」，名自西里洛就讀大學時使用一個番茄形狀的定時器。我建議你在閱讀本書時，每讀25分鐘就暫停一下，休息5分鐘，再繼續閱讀。

就學習來說，「番茄工作法」的效用跟記憶力有關；更確切地說，就是初始效應（primacy effect）和新近效應（recency effect）。

　　「初始效應」指的是你比較可能記得你在一個學習時段、一堂課、一場演講,或一次社交互動開端時學到的東西。若你去參加一場宴會,你可能遇見三十個陌生人,你最可能記得最初遇見的那幾個陌生人(除非你受過訓練,用我的方法記住人名,參見本書後文。)

　　「新近效應」指的是你也比較可能記得你最後(更靠近現在)學到的東西。承上例,你很可能記得你在宴會上最後遇見的幾個陌生人。

　　我們都有過這樣的經驗:在考試前拖延準備,到了考試前一晚才臨時抱佛腳,夙夜匪懈死記硬背。這種硬塞的方法行不通的原因很多,初始效應和新近效應是其中兩個,但若你在死記硬背時,中間暫停,休息個幾分鐘,就能創造更多的開始與結束,你將能夠記住更多你在學習的東西。

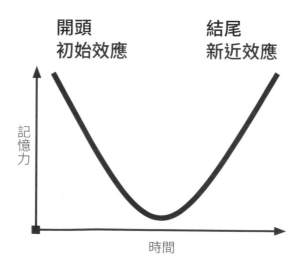

　　若你坐下來閱讀一本書，連續讀兩個小時，中間沒有暫停休息，你可能記得頭20分鐘閱讀的內容，你的記憶力可能在第30分鐘左右降到谷底後才漸漸上升，你可能會記得最後一段時間讀到的內容。這意味的是，中間有段呆滯期，在中間沒有暫停下來休息以吸收或思考你剛才閱讀的內容之下，將導致一段學習無效期。所以，請善用「番茄工作法」閱讀本書，一次一個Pomodoro，你才能獲得最佳的閱讀效果。若你仍然選擇硬塞，後文將有一些訣竅，幫助你記住開頭與結尾之間的資訊。

　　你可知道，光是閱讀本書這項行動，就將使你變得更聰敏？我知道，這項宣示好像很臭屁，但我完全相信這是真的。一方面，我在書中分享的工具與方法，將教你變得更聰敏；另一方面，當你積極閱讀本書時，你的腦海裡將形成種種畫面，你將在你知道的東西和你正在學習的東西之間建立連結，你將思考如何把你正在學習的東西應用到日常生活上，你將會想像你可以如何使用你正在汲取的知識，這就促進了神經可塑性。19世紀美國醫師暨作家奧立佛·溫德爾·霍姆斯（Oliver Wendell Holmes）說：「一個人的心智，會不時被接收到的新思想或感知擴張、延展，再也不會縮回先前的大小。」[3]當你閱讀任何書籍時，你有機會擴張、延展你的心智，它將永遠不同於以往。

> **Kwik Start 快速啟動**
>
> 現在，就用定時器設定25分鐘，專注閱讀本書。當
> 定時器響起時，用書籤標記你讀到的地方，闔上書
> 頁，把你在那25分鐘內學到的東西寫下來。

使用更快速的方法

　　為了讓你從閱讀本書獲得最佳效果，下列提供一個
快速學習任何東西的簡單方法，我稱為「更快速的方法」
（FASTER Method），請你現在就用這個方法閱讀本書。

　　FASTER是首字母縮略字，代表忘掉（Forget）、行動
（Act）、狀態（State）、教導（Teach）、登錄（Enter）、
溫習（Review），下列逐一解說。

忘掉

　　想要高度專注，關鍵在於移除或忘掉那些導致你分心
的事物。有三項東西你必須忘掉（至少暫時忘掉），第一
項是你已知的東西。當學習新的東西時，我們往往以為自
己對這個主題的了解很多，其實不然。我們自認為對主題
的了解，可能妨礙我們吸收新資訊的能力。小孩的學習速
度快，原因之一是他們像只空容器，他們知道自己不會。
有些人聲稱自己擁有二十年的經驗，其實他們只有一年的
經驗，但是重複了二十次。為了學習擺脫你現在的受限

感，我請你暫時擱置你已知的東西，或是你認為你對相關
主題的知識，從禪宗所謂的「初心」（a beginner's mind，
初學者之心）出發。切記，你的心智就像一頂降落傘，只
有開啟時才有效用。

第二項要忘掉的東西，是不迫切或不重要的東西。和
一般看法相反，你的頭腦並不會多工作業（後文對此將有
更多討論），若你不充分專注於當下，你的焦點一分散，
就難以學習。

> ### ⸺ *Kwik Start* 快速啟動
>
> 閱讀本書時，你的心智難免游移到其他事物 ── 重
> 要、但不迫切的事物上，別試著不去想，因為你愈
> 是抗拒，它就愈續留不移。你可以在旁邊擺一本筆
> 記本，把念頭或想法寫下來，這樣你就可以暫時鬆
> 開，等手邊工作完成後再去處理。

第三項要忘掉的東西，就是你的限制 ── 你先入為
主的自我認知，例如：你認為你的記憶力差，或者你是個
學習慢的人。擱置（至少暫時擱置）你認為什麼是可能的
那些信念，我知道這可能聽起來不容易做到，但請你以開
放心態看待自己可以做到什麼。畢竟，你既然正在閱讀這
本書，那就意味著你內心深處有部分相信，你可以追求比
目前更豐盛的生活。盡你所能保持正面的自我對話，切

記：若你捍衛你的限制，它們就會續存；你的能力並非固定不變，你可以學習任何東西。

行動

傳統教育把很多人訓練成把學習當作被動體驗：安靜地坐在教室裡，不和鄰座同學說話，吸收資訊。其實，學習並不是一項觀賞性活動，人腦透過創造而獲得的學習，比透過吸收而獲得的學習還要多。所以，請你經常自問：你可以如何在學習中變得更積極？舉例來說，做筆記？做本書所有的「快速啟動」？我建議你可以用螢光筆把重點畫出來，但請別做得太過，把每一頁畫得螢光閃閃，全部都是重點，那不就等於沒有重點了？你愈是積極，就能夠學習得愈好、愈快、愈多。

> ⚛ ***Kwik Start* 快速啟動**
> 若你可以做「一件事」，使閱讀本書變成一項更積極的體驗，那會是什麼？請把它寫下來：＿＿＿＿＿＿
> ＿＿＿＿＿＿＿＿＿＿＿＿＿＿＿＿＿＿＿＿。

狀態

所有學習都會受到狀態的影響，你的狀態指的是你的情緒的目前映照，高度受到你的思想（心理）和你的身體狀況（生理）的影響。你對一特定情況中一個主題的感覺

或缺乏感覺，會影響你的學習過程，乃至於影響學習成果。事實上，當你對一項資訊有感覺時，就更容易記住這項資訊，我可以證明這點。我想，應該有一首歌、一種香味或一種食物，能夠使你想起你的童年吧？資訊乘以情緒，幫助創造長期記憶，反之亦然。你學生時代的主要情緒狀態是什麼？當我詢問聽眾這個問題時，多數人喊道：「乏味！」，你很可能也有同感。

　　若你在學校的情緒精力低落，那就難怪你會忘記元素週期表了。但是，當你控管你的身心狀態時，你可以把你的學習體驗，從乏味轉變為興奮、好奇，甚至有趣。為了做到這點，你也許可以試試改變你在學習環境中的身體移動方式，或是在你坐下來學習之前，激發不同的情緒。改變你的姿勢或呼吸深度，採取能夠使你充滿活力、興奮看待即將到來的學習的坐姿或站姿，興奮地想想你即將學習的東西將使你如何獲益，以及你將如何使用你學到的新知。切記，所有學習都會受到狀態的影響，因此你應當有意識地選擇快樂、陶醉及好奇的狀態。

✺ *Kwik Start* 快速啟動

此時此刻，你的幹勁、活力及專注程度如何？用1到10分來評量你目前的狀態。若你現在可以做「一件事」來提高分數，那會是什麼？＿＿＿＿＿＿＿＿＿＿＿

＿＿＿＿＿＿＿＿＿＿＿＿＿＿＿＿＿＿＿＿＿。

教導

　　若你想顯著縮短你的學習曲線，那就在學習時，懷抱著把習得的資訊教予他人的意圖。想想看：若你知道自己必須針對學到的東西作簡報，那麼你在學習時，就會知道必須學得夠熟，要能向他人解釋，因此你將在學習過程中更專注，你做的筆記可能會更詳細，甚至提出更好的問題。當你教導別人時，你獲得了第二次的學習機會：第一次是你自己學習時，第二次是你透過教育他人，自己再學一次。

　　學習並不一定得是單獨行動，也可能是社會性行動。若你邀請他人和你一起看這本書，你可能獲得更大的樂趣。你可以買書送給你的朋友，如果能夠組成一個「無限讀書會」，每週聚會，大家一起討論、分享本書的見解與概念，當然更好。當你和一個朋友或一群朋友一起學習、創造回憶時，你的學習會更加有趣。和他人一起學習，不僅有助於你的當責，也讓你有練習方法的對象。

✺ *Kwik Start* 快速啟動

找個學習夥伴，一起閱讀這本書，向彼此當責。想想看，你可以找誰？請寫下他（們）的名字：＿＿＿

＿＿＿＿＿＿＿＿＿＿＿＿＿＿＿＿＿＿＿＿＿＿＿＿

＿＿＿＿＿＿＿＿＿＿＿＿＿＿＿＿＿＿＿＿＿＿＿。

登錄

最簡單有力的個人效能工具是什麼？你的行事曆。我們會在日程上記錄重要事項：工作會議、親師座談會、看牙醫、帶寵物看獸醫等等，但你知道很多人不會在行程表上登錄什麼嗎？他們的個人成長與發展。如果你沒有把這兩項放到行事曆上，很可能你沒有執行。想要「忘記」鍛鍊你的身體和頭腦，然後一天又一天過去，簡直太容易了。

> ### 🧠 Kwik Start 快速啟動
> 拿出你的行事曆，記錄未來一週你打算如何閱讀這本書。你可以試試看標示「無限的我」、「天才時間」、「腦力訓練」、「與吉姆對話」，或任何能夠激勵你的標題，確保你能夠持續在行事曆上記錄、看完這本書。

溫習

降低遺忘曲線作用的最佳方法之一是，善用間隔複習，積極回想你學到的東西。用多個延伸段來溫習你學到的資訊，你將更能夠記住資訊。間隔複習材料，可以提升頭腦記住材料的能力。為了善用這項原則，在每次閱讀開始前，你可以花點時間（就算幾分鐘也行），回想你上次閱讀時學到了什麼？這麼做，你的頭腦將對你溫習的材料賦予更高價值，亦即更看重這些材料，讓你的心智為接下來的閱讀做好準備。

「這是你最後的機會，
決定後就不能回頭。
你可以吞下藍色藥丸，
故事就此結束。
你在床上醒來後，
想相信什麼就相信什麼。
若你吞下紅色藥丸，
你就會一直留在仙境，
我會讓你看看
兔子洞有多深。
切記，我只提供真相，
別無其他。」

———莫菲斯 Morpheus，
摘錄自電影《駭客任務》（*The Matrix*）

> **✦ *Kwik Start* 快速啟動**
> 每次閱讀前，花幾分鐘大概講一下或寫一下上次閱
> 讀時你記得什麼。

明智抉擇

法國哲學家尚保羅‧沙特（Jean-Paul Sartre）說：
「人生是介於B和D之間的C」，B是出生（Birth），D是
死亡（Death），C是選擇（Choices），意指人生是我們從
出生到死亡之間作出的種種選擇。這句話簡短精闢，尤其
貼切於我們現在的這趟旅程：變得無限。這是一項選擇，
完全由你作出的選擇，不論你的境況如何，你可以選擇放
棄這股力量，但既然你知道你的人生可以突破各種阻礙，
為何要作出這樣的選擇呢？不過，你的選擇必須是主動、
積極的，作出選擇的時機就是現在。

我需要你的決心和承諾。多數人知道自己應該做什麼
事、也很感興趣，但還是沒做，因為他們把它當成一種喜
好，而不是一項承諾。下重大決心，可以產生巨大的力
量。我要請你寫下讀完這本書的承諾，白紙黑字，你就更
可能實踐你的承諾。

你可以在下頁簽署這份承諾書，若你想要更加分的
話，可以拍照上傳到社群媒體。公開表示決心，有助於你
對實踐這項承諾當責。請記得標記（tag）我：@jimkwik

#limitlessbook，讓我們為你加油！

問題就是答案

　　你是否有過這樣的體驗：閱讀一本書的一頁，到了最後一行，居然無法想起你剛才讀了什麼內容？你甚至重讀了一次，仍然記不住。我不想你在閱讀這本書時有這種體驗。為何會發生這種情形呢？因為你沒有問正確的問題，問題其實就是答案。

　　你的感官每秒從你的周遭世界收集1,100萬筆資訊，顯然若你試圖一舉解讀所有資訊，馬上就會崩潰。所以，頭腦是一個刪除器，會主動過濾、阻擋資訊，通常意識頭腦（conscious mind）每秒只處理50筆資訊。

　　至於哪些資訊能夠通過過濾，取決於腦部的網狀活化系統（reticular activating system）。網狀活化系統負責幾項功能，包括睡眠及行為的改變與修正，它也是資訊的守門人，透過「習慣化」（habituation）的流程，讓腦部忽視無意義、重複性的刺激物，保持敏感於其他的輸入資訊。

　　引導網狀活化系統的方法之一是自問問題，藉此告訴網狀活化系統，對我們而言重要的是什麼。

　　這裡舉我妹妹的生日為例。多年前，我妹妹持續寄來巴哥犬的明信片、照片和電子郵件。巴哥犬有著傷感的臉孔表情和凸出的雙眼，十分溫順，你讓牠們穿上蓬蓬的芭蕾舞裙，牠們也不在意。我當然納悶：她為何要不斷寄巴哥犬的照片給我？後來，我想起，她的生日快要到了，顯

閱讀承諾

我，＿＿＿＿＿＿＿＿＿，承諾以每次閱讀10~25分鐘的方式閱讀這本書，直到整本讀完。

我承諾在閱讀這本書時，忘掉我以往所知、令人分心的事物，以及關於可能性的局限信念，以保持專注。

我承諾在閱讀過程中保持積極，完成書中所有的「快速啟動」，並且做筆記、畫重點，在閱讀過程中練習自問相關切要的問題。

我承諾管理我在閱讀這本書時的狀態，不時檢查我的精力狀況，必要時，主動調整動機、提升幹勁。

我承諾把我學到的東西教給別人，讓更多人受益。

我承諾在行事曆上記錄閱讀時間，因為排上去了，我就會做。

我承諾複習我已經學到的東西，這樣才會記得更牢，然後再閱讀新的部分。

最後，我承諾，縱使我沒有確實做到上述任何一條承諾，我也不會痛責自己。我會重來一次，盡我最大的努力做好這件事。

是的，我準備**變得無限**！

簽名：＿＿＿＿＿＿＿＿＿＿＿日期：＿＿＿＿＿＿＿＿＿＿＿

「教育的
　真正目的之一是
　使人處於
　不斷詢問的狀態。」

——曼德爾・克萊頓主教
Bishop Mandell Creighton

然她在暗示我，她想要一隻巴哥犬。

那天稍晚，我在一家健康食品店排隊等候結帳，往另一結帳櫃台排隊的人望去，很意外地看到一位女士肩上趴著一隻巴哥犬。哇！我已經很久沒有看到真實的巴哥犬了，我心想，這也太巧了吧。翌日，我在我住的社區跑步，碰到一個人在蹓六隻巴哥犬。

問題是，這些巴哥犬打哪裡來的？牠們就是很神奇地出現了嗎？當然不是，牠們一直都在。但以往，在刺激物的洪流中，我從未注意到牠們。一旦「巴哥犬」闖入我的意識裡，我就開始到處看到牠們了。你是否有過類似的經驗呢？可能是某款車或某種裝備，開始「很神奇地」到處出現在你的世界。

某次訪談主持人麥珍妮（Jeannie Mai）時，我們把這種效應類比於你喜愛的社群媒體根據你過去表現的興趣，開始向你展示更多吻合你的興趣的貼文。這些網站之所以知道你喜歡什麼類型的內容，是根據你過去點擊、按讚或觀看的內容。你的網狀活化系統就像這些網站的演算法，向你展示更多你表達興趣的東西，隱藏你不感興趣的東西。

這種情況太常發生了——我們想要的答案就在那裡，但我們問的問題不對，沒有照亮答案。相反地，我們問了無效的問題，或者，更糟的是，我們問了打擊自信心的問題：為何我不夠聰明？為何我不夠好？為何我沒法成功減重？為何我找不到合適對象？這類問題很常見，我們經常詢問這種負面問題，然後這些問題給我們證明（或巴

哥犬）作為答案。人腦總是概括化推論，試圖理解這個世界，我們處處都能夠找到證據確定自己的信念。

思考是一種推理事物的過程，我們在過程中詢問、回答問題。你可能會問：真是這樣嗎？你看，你不就提出了一個問題？我們一天中可能浮現幾萬個想法，其中必然有一或兩個問題，是我們問得更多次的問題；可想而知，這些問題引導我們的焦點，左右我們的感覺，決定我們如何繼續過活。

想像某人最常問的問題是：「我要如何讓別人喜歡我？」你不知道他的年齡、職業或相貌，但你知道的其實比你以為的還多。你認為此人的個性如何？就算你對此人所知不多，大概也能推想得到他可能喜歡取悅別人，可能不會直接表達自己的需求，在任何時候，可能都不會真實表達自己的感覺或想法。一直自問如何才能讓別人喜歡自己的人，無法忠於自我，因為他們總是塑造自己去迎合、討好周遭人，甚至本人可能也未曾察覺到自己正在這麼做。光是從他們自問的這個問題，你就能夠知道所有這些資訊，那麼你最常自問的是什麼問題？

你最常自問的問題

當我覺得自己腦袋壞了時，我喜歡遁入超級英雄、漫畫書、《龍與地下城》（*Dungeons and Dragons*）的世界，幻想的世界幫助我忘掉痛苦。我認定對我而言最好的超能力就是隱形，於是我最常自問的問題就是：「我如何保持

「提出疑問者，
　無法回避答案。」

——喀麥隆諺語

隱形？」我不想被看到，我總是看著他人，好奇別人的生活是什麼模樣，好奇為何某甲這麼受歡迎，某乙這麼快樂，某丙這麼聰明。我總是陷入困難、痛苦，所以當我看著他人，向周遭世界學習時，我最常自問的問題就變成：「我該如何改善這種情形？」我想要解開這道謎題：「我的腦袋是如何運作的？我可以如何訓練我的大腦？」我愈是詢問這些新問題，就獲得愈多答案，本書就是我詢問這些增強自信的賦能問題二十年後的結晶。

我在昆西・瓊斯（Quincy Jones）的八十大壽宴會上，初次結識威爾・史密斯（Will Smith）。聽了我腦部受創的故事後，他邀請我出席電影《震盪效應》（*Concussion*）的首映會，這是一部關於美式足球運動員頭部受創可能導致腦部慢性病變的電影（本書後文有一章談到頭腦的保護。）後來，威爾幫我訂了機位，前往多倫多，在片場和他相處了一週。他當時正在拍攝一部超級英雄影片，你可以想像我當時有多狂喜。

令我感興趣的是，劇組每天從傍晚六點拍攝至翌日清晨六點，而且是在寒冬的室外拍攝。好萊塢並非全是炫目華麗的，片場裡，經常得在趕戲當中等候。在一次休息時間，威爾和我探索他經常自問的問題，其中一個是：「我該如何使這一刻變得更加魔幻迷人？」我們在等候威爾拍攝下一個場景時，他的親友們群聚於帳篷中，觀看其他演員的拍攝工作。凌晨三點，我相信所有人都又冷又累了，我們看到威爾以實際行動回答他常問的這個問題：他大可

在一旁休息，但他購買熱可可給所有人，講笑話逗大家開心，主動扮演主人的角色，他用實際行動使當下變得更魔幻迷人。他常問的這個問題，引導了他的焦點和行為，也完全改變了所有人的體驗。

> ### ⚜️ *Kwik Start* 快速啟動
>
> 你最常問自己什麼問題？把它寫下來：＿＿＿＿＿
>
> ＿＿＿＿＿＿＿＿＿＿＿＿＿＿＿＿＿＿＿＿
>
> ＿＿＿＿＿＿＿＿＿＿＿＿＿＿＿＿＿＿。

讓你的心智做好準備

問題引導你的焦點，所以會影響你生活中的每件事，甚至也會影響你的閱讀理解力。由於人們在閱讀時通常不會詢問適足的問題，聚焦、理解、記憶力因此都會較差。若你在閱讀之前，用正確的問題讓你的心智做好準備，你就會到處都看到答案（巴哥犬）。為此，我在整本書中都會放置特定的關鍵問題。

在我們共行的這趟旅程中，你應該經常思考下列三個問題，將有助於你對學到的東西採取行動，把知識轉化為力量：

- 我可以如何運用？
- 我為何必須運用？
- 我何時會用到？

> ◈ *Kwik Start* 快速啟動
>
> 下列是你在閱讀這本書時應該思考的三個問題：我
> 可以如何運用？我為何必須運用？我何時會用到？
> 這三個問題幫助你把本書的知識，整合到你的頭、
> 心、手中，完全吸收進去。把這三個問題寫在你看
> 得到的地方，例如你的桌上或手機裡。

　　不要只是被動地閱讀這本書，當你汲取書中知識時，請記得思考這三個問題。切記，問題就是答案。接下來，在每一章的一開頭，你都會看到一連串的疑問，幫助你閱讀時可以聚焦。在你閱讀每一章之前，請先閱讀這些問題，你將會做好更多準備理解與記住你學到的東西。

　　除了每章一開頭的問題，請確實做各段落之間的「快速啟動」，大多可以在一、兩分鐘之內做完，這是在訓練你在學習和生活中立刻採取行動。記得神經可塑性的力量，每次你回答一個問題、進行一項新活動，你的大腦就會重塑。我也會在每章最後包含一些練習，請你在閱讀下一章之前，做這些練習，實踐你在該章學到的東西。

「每個人都是天才，
　但若你用爬樹能力
　來評價一隻魚，
　那麼這隻魚一輩子
　都會相信
　自己很笨。」

—— 愛因斯坦

第二部

無限心態

「什麼」

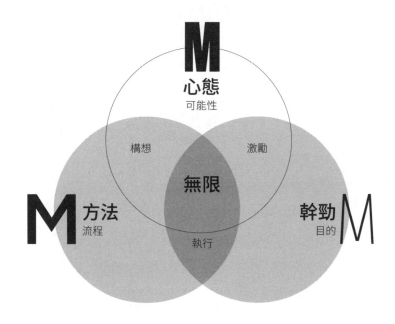

心態 mindset

一個人深切抱持的信念、態度與假設 —— 關於你是誰、這個世界如何運作、你能夠做什麼、你值得什麼,以及你的各種發展可能性。

無限模型的第一項要素是心態，心態是心智觀點或意向，先入為主決定一個人對情況的反應與解讀。心態是我們對自己和周遭世界的信念、態度與假設。所有行為都是由信念驅動的，因此在學習如何學習之前，我們必須先處理我們對於可能性的根本信念。

心態不是天生的，對於我們有能力做到什麼，我們並沒有與生俱來的預設心態。我們是從生活中接觸到的人及生長中體驗到的文化，學到這些固定、局限的思考方式。

以一頭被繩子栓在木樁上的小象為例，幼小時，牠沒有足夠力氣拔起那根樁子，最後牠放棄了，因為牠已經學到這麼做是徒勞無功的。這頭小象成長後，力氣已經足以拔起那根木樁，但牠仍然被無實際約束力量的一條繩子和一根木樁束縛，因為牠自小便學到，試圖拔樁是徒勞無功之事，心理學稱此為「習得的無助」（learned helplessness）。

多數人的行為就像這頭象，在某個時點，我們的某個經驗使我們對自己的能力產生某種印象，我們對自身潛能的信念從此確立。但是，就如同無助是學來的，我們也可以學習變得無限。本書第二部將探討關於潛能的7個謊言，以及如何用新的信念取代它們。

我刻意使用「謊言」（LIE）這個字，在這裡，它是「Limited Idea Entertained」（抱持的局限觀念）的首字母縮略字。若你和大多數人一樣，你對自己抱持了局限的觀點——你對自己的定義低於你實際潛能能夠做到的境

界，你賦予這些觀點能量，讓它們占據你的心智，但其實它們只不過是你的信念系統罷了。接下來兩章，你會看到這些謊言來自何處，它們如何禁錮你，你可以如何甩脫它們。請持續自問下列這個問題：我有多少先入為主的限制，其實只不過是謊言和信念系統？我想，答案會令你大吃一驚，而且這些答案將會徹底解放你。

這裡講個故事。我人生中最珍貴的友誼之一是我和已故漫威影業（Marvel Studios）榮譽退休董事會主席史丹・李（Stan Lee）的友誼。你可以從前文得知，史丹的漫威創作幫助我度過我較年輕時的一些最大艱苦，一直都是我的鼓舞源頭，直到今天仍是。我和史丹的交談總是愉快有趣，通常甚具啟示。

我記得我們某天共同驅車前往晚餐的路上的談話。史丹穿著西裝，打了一條蜘蛛人圖案的領帶，看起來很有精神，這條領帶激發我問他一個我一直都很想問的問題。

「史丹，這麼多年來，你創造了那麼多傑出的角色，例如復仇者、X戰警，你最喜歡的角色是誰？」

他毫不猶豫回答：「鋼鐵人（Iron Man）。你呢？」

我指著他的領帶說：「蜘蛛人。」

史丹點點頭說：「能力愈強，責任愈大。」

「說得太對了，史丹。反之亦然，責任愈大，能力愈強。」

他似乎很喜歡這句話，這令我開心極了。不過，我發現，雖然我先前從未說過一模一樣的話，但這句話說的其實就是無限心態的重要信條之一：當我們為某件事負起責

任時，我們就會充滿力量，把事情做得更好。

　　這就是無限心態。我們的背景與環境可能影響我們，但我們必須對自己成為怎樣的人當責。無限心態就是了解我們必須對自己的假設與態度負責，當你相信你的潛能完全在你的掌控之內，你的潛能的力量就會大增。

　　所以，超級英雄，我們開始尋求解放，使你的心態變得無限吧。史丹會這麼說：「精益求精！」

「使你陷入麻煩的，
不是
你不知道的東西，
而是你很確定、
但其實
並不正確的東西。」

——馬克·吐溫

⑤

信念系統的魔咒

為何你的信念對你的人生影響很大？

為何局限信念阻礙你達成目標？

你該如何甩脫局限信念？

想像你手上有一桶爆米花，我們即將來一趟很短的電影之旅，場景如下：

有個超級惡棍破壞了一座橋梁的橋墩，這座橋梁即將崩塌，陷入河裡。橋梁開始搖晃，我們的超級英雄得知這個危機，正趕赴現場，只有她有能力阻止這場災難的發生，拯救人們的性命。

超級英雄還有不到十秒就能抵達橋梁，但她接近橋梁時，腦海中有個聲音提醒她小學翻筋斗時臉部直接朝地倒栽蔥的經驗。幾秒後，她又想起父親告訴她，最好放低志向，別好高騖遠。她已經看見橋梁了，但腦海裡又浮現另一幕：她以前最要好的朋友，嘲笑她的自命不凡。

橋梁碎石落入河中，咯吱聲震耳欲聾，尖叫聲此起彼落，不斷迴盪。被懷疑淹沒的這位超級英雄坐在路邊，雙手掩面，沉浸於自憐中。

等等……這是在演哪齣？

　　你從未在超級英雄電影中見過這樣的場景？這是有原因的。其一，這將會是一個糟糕的故事。其二，不管他們的過去有什麼黑暗面，或是面臨什麼樣的心理矛盾，超級英雄不會因為屈服於局限信念而成為超級英雄。超人不會這麼想：「或許，幸運的話，我能夠從一棟高樓或至少幾層樓高的地方躍下，毫髮未傷。」鋼鐵人東尼‧史塔克（Tony Stark）不會這麼想：「這套鋼鐵人裝甲也許會在可能的最糟情況下失靈，因為我天生就是個會把事情搞砸的倒楣鬼。」驚奇隊長（Captain Marvel）不會在穿越大氣層時，突然開始心想：「我不確定可以撐得了獨自飛行於太空。」他們具有超能力，不會有任何受限感。

　　你知道嗎？你也有超能力。你要如何發揮你的超能力呢？從你的心態開始。

尋找羅傑‧班尼斯特

　　我小時候，可能是九歲或十歲時，我們家辦了一次大型的家族聚會，幾十人在一家生意很旺的大餐廳，圍繞著很大的桌子聚餐。那天是週六晚上，餐廳裡擠滿客人，服務生忙得團團轉。

　　我們這桌人都到齊幾分鐘後，服務生過來點菜，可想而知，這是個冗長的過程。過了一會兒，她走到我旁邊，問我想吃喝什麼？此時，我發現，前面親戚點的東西，她都沒有寫下來，這令我好奇極了。我們大約有二十五人，她服務的並不只我們這桌，怎麼可能記住我們點的所有餐

飲呢？我點了我想吃的東西，她繼續問我的其他親戚，我仔細在旁觀察。

　　我不大有信心待會兒上的餐點就是我點的，搞不好差得十萬八千里呢。縱使在那個年紀，我就滿有懷疑心態了，這不是因為我是一個負面傾向的人，也不是因為我對別人沒有信心，而是因為對於不尋常之事，我需要親眼看到，才會相信其可能性。當時，我心想，那位服務生充其量只能把我們大多數人點的東西搞對，但上菜時大概會擺錯位置，我們得自己找回自己點的東西。

　　好戲上演。飲料先上，每個人都拿到自己點的飲料，就連我一個表姐要了不加冰的可口可樂，另一個表姐要求在飲料上加檸檬、萊姆和兩顆櫻桃，服務生都沒有弄錯。我心想：好吧，這相當不錯，但好戲在後頭呢。幾分鐘後，沙拉來了，再一次正確無誤，不僅每個人點的沙拉醬全都沒搞錯，想要沙拉醬另外放一碟的人，和想要沙拉醬直接倒入沙拉的人，也全都無誤。我的懷疑受到了檢驗。接著上的主菜，同樣完全無誤，更別提有人提出的一些怪異要求，也全都獲得滿足。烹飪方式全都按照每一個人的要求，副餐也都完全正確。

　　我禁不住邊吃邊想這位服務生的本領。當時的我，才剛開始能夠勝任閱讀，我的腦傷為我帶來種種學習上的困難，可是這位服務生向我展現，我們腦袋的潛能，遠遠超過我的想像。

　　那位服務生是我的羅傑‧班尼斯特（Roger Bannister）。

班尼斯特是1950年代一位明星級賽跑運動員，在他的運動生涯早期，普遍認為，從生理極限來看，運動員不可能以少於4分鐘的時間跑完一英里（約1.6公里），人體負荷不了這種跑速。可是，1954年5月6日，班尼斯特用3分59秒4跑完一英里，證明4分鐘障礙是可以突破的。我覺得最有趣的是，不到兩個月後，另一個人打破了班尼斯特的紀錄，後來新紀錄又被打破，然後又有新紀錄出現，從此紀錄一再被刷新。

班尼斯特向世界展示，這道障礙根本不是障礙；那位服務生也這麼向我展示，透過她，我知道了，我對我的頭腦能力的認知，遠遠低於它實際的潛能。我在第1章說過，我接下來繼續在學習方面困頓了多年，但是那天晚餐後，我有了一個可能性的榜樣。

那位服務生以她的方式展現了無限，她在我眼前展示了我就算花上百萬年，也絕對想不到的可能性。我不認識她，後來也沒去結識她，但我永遠感激她，因為她永久改變了我對自我局限的認知，改變了我的心態。當我知道別人可以做到那麼多，我再也不相信我只能期望做到其中一點點了，我知道我也可以做得更多、更好，只是需要找到方法。

我將在本書跟你分享這些方法，這些方法的核心是一個基本概念：無限。想讓自己變得無限，關鍵是去除錯誤的假設。我們未能做到某件事，往往是因為我們相信自己做不到。1954年5月6日以前，人們近乎確信，人類能力

不可能以不到4分鐘的時間跑完一英里，但班尼斯特做到了，四十六天後，另一個人以更少的時間做到了，之後有超過1,400名賽跑運動員也做到了。以不到4分鐘的時間跑完一英里，這仍是不凡之舉，但不是不可能做到的事，這道「障礙」一旦被打破，很多人都做到了。

所以，你該如何突破局限信念呢？

局限信念對我們的影響

局限信念時常顯露於我們的自我對話，你內心的自我談話聚焦於你相信自己做不到的事，而非聚焦於你已經擅長的事，以及你今天和未來將繼續致力於達成的事。你有多常因為你內心的聲音說服你相信這非你能力所及，所以你就不嘗試做某件事或追求某個夢想呢？若你經常這樣，你絕非是唯一這樣的人，但這對你一點好處也沒有。

信念改變專家雪莉‧雷夫柯（Shelly Lefkoe）在接受我們的播客訪談時說：「我們來到世上，並不知道生活是辛苦或輕鬆，富有或貧窮，自己將成為重要或不重要的人。我們觀察兩個知道這一切的人：父母。」[1]父母是我們最早的老師，雖然他們可能在無意間傷害我們，在我們童年時，他們在不知不覺中灌輸我們局限信念。

就算你做的是自己平時就很擅長的事，局限信念也可能阻礙你。你是否有過這樣的經驗：在一個壓力境況下，你必須做平常來說都很輕鬆、容易的事，例如寫一份備忘錄、做做簡單計算，但壓力導致你對自己心生太大懷疑，

結果你做不好或做錯了？這就是局限信念的影響。若你能夠冷靜下來，你很容易把事情做好，但你內在的聲音擾亂了你。

　　現在，把這種情況延伸至你生活中的一整個領域，例如你的職業抱負，或你的交友能力。若你被你的局限信念控制了，你可能會在這個領域表現不佳。你可能會納悶為何自己一直都不能在這方面有所進步，或者你可能會相信，你就是欠缺這方面的能力，所以表現不佳是理所當然的。

　　和我一起創立快速學習（Kwik Learning）的艾莉西絲跟我一樣，孩童時遭遇學習上的困難，但她的原因非常不同於我的。她出生於南韓，父母是艱辛的創業者，沒有很多錢，但非常努力維持生活，一家四口居住在南韓的一個地下室。當他們收到美國核准的移民簽證時（七年前申請的），他們的第二個創業剛失敗不久。在絕望邊緣，這家人視此為一個新機會，於是借了約合兩千美元的錢，舉家搬來美國。

　　剛抵達美國時，艾莉西絲不識半個英文字，這是很大的文化衝擊，周遭人說什麼，她完全聽不懂，而且美國和南韓的文化全然不同。她父母也不會講英語，他們全家人都奮力掙扎於了解這個新世界。

　　艾莉西絲進入新家附近的一所學校，她是個害羞內向的學生，因為不會英語，午餐時經常獨自坐在餐桌前，或是躲到洗手間的小隔間裡吃午餐，避免感覺自己是個格格不入的棄兒。

　　艾莉西絲花了六年，才真正學會英語，同學和老師都不了解為何她需要花那麼長的時間才學會英語。幾年後，同學開始批評她是個緩慢的學習者，她經常聽到同學說：「妳到底是怎麼了？」，「妳是笨蛋嗎？」，「妳真奇怪。」

　　就連不需要使用太多語言能力的體育課，她也有困難。她還記得坐在操場的看臺上，抄寫這些字：「I will bring my gym clothes to class.」（我要帶運動服來學校。）她當時根本不知道自己在寫什麼，也沒有人向她解釋，她需要帶運動服來學校換裝。

　　到了二十歲出頭時，艾莉西絲仍然難以把一本書從頭讀完。每當她試圖學習時，總是得和內心的聲音奮戰一番。一個占據支配地位的較大聲音，總是批評、懷疑她的能力，另一個小聲音則是質疑這些批評，她內心就是無法完全接受她是「愚笨」的這個論點。她父母很辛苦，努力給她第二個機會，她不能讓他們失望。雖然有時她覺得自己不夠好，這輩子大概成不了什麼氣候，但有時她也相信，一定還有更大的盼頭，不是只能接受她目前的境況。

　　若艾莉西絲一直讓他人的聲音形塑她的現實，那她大概就只會停留在原有的軌跡上，不會為自己的問題尋找解方。但她沒有這麼做，她觀察、學習他人，尋求答案。她開始好奇，他們用什麼不同的方法找到成功和快樂。她想知道，純粹是幸運和天分嗎？還是背後有什麼方法？在追求學習如何成功的路上，她成為我最早的課程的學員之一。她當時不是很確定自己能從課程中獲得什麼，她只是

想為自己尋求一些改變 —— 她需要希望。

　　第一天的課程主題是「記憶」，八小時的密集訓練，但當天課程結束後，艾莉西絲感到精神奕奕，甚至對所學的東西很興奮。「我還能如何使用我的頭腦呢？」她好奇。這是她有生以來第一次不覺得自己是個緩慢的學習者，而且對學習感興趣。

　　第二天的課程主題是「閱讀」，因為以往的閱讀困難，她起初對這天的課程內容不感興趣，但當她學到聰明的閱讀習慣，並且做了速讀練習後，彷彿燈泡亮了，她突然看到了閱讀的潛能，甚至樂趣。她發現，她其實不是太慢或太笨而無法理解，只是沒人教她如何學習及使用她兩耳之間的那台超級電腦。艾莉西絲體驗到學習的力量後，她內心多年來的負面自我對話和局限信念，就開始消退了。

　　上完當天課程後，艾莉西絲有史以來首次讀完一整本書，而且理解與記住內容的程度，她對這種體驗的喜歡程度，在在令她大為驚喜。

　　這是她人生中的一大轉捩點，她從相信「情況就是那樣，無能為力」的局限心態，轉變為知道自己可以改變、形塑心智以達成目標。這是她人生首度開始相信自己，想像更廣大的可能性。

　　現在，艾莉西絲不再畏怯於學習新東西，若她不懂，她不會覺得是自己能力不足，她會尋找解答，試著應用。基於對學習的熱忱，她和我一起創立「快速學習」，和世界各地的人分享她的轉變經驗。

　　珍・布魯斯（Jan Bruce）、安德魯・夏特（Andrew Shatté）和亞當・皮爾曼（Adam Perlman）在他們合著的《我的十四天減壓平衡法》（*meQuilibrium*）中，把這類局限信念稱為「冰山信念」（iceberg beliefs），因為許多這類信念隱伏於我們的潛意識表層之下。他們在書中寫道：「冰山信念深植且強而有力，會激起我們的情緒。一個冰山信念愈是根深蒂固，對你的生活的危害就愈大……導致你的行程安排混亂，阻礙你減重成功，或阻礙你抓住機會。」

　　他們指出，或許最重要的是：「若我們能夠控制冰山信念，就能大大控管我們的感覺及生活。融化一座冰山，它導致的所有下游事件，也會被沖走。」[2]

　　埃默里大學（Emory University）醫學院精神病學與行為科學系成人門診精神治療科主任珍妮絲・威爾豪爾

冰山信念

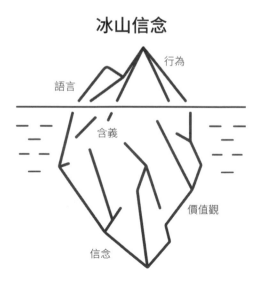

（Jennice Vilhauer）呼籲我們，要正視內心的自我批評：「你腦海中的聲音批評自己、懷疑自己、貶損自己，不斷告訴你，你不夠好。它對你說負面、令你難過的話——那些你根本不會對其他人說的話，例如：我真是個白痴；我是個冒牌貨；我什麼事都做不好；我永遠不會成功。」

威爾豪爾指出：「內心的自我批評並非無害，它會束縛你、限制你，阻止你追求你真正想要的生活。它會剝奪你的平靜心靈和快樂情緒，若長期置之不理，甚至可能會導致嚴重的心理健康問題，例如憂鬱或焦慮。」[3]

我們再回到本章一開始的那位超級英雄。她有化險為夷的幹勁和方法，但她缺乏正確的心態。她內心的自我批評說服她相信自己不夠好，因此她坐在一旁自憐，而不是去幹正事。這個故事的啟示之一是，我們這個失敗的超級英雄把事情搞砸了，在關鍵時刻，她失敗了，因為她無法甩脫腦海裡的批評聲浪，冷靜下來。

但這個故事還有另一個非常重要的部分：這個超級英雄具備一切成功條件，只要她能夠戰勝那些阻擋她的信念，她的超凡才能就能展現出來。

由此可見，克服你的局限信念有多重要。

若我說你是天才，你相信嗎？

說到天才，你首先想到誰？我猜，愛因斯坦和莎士比亞應該在你的名單之列，或許你也想到了史蒂芬·霍金（Stephen Hawking）、比爾·蓋茲（Bill Gates）、居禮

夫人（Marie Curie），或美國最高法院大法官露絲‧拜德‧金斯柏格（Ruth Bader Ginsburg）。說到天才，許多人腦海浮現這些姓名，那是因為這些人在我們往往和天才畫上等號的那些才智上表現非凡。但是，「小皇帝」詹姆斯（LeBron James）有沒有出現在你的名單上？碧昂絲（Beyoncé）？歐普拉（Oprah Winfrey）？你呢？

　　若你的名單上沒包含後面這些名字，也不出奇。我們多數人傾向把天才和一種特定才智 —— 智商（IQ）畫上等號。智商特高的人是天才，智商沒那麼高的人可能擅長、甚至傑出於某件事，但他們不被視為天才。

　　若你也是這麼想的，那你對天才的定義就太狹隘了。不過，如此狹隘定義天才的人，絕非只有你，我甚至可以說，絕大多數的人都是如此定義天才。但是，這有兩個問題：其一，這種定義使你無法賞識許多人具有的天賦；其二，這種定義可能阻礙你辨識自己的天賦。

　　天賦有很多種，各種專家有種種差異，但普遍認同的一點是：天賦以四種類型之一展現，這已經存在了數千年。

- **發電機型天才（dynamo genius）**：這類人透過創意和點子展現天賦。莎士比亞是發電機型天才，因為他傑出於創作幫助我們洞察自己的故事。伽利略（Galileo）是發電機型天才，因為當他遙望天空時，他能夠看出其他人看不出的東西。當我們想到天才時，我們最普遍想到的是發電機型天才。

- **火焰型天才（blaze genius）**：這類人透過與他人的互動展現天賦。歐普拉是火焰型天才，因為她在與廣泛的個人連通情感、理智與心靈方面具有非凡的能力。巴基斯坦女權運動家馬拉拉・優薩福扎伊（Malala Yousafzai）是火焰型天才，她用自己的故事引起世人共鳴。火焰型天才往往是高超的溝通者。

- **節奏型天才（tempo genius）**：這類人透過看大局的能力和堅持到底的毅力，展現他們的天賦。已逝前南非總統尼爾森・曼德拉（Nelson Mandela）是節奏型天才，因為縱使在面對艱難時，他仍然能夠看出他的願景的智慧。德蕾莎修女（Mother Teresa）的節奏型天賦，使她在縱使最黑暗之時，仍然能夠為周遭人想像更好的境況。節奏型天才往往能夠以大多數周遭人無法做到的方式，了解與展望長遠的未來。

- **鋼鐵型天才（steel genius）**：這類人極擅長思考和關注細微之處，仔細做他人忽視或未能設想到的東西。謝吉・布林（Sergey Brin）善用天賦，看出大量資料的潛力，共同創立谷歌。若你看過《魔球》（Moneyball），應該知道比利・比恩（Billy Beane）團隊善用統計分析資料，精進球隊的表現。鋼鐵型天才喜愛盡所能取得資訊，能夠看出並善用多數人忽略的資訊。

> ✦ *Kwik Start* **快速啟動**
>
> 你認為你的天賦是什麼？請寫下來：＿＿＿＿＿＿
>
> ＿＿＿＿＿＿＿＿＿＿＿＿＿＿＿＿＿＿＿＿＿＿＿
>
> ＿＿＿＿＿＿＿＿＿＿＿＿＿＿＿＿＿＿＿＿＿＿。

　　你的天賦很可能結合了這四類中的兩類或更多類，很少人只是單純的資料型或只善於展現同理心；不過，你必須了解的重點是：天賦遠非只是學業上的優異能力，或者能夠琅琅上口地背出元素週期表，你有內在天賦。

　　若你對最後這句話感到訝異，你可能需要回頭，重新閱讀本書的前面幾章。為了使自己變得無限，你必須釋放、發揮你的內在天賦。也許，你不是莎士比亞那類的發電機型天才，或是歐普拉那類的火焰型天才，但你的內在有某種天分組合，等著展現出來，或者等著展現更多，關鍵在於你必須釋放。

正面思想並非只是有益於頭腦

　　在提供工具幫助你朝向更正面積極的心態之前，這裡先花幾分鐘談談正面思想有多重要。正面思想和身體健康有明顯的關係，約翰霍普金斯大學（John Hopkins University）公共衛生學院助理教授麗莎・雅內克（Lisa Yanek）所做的一項研究發現：「正面積極的人心臟病發作或發生冠狀動脈問題的可能性，比負面消極的人低了13%。」[4]

梅約醫學中心（Mayo Clinic）指出：「通常伴隨著樂觀而來的正面思想，是有效壓力管理的一個重要部分，而有效的壓力管理能夠帶來許多健康益處。」

他們指出，這些益處包括：

- 延年益壽；
- 降低憂鬱；
- 減輕愁苦；
- 提高傷風感冒的抵抗力；
- 增進身心健康；
- 心血管較健康，死於心血管疾病的風險較低；
- 應付艱辛和壓力時期的技巧較佳。[5]

改造局限信念

我一再發現，幫助人們甩脫局限信念時，有個比喻很管用。我告訴他們，局限信念和無限心態的差別，就像溫度計和恆溫器的差別。溫度計只有一種功能 —— 對環境作出反應，測量並顯示氣溫，僅此而已。這相似於人們對局限信念的通常反應，他們察覺到自身的限制，以限制方式作出反應，以限制方式繼續生活。

另一方面，恆溫器測量環境，讓環境對它作出反應。若恆溫器注意到一個房間太冷或太熱，便會改變環境，使環境符合它設定的理想。同理，若你遭遇外部或內在企圖，把限制加諸你身上，你可以像恆溫器那樣，拒絕那些局限信念，創造一個有助於你實現最遠大目標的心理環境。

那麼，要如何減少局限信念的影響，發展出超級英雄心態呢？在我看來，有三項要領。

要領 1：辨識你的局限信念

你已經在前文看到一些局限信念的例子，但局限信念還有更多源頭（下一章將會討論七種有關學習最普遍的局限信念），它們可能跟你的才能、個性、關係、教育等等有關，導致你腦海中一直有個聲音告訴你，你無法做到你想做的事。從現在開始，請注意每次你告訴自己你能力不足、你做不到的那股聲音，即使你認為相關事件對你的人生無足輕重，也別忽視。

舉例而言，你可能告訴自己，你非常不善於講笑話。或許，你認為這對你而言沒什麼大不了的，很會講笑話並不是一個人的抱負。但你也可能這麼在告訴自己，你不認為你是個風趣的人，或者你不是個好同伴，不是個有趣的同伴。這類內心自我對話，最終可能導致你在重要的社交場合上，或是需要對一群人公開講話時局促不安。所以，每當你對自己說：「我不能……」、「我不是……」、「我不會……」，請注意聆聽，你正在對自己發出「負面」、「否定」的訊息，這會影響你對你整個人生的想法。縱使你可能覺得，你正在否定自己的這件事，似乎不會影響你對自己的定義，其實不然。

在此同時，請你也嘗試辨識這種自我對話的源頭。局限信念往往起始於童年，但這不意味你的原生家庭是你的

局限信念的唯一源頭。早年的社交場合、教育體驗，也可能導致局限信念。有些局限信念的產生，很可能是你孩提時頭幾次嘗試做某件事做得不順利、不好所致。

　　留意你的自我對話如何攔阻你，花點時間辨識這些信念的源頭。這非常具有解放功效，因為一旦你留意到這些，你就會開始認知到，它們並不是關於你的事實，只不過是看法，而這些看法很可能不正確。

　　辨識出你腦海中否定你、說你做不到的聲音後，你就可以開始反擊。當你發現自己心想「這種事我總是搞砸」時，請作出反擊：「我以前不擅長，不代表現在就做不好。那是你的看法，請自個兒留著。」

要領2：檢視局限信念的背後事實

　　局限信念的專橫行為之一是，有非常多局限信念根本就是錯的。你真的非常不擅長演講嗎？你真的不擅長領導一個團體？不論在什麼場合，你真的是最無趣的人？有什麼證據可以支持這些論點？你實際上經歷過多少次類似的境況，實際結果如何？

　　局限信念的最大毒害之一是，它們高度影響我們的情緒。當你反擊一個局限信念時，你可能會發現這個信念十分頑強對抗你的理性自我，而且通常會勝出。但是，這種內心自我對話，有多少成分具有事實根據呢？想想你的演講經驗（順便一提，很多人畏懼演講），別聚焦於你在這些場合的感覺，想想看，實際情形如何？你被聽眾噓下台

了嗎？事後，有人走向你，嘲笑你，說你講得很爛嗎？你的主管隔天把你找去，叫你考慮找一份你永遠不必開口講話的工作了嗎？

　　我猜這些全都沒發生。你的演講可能引起聽眾共鳴，若那是一場專業演講，聽眾可能還認真做了筆記，你一定傳授了他們一些東西。不過，這是否意味著你下次應該來場TED演講呢？當然不是。但這絕對意味著，你其實不像你腦海中告訴自己的那樣──非常不擅長演講，你其實還滿善於向一群人傳達資訊的。

　　另外，也要思考這個問題：我認為糟糕的表現，有多少成分是肇因於內心的自我對話，就是不肯放過我？對許多人來說，這是一個嚴重的問題。他們正在做原本就缺乏信心的事，半途內心的自我批評聲浪變得太強烈，導致他們分心，無法專注於自己正在做的事情上……於是，就做得不是很好。這也是學習專注、關閉你的局限信念之所以很重要的原因之一，你愈能做到這點，就愈能在應付你的最大成長挑戰時避免分心。

　　所以，在檢視你的局限信念的背後事實時，請務必考慮兩點：其一，是否真有證據，可以證明你確實不擅長這個領域？其二，這些表現不佳的證據，是否有相當程度是你腦海裡的噪音導致的？

要領3：建立新信念

　　你已經辨識出你的局限信念，也仔細檢視了這些信念

的背後事實，接下來是最重要的一步：建立一個比你長久以來相信的「謊言」更真確、更有助於創造一個無限的你的新信念。

下一章，你將會看到這套流程的運作，這裡先帶你兜兜風。舉例而言，你的局限信念之一是，你總是在人生中最重要的時刻功虧一簣。在辨識出這是你的一個局限信念後，你進一步檢視背後事實。你發現，雖然有時你會在壓力時刻緊張，但這些境況很少對你造成災難性後果。仔細回想，有好幾次，你在緊要關頭都成功了！事實上，認真想想，你成功的次數，多於失敗的次數。

所以，該是建立新信念的時候了。在這個例子中，你的新信念是：沒有人能夠每次都在最重要關頭成功，但很多次在壓力最高時，你都作出了最佳表現，你應該引以為傲。這個新信念完全取代了舊信念，而且以往的事實可以充分佐證，下次碰上緊要情況時，這個新信念將帶給你更健康的心態。

在此，我還可以為你提供另一項工具。多年來，我和許多專家相談，我們的談話往往回到這一點：只要你相信，你的內心評價是真正的你、最明智的你，那麼它總會影響你、引導你。很多人甚至在宣布局限信念之前，還說了「我了解自己……」之類的話。

若你能為你內心的自我批評創造出另一個人物——一個不同於真正的你的人物，你就能夠更成功質疑這些批評。這非常有幫助，也很有趣。你可以幫你的內心批評聲

「人生沒有局限，
只有你自己
創造的局限。」

—— 萊斯・布朗 Les Brown，
　　勵志演說家

音取一個可笑的名字，賦予它可憎的身體特徵，把它弄得很卡通、很像拙劣的 B 級電影，取笑它死硬派的消極否定，只要它一浮現你的腦海，你就翻白眼。你愈能區別這股聲音和真正的你，就愈能阻止局限信念妨礙你。

當可能性變成無限

　　現在，你已經知道如何戰勝你的局限信念了，你的正面心態便可以在追求變得無限時派上用場。你可能會覺得這聽起來有點厚顏，但是很多證據支持心態與成就之間的關連性。

　　我的播客來賓、《紐約時報》暢銷書《原子習慣》（*Atomic Habits*）的作者詹姆斯・克利爾（James Clear），曾經撰文談到北卡羅來納大學正向心理學家芭芭拉・佛列德里克森（Barbara Fredrickson）所做的一項研究。他敘述他們的交談前，克利爾先用在森林裡遇到一隻老虎為例，探討負面情緒對我們的影響。他寫道：「研究人員早已知道，負面情緒會觸發你的頭腦去做特定行動。舉例而言，當那隻老虎出現在你行進的路上時，你會立刻奔跑，一切都不管不顧了。你完全聚焦於那隻老虎、牠帶給你的恐懼，以及你要如何逃跑。」[6]克利爾想凸顯的重點是，負面情緒驅使我們縮窄了我們能夠做的事情的範圍，你只顧著逃離那隻老虎（隱喻），其他都不重要了。若我們任由負面情緒（例如局限信念）控制我們，我們通常會以只求生存的模式運作，因此局限於狹窄範圍的可能性。

　　佛列德里克森教授發現，正面心態引領出恰恰相反的結果。她設計了一項實驗，把實驗對象分成五組，讓他們觀看影片剪輯。第一組觀看令人快樂的影片，第二組觀看令人感到滿足的影片，第三組觀看令人心生恐懼的影片，第四組觀看令人感到憤怒的影片，第五組是實驗控制組。

　　看完影片後，這些實驗對象被要求去想像相似於剛才影片中的情況，以及他們對這些情況會作出怎樣的反應。接著，這些人被要求填寫一張表格，表格上有二十個欄位，每個欄位都以「我想要……」（I would like to...）開頭。結果，那些看了令人心生恐懼及憤怒的影片的實驗對象填寫的欄位最少，那些看了令人快樂及滿足的影片的實驗對象填寫的欄位遠多於控制組。「換言之，」克利爾指出：「當你體驗快樂、滿足和愛之類的正面情緒，你會看到生活中更多的可能性。」[7]

　　值得一提的是，正面心態的益處，會延伸至正面情緒體驗之外，克利爾提供了這個例子：

　　　一個在外面奔跑、盪樹枝、和朋友一起玩耍的小孩，發展出行動敏捷的能力（身體技能）、和他人玩耍及與團隊溝通的能力（社會性技巧），以及探索與檢視周遭世界的能力（創造力技巧）。玩樂的正面情緒，使這個小孩建立在日常生活中有用且有益的技能……。那助長他探索及發展新技能的快樂早已結束了，但建立起的技能本身

卻續存著。[8]

佛列德里克森稱此為「擴展與建構理論」（broaden and build theory），因為正面情緒「擴展」你的可能性感、開闊你的思想，這些進而讓你「建構」新技能和資源，新技能和資源可以在你的生活的其他領域提供價值。佛列德里克森在她發表的論文中寫道：

> 這個理論及本文中回顧的研究顯示，正面情緒：（i）擴展我們的注意力與思想；（ii）避免喚起逗留潛伏的負面情緒；（iii）提升心理韌性；（iv）建立重要的個人資源；（v）觸發上升螺旋，朝向更高的未來幸福；（vi）為心盛（human flourishing）播種。擴展與建構理論也傳達一個重要的處方訊息：人們應該在自己的生活及周遭人的生活中培養正面情緒，不只是因為這麼做能讓他們當下有好感覺，也因為這麼做能讓人變得更好，使他們邁向心盛與健康長壽。[9]

消滅你的內心自我批評聲音後形成的新心態，將為你持續呈現充滿可能性的世界。當你湧現正面情緒時，你將會看到並抓住你以往可能從未注意到的機會，再加上高度的幹勁感（說實話，當你看見種種機會，怎麼可能不渾身是勁呢？），以及正確的方法，你就踏上變得無限的道路了。

閱讀下一章之前，請做這些練習

　　為了更快速學習，我們必須超越對自身可能性的狹隘定義。下一章將探討關於學習的7個謊言，它們是最常阻礙人們的局限信念。過去幾十年，我教導人們如何學習時，看到學生和客戶緊緊抓住這些信念。你面對的真實障礙，其實就只有這些限制；畢竟，若一個人不相信自己可以閱讀得更快速，就無法學習如何閱讀得更快速；若一個人不斷告訴自己記性很差，就無法學習如何更有效率地記住東西。一旦你擺脫了這些所謂「限制」的催眠，一切很快就會水到渠成。剷除這些謊言，就剷除了阻礙你變得無限的主要障礙。閱讀下一章之前，請先做下列這些練習：

- 回想你看到某人成就了一件事，令你印象很深刻。想想看，你從中獲得什麼個人激勵？

- 重新想像你內心的自我批評，改變你腦海中這個聲音的屬性，給它較低的可信度。

- 現在就回擊你的一個局限信念。你經常告訴自己，你做不到什麼？找出證據，證明這個信念並不正確。

「有個彌天大謊：
我們是有限的。
其實，
我們受到的限制
只有我們相信的
那些限制。」

── 韋恩・戴爾 Wayne Dyer，
心理學大師、勵志演說家

⑥
關於學習的 7 個謊言

你告訴自己的最局限迷思是什麼？
你該如何戰勝這些迷思造成的削弱作用？
你該如何把這些局限信念變成正向信念？

你被騙了，經常被騙，有時是自己騙自己。我們全都受到一股無窮錯誤資訊流的影響——關於我們如何受限於自身能力的錯誤資訊，我們太常接收到這種資訊了，以至於多數人別無選擇，只好相信。問題是，這些訊息直接妨礙你追求變得無限，我們腦海中的這些謊言——或者，我們抱持的局限觀點（Limited Idea Entertained, LIE）——可能困住我們，或者把我們導往不想要的方向。所以，讓我們來揭開 7 個謊言，檢視一番，用真相和更好的新信念加以取代。

謊言 1：智力是固定不變的

表面上，瑞伊看起來是個相當正向積極的人，她經營自己的事業，有活躍的社交圈，喜愛跟那些有宏大點子、能夠想像多數人不敢夢想的可能性的人往來。

瑞伊有了一個女兒後，發現自己可能不像她以為的

那麼正向，一種不同的心態，開始以很微妙的方式出現 —— 心態向來難以捉摸。首先，是她對小女兒做的一些事情的反應，瑞伊總是認為「她就是這樣」，而不是相信她可以對女兒的行為有所影響。瑞伊注意到，當她的父母試圖教她的女兒新東西時，她會有微妙的不安感，彷彿想保護女兒一般，擔心若小女兒無法學會這些新東西的話會心生失望。她察覺到，自己經常認為女兒還太小，學不來新東西。

有一天，瑞伊的父母對她說：「妳認為她無法學習嗎？妳認為她永遠無法比現在更進步嗎？」答案當然不是。她愛她的女兒，這小女孩聰明、好奇，天天都在學新東西，很顯然能夠學習、持續進步。可是，瑞伊察覺到，她內心深埋的一種信念在低語：「不，她就是這樣。」對於她女兒的智力，瑞伊陷入了一種定型心態。

這些信念非常微妙難察，很少人會有意識地思考自己的限制，或是我們認為他人具有的限制，但它會流露於深深影響我們快樂的地方 —— 在工作上、在家庭生活中、在我們與孩子的相處中。若「你相信」你不可能進步，那麼在現實中，你將不可能進步。若你一開始就不相信你可以做到某件事，那你就極難做到。

史丹佛大學心理學教授卡蘿・杜維克（Carol Dweck）在《心態致勝》（*Mindset*）一書中，如此敘述定型心態（fixed mindset）和成長心態（growth mindset）的差異：

那些定型心態的學生相信他們的基本能力、他們
的智力、他們的才能，全都是固定的素質，他們
的這些素質是定量的，不會改變，所以他們的目
標就變成要時時顯得聰明，絕對別顯得愚笨。成
長心態的學生了解，他們可以經由努力、優良的
教導，以及毅力來發展才能。他們未必認為所有
人都一樣，或任何人都可以成為愛因斯坦，但他
們相信，只要努力、下功夫，任何人都可以變得
更聰明。[1]

跟瑞伊一樣，大多數的人都不會思考自己具有定型心
態或成長心態。我們多數人的思考模式，和家人的相似，
我們甚至不知道這點。具有定型心態或成長心態，會深刻
影響我們面對生活的方式，定型心態的人總是認為事情就
是這樣，我們無力改變；成長心態的人相信，我們有能力
改善任何事。

若瑞伊認為（即便只是一丁點），她的女兒現在無法
進步或成長，那麼她或許就會暫停教導，改做什麼事呢？
可能會安慰女兒，讓她休息，轉移她的注意力。這些可以
減輕當下的壓力，但對女兒的成長沒有幫助。同理，身為
成年人的我們，若相信自己沒有能力學習，就不會負起責
任，教導自己想要或需要知道的東西。我們會做什麼呢？
我們會告訴自己，這不必要，沒有也沒關係。我們會找藉
口，會歸咎他人或環境，會把注意力轉向讓自己有好感覺

的事物。

　　智力是固定不變的 —— 這個局限信念的起源，你可能不記得了，或是源於你的早年，而且這個局限信念深深影響你對智力及學習能力的看法。二十世紀初設計出來的智商（IQ）分數及測驗，可以更好地評估哪些學生將在學校經歷最大的學習困難，最早設計出智商測驗方法的科學家，包括受法國政府委託的心理學家阿弗烈・比奈（Alfred Binet）及其學生提奧多・賽門（Theodore Simon）。[2] 他們設計的智商測驗把年齡也考慮進去，因為年齡與才能相關；此外，這項智商測驗也很容易修調為其他語言及文化版本，因此甚受稱讚。[3]

　　一百多年後的現在，大家仍在激烈辯論這類測驗是否真能測量智力 —— 汲取與理解知識和資訊的能力。有趣的是，比奈本人並不滿意他設計的測驗方法被使用的情形，因為這套智商測驗法並未測量一個人的創造力或情緒智商。[4] 此外，我們的文化對這類測驗的理解，也會對這些測驗分數賦予過度重要性。我們往往認為，智商分數是智力的一個定型反映，其實不然。智商測驗實際上衡量的是我們目前的學術能力，不是先天智能。[5] 截至目前為止，智商測驗仍然不能評量一個人的創造力或實務智慧〔（practical intelligence），你可以把這想成街頭智慧（street smart）〕，也不能評量一個人的情緒智商，[6] 但在職場上和生活中，創造力、實務智慧及情緒智商愈來愈重要。

　　智商測驗分數和你的學習能力兩者不同，這是你必

須記住的重要差別。「那些聲稱智商一輩子都固定不變的人，指的其實是智商測驗分數（這些分數的確相當穩定），而不是我們的智力水準，我們的智力水準不斷地提高，」愛爾蘭國立大學心理學家布萊恩・洛希（Bryan Roche）說。[7]

大衛・申克（David Shenk）在《別拿基因當藉口》（*The Genius in All of Us*）一書中，進一步倡導這個觀念。他指出，每個人都有潛能成為天才或至少表現傑出，但我們之所以傾向相信我們要不就是天才、要不就不是天才，或是我們有天賦或沒有天賦，是因為這樣就可以讓我們擺脫掌控自己人生的責任。「相信天賦與限制都是與生俱來的，這種信念使我們的心裡覺得好過一些。你之所以未能成為一位傑出的歌劇演員，是因為你沒有這種天賦，這是天生的，沒辦法。把才華視為與生俱來的東西，使這個世界變得更好應付，使我們更安適自在，使我們能夠擺脫期望的負擔，」申克在書中寫道。[8]

你的智力不但可以形塑，也取決於你培養成長心態的能力，所以請開始注意你的態度，聆聽你說話的方式，定型心態通常顯露於你的言談中。你可能對自己說：「我不善於閱讀」，這種話的潛台詞是：你相信這是一種固定不變的情況，你的技能無法改進。請試試看，改成這麼說：「這是我『還不』擅長的事」，這種語詞的改變，可以應用在你想要有所改進的任何事情或領域。

智商測驗分數不會左右你的未來，不會左右你有能力

學習和成就什麼，你的教育操之在你。

這才是真相：重點不在於你有多聰明，重點在於你如何變得更聰明。智能有多種（詳見後文更多討論），跟許多東西一樣，智能是態度與行動的結合，取決於境況背景。

新信念：智力是恆常變動的。

謊言 2：我們只用了 10% 的腦力

我們全都聽過這個迷思，有些人在課堂上首次聽到，有些人從朋友那裡聽到，有些人在媒體（可能是紀錄片、電視節目或電影）上聽到。這個迷思通常被用來凸顯渴望的可能性 —— 若我們能夠使用我們的頭腦的其餘部分，可以成就什麼？

這個迷思的來源眾說紛紜，但跟輿論一樣，可能是在一系列的事件下逐漸形成的。有人說它出自作家暨哲學家威廉・詹姆斯（William James）的著作《人的能量》（*The Energies of Men*）：「我們只使用我們潛在身心資源的一小部分而已。」[9] 有人說它可能源於法國生理學家尚・皮耶・佛羅倫斯（Jean Pierre Flourens），他在 19 世紀上半葉發現腦和神經系統的運作及共同運作方式。

也有人說這個迷思和 1920 年代心理學家卡爾・萊希利（Karl Lashley）的研究有關，他在實驗中切除老鼠的部分大腦皮質（大腦中負責較高階認知處理的部位），發現這些老鼠仍能重新學習執行一些工作，這使他得出一個假設（不正確的假設）—— 並非頭腦的所有部分都獲得使

用。[10]有人把這個迷思歸咎於最早的正子斷層造影（PET）及功能性磁振造影（fMRI）掃描得出的神經影像，有人對螢幕上的亮點，提出類似下列的簡化解釋：「這是你的頭腦在學習時的活絡部分」，而這類影像通常顯示腦部只有一個部分亮起來（活絡起來），導致門外漢下了結論：我們每次只使用頭腦的一小部分。[11]

　　過去百年間的無數廣告和電影，也強化了這個假說。改編自小說《暗域》（*The Dark Fields*）、於2011年上映的電影《藥命效應》中說，我們使用我們20％的頭腦功能。2014年上映的電影《露西》（*Lucy*）中說，任何時候，我們只使用10％的腦力。英國電視單元劇《黑鏡》（*Black Mirror*）劇情側重研究和謹慎使用事實及統計數字，2017年播出的那一季劇情中宣傳了這個迷思：「縱使在燒腦的時候，我們也只用了40％的腦力。」這些電影或電視情節都聚焦於這個概念：釋放我們隱藏未用的最大頭腦潛能。

　　不用說，這個迷思很普及，但並不正確。

　　在美國全國公共廣播電台製作的一個剪輯節目中，主持人播放《露西》一片中由摩根‧費里曼（Morgan Freeman）飾演的科學家暨醫生用低沉聲音提出一個有關露西的「若……會怎樣？」的推想情境：「若有辦法使用100％的腦力？我們將能夠做什麼？」

　　神經科學家大衛‧伊格曼（David Eagleman）對這個問題給出一個回應：「我們將能做我們現在已經在做的，

也就是，我們其實使用我們100％的頭腦。」[12]

　　無數研究所得的證據支持這點，這類證據多到不勝枚舉。加拿大英屬哥倫比亞省西門菲莎大學（Simon Fraser University）心理學教授巴利‧貝爾斯坦（Barry Beyerstein）敘述了一些駁斥這個迷思的重大科學發現，[13] 我把它們摘要改述如下：

- 科學家研究受創腦部，得出相反於早年理論的發現：腦的任何一個部位受創，都會損失能力。腦部掃描顯示，不論從事什麼活動，我們頭腦的所有部位都會作用，就算在睡覺時，頭腦的所有部位全都在活動中。

- 我們的頭腦非常消耗能量，頭腦只占體重的2％，但使用我們攝取的能量的20％，比任何其他器官消耗的能量都多。一個器官的活動量若僅為頭腦活動量的40％或更少的話，我們就不需要這麼多的能量了。

- 科學家也發現，頭腦的各部位各自司掌不同功能，但通力合作。歷經數十年詳細的腦部功能分析後，科學家得出結論：沒有任何一個腦部區位是沒有功能的。

- 頭腦使用一種名為「突觸修剪」（synaptic pruning）的流程，若我們沒有使用一大部分的頭腦，我們就會看到大區域的頭腦退化；但實際上，我們並未看到這種現象，除非發生了腦部疾病。[14]

　　總結而言，這個迷思是不正確的。約翰霍普金斯大學醫學院巴爾的摩校區的神經科學家巴利‧高登（Barry Gordon）在接受《科學人》（*Scientific American*）雜誌訪

談時說，這個迷思：「錯到近乎可笑。」[15]

這才是真相：破解了這個迷思後，我希望你認知到，你可以使用你全部的腦力。這些電影及電視影集中描述的各種烏托邦，對你而言是既存的可能性。不過，雖然所有人都能夠使用全部的頭腦，但有些人用得更好；就像絕大多數的人都能夠使用所有肢體，但有些人用起來更為快速、有力、靈活。所以，重點在於：學習如何盡你所能有效率、成效更好地使用頭腦，本書後面幾章將提供一些實用工具。

新信念：我正在學習用最棒的方式，使用我全部的腦力。

謊言3：犯錯就是失敗

聽到「愛因斯坦」這個名字，我們就想到聰明，以及多數人永遠無法達到的智識成就。這種幾乎同義詞的關係是實至名歸的，愛因斯坦對整個科學領域、尤其是物理學領域的推進，遠勝於當代任何其他科學家，一些最重要的現代技術，得歸功於他得出的科學發現。

在如此顯赫的聲譽下，很容易以為愛因斯坦鮮少犯錯，其實不然。首先，愛因斯坦的成長發展被形容為「緩慢」，他被視為一個低於平均水準的學生。[16]他早年的思考及學習方式，明顯不同於班上同學，例如，他喜歡鑽研較複雜的數學問題，但不是很擅長「容易」的數學問題。[17]

後來，在工作上，愛因斯坦在他一些最重要的研究

中，犯了簡單的數學錯誤。他犯的無數錯誤包括：他的每一個版本的相對論有七個嚴重錯誤；和他的實驗有關的時鐘同步錯誤；用以決定液體黏度的數學和物理計算錯誤。[18]

因為這些犯錯，愛因斯坦就被視為一個失敗者嗎？不。最重要的是，他並沒有讓錯誤阻擋自己，他繼續實驗，對諸多領域作出貢獻。他有一句名言：「一個從未出錯的人，必定從未做過任何新嘗試。」再者，沒人因為他犯的錯誤記得他，我們只記得他的貢獻。

那麼，我們為何這麼害怕犯錯？可能是早年經驗造成的根深蒂固影響 —— 學童時，我們犯的錯誤遭到評價，在任何測驗中答錯的題數，決定了我們及格或不及格。在課堂上被點名回答問題，答錯了，多數人通常會覺得丟臉，不再主動舉手回答老師的提問。不幸的是，犯錯並不常被用來當作學習工具，而是被用來評量一個人的能力，犯錯次數太多，考試就不及格，學科就會被當掉。

我們必須改變這一點，太多人因為太害怕犯錯，以至於能力發揮得很有限。別把犯錯視為失敗的證明，應該把犯錯視為證明你在嘗試。

奇異公司（General Electric）前副總裁貝絲·康斯塔克（Beth Comstock）與團隊在公司必須報廢一條已經投資的新產品線時，學到了這個教訓。她在《勇往直前》（*Imagine It Forward*）一書中，講述企業面對恆常變化與增加的需求，人員必須更快速作出調適與改變。[19]康斯塔克回憶，她和團隊不把他們犯的錯視為失敗，而是視

為重要的學習教訓，從中學習、發展出的新產品或事業線，讓公司向前推進。[20]他們不沉湎於錯誤，而是自問學到了什麼。

這才是真相：犯錯並不意味失敗，犯錯是你正在作出新嘗試的一種跡象。你可能認為你必須完美，但人生並不是拿自己和別人做比較，而是拿今天的自己和昨日的自己做比較。從你犯的錯誤當中學習，因為它們能夠幫助你變得比以往更好。

還有，切記：你不等同於你犯的錯誤，犯了一個錯，並不對你這個人具有任何含義。犯錯後，很容易驟下結論，認為自己是個沒用的人；但是，錯誤並不能代表你這個人。請將你犯的錯踩在腳下，當成進步的墊腳石；定義我們的，不是我們如何犯錯，而是我們如何看待與處理錯誤。

新信念：沒有「失敗」這種東西，只有「未能學習」（failure to learn）。

謊言4：知識就是力量

我們全都聽過這句話：「知識就是力量」，這通常被拿來作為學習的理由，彷彿只要擁有知識，就能帶給我們力量。你可能也聽過這句話被用於相反意圖：用這句話作為對另一個人隱瞞資訊或知識的理由，例如在談判時。

「知識就是力量」這句話通常被指出自法蘭西斯‧培根（Sir Francis Bacon），但最早使用「knowledge is power」這句話的，是年輕時擔任過培根祕書的湯瑪斯‧霍布斯（Thomas

Hobbes）。他在1651年出版的《利維坦》（*Leviathan*）一書中，用拉丁文寫下：「scientia potentia est」，英譯就是「knowledge is power」。後來，他又在1655年出版的《論物體》（*De Corpore*）中闡釋這個概念；不幸的是，後續多年，霍布斯的原來觀點遭到斷章取義。霍布斯寫的原文是：「知識的目的是力量；使用定理是為了架構問題；最後，所有的推測是在執行某個行動或要做的事。」[21]

也就是說，知識是重要的，但必須「執行某個行動」，才能使知識具有力量。這是我們現今文化卡住的地方，如前所述，我們現在天天被資訊淹沒，取得知識的管道是人類史上最多的，但資訊洪流使我們變得愈來愈難採取行動。

我以前也相信這個迷思，當我還是「那個腦袋壞了的男孩」時，我一心只希望能像其他同學那樣學習。等我終於能夠做到這點，我很快就發現，擁有知識並不能使我有別於周遭人，如何使用我擁有的知識，才是使我有別於其他人的關鍵。

這才是真相：知識並不是力量，它有潛力帶來力量。你可以認真閱讀這本書，學到書中所有東西，但如果你不應用，它們就將無用。所有書籍、播客、研討會、線上課程、具有啟發作用的社群媒體貼文，全都必須在你把知識化為行動時才有用。

「談論」學到的東西很容易，但我挑戰你別談你學到的東西，要「展現」你學到的東西。說得好不如做得好，

別用嘴巴承諾，用實際行動證明，你的成果會自證。

　　新信念：知識 × 行動＝力量

謊言5：學習新東西很難

　　聽到「學習」兩個字，我們通常會想到「學校」，很少人對學校留有美好回憶。縱使我們在課業上表現得好，學校通常令人聯想到年輕時成長的痛苦，我們可能在學生時代初次體驗到浪漫情愛（可能表白後被拒了），也體驗到無比的枯燥乏味。對於那些在課業上苦苦掙扎的人來說，可能還有羞恥、懷疑的情緒，或許總是感覺自己太笨，學不來任何東西。難怪當我們一想到學習，很容易就想到困難與掙扎。

　　美國分子生物學家卡蘿・葛瑞德（Carol Greider）因為發現染色體末端的端粒（telomeres）如何隨著年齡而改變，在2009年獲得諾貝爾獎，因為這項發現非常有助於我們了解與治療癌症。[22]葛瑞德是約翰霍普金斯大學彭博講座特聘教授（Bloomberg Distinguished Professor）、丹尼爾・納森斯講座教授（Daniel Nathans Professor），也是該校分子生物學及遺傳學系主任，如此顯赫的學術表現，你可能以為她學生時代是個傑出風雲人物，其實不然。

　　葛瑞德回憶：「小學時，我被認為在拼字方面表現很差，發音也有困難，所以被送去輔導班。我還記得那天，一位輔導老師前來，把我帶出我原來的班級，轉到另一班，我感覺我就是不如其他小孩。」[23]

原來，她有讀寫障礙，這是一種影響到腦部處理語言區的學習障礙。有讀寫障礙的人難以辨識發音，把發音和相關字母及單字連結起來，導致閱讀上、有時說話上有困難。[24]葛瑞德覺得自己很笨，她說那種境況很難克服，但她並未因此放棄。

> 我一直在想方法彌補。由於我無法拼音拼字，所以我學會把東西記得很牢，因此後來我選化學和解剖學之類需要記住東西的課程，結果我非常擅長。我從未規劃職涯，我選擇忽視經歷了很多，我只是一直前進，這是一種我很早就學會的技巧，就是必須去適應。[25]

儘管在學校的學習起初很困難，她找到其他方法彌補學習障礙，而且由於她的適應能力，她變成了問題解決者，不僅能夠學習，也對改變我們了解與治療癌症的研究作出貢獻。學習對她而言是困難的，但她學會如何繞過自己的學習障礙；重點不在於你有多聰明，重點在於你如何變得更聰明。由於葛瑞德必須解決她在學習上的問題，現在她從事對世界有所影響的工作。

事實是，學習並非總是很容易，但努力就有回報。其實，學習應該起碼有點不容易，否則你很可能只是在強化已經學到、知道的東西。若你曾經用過鈍刀砍柴，就知道必須花上遠遠更多時間和力氣才能完成；同理，缺乏幹勁或適當的方法，將會減緩你的學習，使你覺得學習太難

（本書後面幾章將教你如何應付這類問題。）

　　重點是採取小而簡單的步驟。以石匠為例，他坐在那裡，用一把鎚子鑿石，這邊一點，那邊一點，感覺像是天荒地老都完成不了的事兒，但是終有一刻，石頭會裂開。難道石頭的裂開，是那一刻的一鑿所造成的嗎？不，是前面持續不斷的努力，累積到了這一刻，石頭才裂開的。

　　請像石匠般看待你的學習。這需要你培養耐心，抱持正面的態度，調適於你本身的需要。若你是那種一書在手時表現最佳的學習者，那很好，但若你已經知道這對你而言行不通，又何必一再嘗試相同的方法？尋找對你而言最有效的別種學習方法吧！

　　學習並不難，但需要努力，重點在於持續下去。你必須有耐心，一而再，再而三，堅持下去。這樣的話，你不但能從辛苦學到的知識獲得回報，你已經培養出來不斷嘗試的堅毅態度，將會使你變成一個更好的人。

　　這才是真相：學習新東西有時很難；更正確的是，請務必了解，學習最重要的是掌握方法，當你懂得如何學習時，學習就會變得比較容易。

　　新信念：當你學會新的學習方法，學習新東西就會變成一種更有趣、更容易、更令人樂在其中的挑戰。

謊言6：他人的評語很重要

　　多年前，我在迪帕克・喬布拉（Deepak Chopra）舉辦的一場活動擔任主題演講人，演講完後，我在聽眾席上

坐下來參與其餘活動。一位高個兒男子向我走來，我抬頭一看，他是我最喜歡的演員之一金凱瑞（Jim Carrey），我非常驚訝。

後來，我們在大廳深入交換關於創意的想法。中間，他說：「吉姆，我正在拍攝《阿呆與阿瓜：賤招拆招》（*Dumb and Dumber To*），我得變得非常聰明，才能更呆瓜。」

幾週後，我們在他家共度一天。中間一次休息時，我們在廚房製作酪梨醬（我最喜歡的補腦食物之一），我問他：「你為什麼要做你做的那些事？你是一個非常獨特的演員，在鏡頭前表現得有點極端。」金凱瑞說：「我那樣表演，是因為我想讓觀眾勇於當自己。這世上最歪曲的一件事就是，人們阻止和限制自己展現真實的自己，因為他們害怕別人的看法。」這個想法對金凱瑞而言，近乎是一種信仰，他稱為「讓人們擺脫擔心」。2014 年，他在瑪赫西國際大學（Maharishi International University）的畢業典禮上致詞時，闡釋了這個觀點：

> 我的人生目的一向是讓人們擺脫擔心……你將如何服務這個世界呢？你的才能可以滿足這個世界的什麼需求？這是你必須釐清的……你對他人的影響，是最有價值的貨幣。你在人生中獲得的所有東西，終將腐朽、瓦解，最後留下的只有你心中的東西。[26]

地球上最快速的學習者是小孩，這有部分是因為他們

不在意別人對他們的看法，他們不以失敗為恥。在學走的過程中，他們跌倒三百次，爬起三百次，一點也不覺得丟臉，一心只想學會走路。隨著年紀漸增，我們就愈難一直如此敞開胸襟。我們可能去上歌唱課或編程課，若在學習過程中有次表現得不理想，或是犯了一個錯，可能就會退縮或停止。

　　想要變得無限，你必須學習擺脫對他人批評的害怕心理。歷史上充滿各種克服周遭人的負面批評的例子。萊特兄弟首次完成飛行壯舉後，起初並未獲得任何喝采。1903年12月17日在北卡羅來納州成功首飛後，他們返家，迎接他們的不是銅管樂隊、雪茄和歡呼聲，而是懷疑。

　　他們的傳記作者佛瑞德・凱利（Fred Kelly）記述，萊特兄弟的鄰居難以相信這個事實。一位鄰居說：「我相信你們兄弟說的是實話，若你們說你們搭著機器飛行於空中，我相信你們。但那是在卡羅來納海邊，有特殊的環境條件幫助你們，換作其他地方，當然就做不到了。」[27]

　　在任何人看來，這絕對稱不上是熱烈的反應，對吧？

　　報紙和媒體也沒有報導他們的成就。根據凱利的記述，當時著名的科學家已經解釋過為何人無法飛，因此沒有一個報社記者願意報導這個消息，害怕會遭到羞辱。[28]沒有一個編輯願意刊登報導，直接反駁受崇敬的科學家公開發表的論點 —— 科學上來說，人不可能飛。未能獲得公開表彰，並未困擾萊特兄弟，他們知道自己還有更多工作要做，他們決心把飛行器打造得更好，最終他們的成就

贏得了應得的肯定。

只是想到嘗試新東西，大多數的人就擔心別人的看法。萊特兄弟的故事顯示，大眾的想像力有時令人扼腕，人們難以對自己相信的可能性和實際發生的事情做出妥協。

這才是真相：創造你想要的人生，這個念頭可能令人感到害怕；但是，你知道什麼更令人害怕嗎？遺憾。有一天，我們將會完成最後一次呼吸，任何人的想法或你的畏懼都不重要了，重要的是我們曾經如何活過。別去在意你不會採納意見的對象所作出的批評，因為不管你怎麼做，總會有人懷疑你、批評你。在擺脫你對自己下的不公評斷之前，你永遠不知道自己的真正潛能。別讓別人的看法與期望，操控或破壞你的人生。

新信念：別人是否喜歡我或尊敬我，不重要，重要的是我喜歡、尊敬自己。

謊言7：天才是天生的

現在，世人所知的李小龍是個電影明星、哲學家、體育史上最有成就的武術家之一；但是，在「天才是天生的」這個假說下，你看他的成長背景，絕對不會認為他有朝一日將成為偶像。

李小龍出生於舊金山，[29] 幾個月大時，隨著家人返回香港。抵達香港沒多久，香港就被日本占領，因此他成長於一個政治與社會都非常動盪騷亂的環境。年幼時，李小龍面臨被視為外人的困難，他是美國籍，因此不被視為純

中國人，班上同學常以此嘲笑他；但他就讀的私立學校，學生多為英國人，因此他又常被辱罵為「東方人」。這種緊張對立的感覺一直存在著，因此他訴諸打架來出頭。[30] 打架開始成為他的家常便飯，他的課業成績一落千丈，因為太常在學校打架，最後他被迫轉學到另一所小學。

李小龍十三歲時遇到詠春拳大師葉問，後來進入葉問的武館學習詠春拳。但相似於其他教育機構，在武館裡，李小龍仍然經常被其他中國孩子嘲笑，他們覺得李小龍不夠格學詠春拳。李小龍時常得證明自己和自己的能力，武館打得不夠，打到了街頭上。這種內心壓力，再加上香港淪落至幫派暴力，導致李小龍花在打架的時間比學習的時間還多，他的願打和愛打讓他被冠上了「街頭混混」的名號。

1959年，一場相當激烈的街頭打架後，一名高階警官告訴李小龍的父母，將逮捕他們的兒子；原來，前一晚被痛打的男孩，是這名警官的兒子。李小龍的父親火速安排他搭船赴美，畢竟他擁有美國籍。於是，李小龍身上帶著一百美元前往美國，「跟多數其他下了船的中國孩子一樣，我的第一份工作是當洗碗工，」李小龍後來在一次訪談時說道。[31] 他靠著打零工賺取生活費，後來開始教武術。

李小龍不僅有才華，也願意教別人 —— 任何人，不論種族或出身背景，他都願意收為徒弟。這很快惹惱了奧克蘭的華人社區，他們認為不應該把這些武術傳授給非華人，最後李小龍被迫必須捍衛他的授業權。依照中國傳統，他必須出來比武，打贏了，就能繼續經營他的武術

館；打輸了，他的武術館就得關門，不得再繼續對非華人傳授武術。

　　李小龍的風格不同於任一門派的武術。還在香港時，他上過跳舞課，曾在 1957 年的全港恰恰舞比賽中贏得冠軍，他把他在跳舞中學到的動作融入武術裡。其他比武者多數時候採取雙腳固立姿態，李小龍則是不停地移動，使他能夠因應對手的動作而靈活調整。李小龍在日後的學習中都這麼做，最終他的風格融合了詠春拳、拳擊、劍術和舞蹈。

　　這場比武是一個重大轉捩點 ── 老派對上新派。李小龍的妻子琳達，當時懷有八個月身孕，她鮮明記得當時的情形，幾乎可以用「滑稽」來形容。她回憶，李小龍只用了三分鐘，就把對手打倒在地；在那之前，對手滿場跑，試圖躲開李小龍。

　　儘管獲勝，比武後，琳達發現李小龍托著頭沉思。他告訴琳達，他受過的訓練，並沒有培育他進行這種比武。琳達說，李小龍從此展開了他自己的武術進化。

　　那場比武後，李小龍不再試圖把他的知識和授業局限於一個框架裡，他丟棄大多數原本受過的訓練，廣納詠春拳和中國功夫以外的技擊技巧，用它們形成一種武術哲學。在後來的一次訪談中，他說：「我不再相信任何形式，我不相信有中國武術、日本武術這種東西。」[32]李小龍的方法聚焦於把技擊當成一種自我表達，他說：「當人們來找我習武時，並不是來向我學習如何自我防衛，他們

想透過動作、憤怒或決心表達自己。」他認為，個人表達比任何形式或制度都來得重要。

沒有人因為李小龍的學術成就而記得他，人們記得的是他的堅韌、他打敗對手的能力、他的哲理，以及他破除傳統思維的框架，融合各種技擊風格，創造出一種全新的武術哲學。所以，他是天生具有達成非凡身心與哲學成就的天才嗎？

丹尼爾‧科伊爾（Daniel Coyle）在《天才密碼》（*The Talent Code*）一書中，探討才能究竟是天生的，抑或是可以發展出來的，他認為：「優異並不是天生的，是發展出來的。」透過深度練習、點燃熱情及大師指導，任何人都可以發展出一種看起來像是天才的才能。[33]

李小龍的女兒李香凝在我們舉辦的年會上，談到她父親的記憶和學習方法。她說，李小龍成為電影明星和知名武師時，已歷經幾萬小時的深度練習，其中至少有部分來自於他早年的街頭打架。後來，李小龍並不是在一天內練就著名的寸拳；光是寸拳，就花了多年的辛苦重複練習。縱使背痛，李小龍也沒有中斷訓練與調整自己，他天天練。點燃熱情指的是幹勁，做你所做之事的燃料。李小龍的初始燃料，似乎是他感受到的壓力 —— 身為一個華裔美人，身處於不認同他是華人，也不認同他是美國人的環境。後來，他的熱情似乎是他想自我表達的欲望。最後，他接受大師葉問的指導，葉問小時候也受過幾位大師的指導，李小龍拜他為師時，他已經傳授功夫數十年了。

　　李小龍的才能是經驗與環境結合淬鍊出來的，但相同的經驗與環境，卻可能擊敗其他人。有多少人看著一個愛打架、學業成績糟糕的小孩，預測他將來能夠成為一位武術大師暨哲學家呢？

　　這才是真相：天才有跡可循，凡是看起來像魔術般神奇的，背後總有一套方法。

　　新信念：天才不是天生的，是深度練習造就出來的。

⚛️ *Kwik Start* **快速啟動**

閱讀本書前，你相信7個謊言中的哪幾個？還有其他你想加入的嗎？請把它們寫下來：＿＿＿＿＿＿

＿＿＿＿＿＿＿＿＿＿＿＿＿＿＿＿＿＿＿＿＿＿＿＿＿

＿＿＿＿＿＿＿＿＿＿＿＿＿＿＿＿＿＿＿＿＿＿＿。

閱讀下一章之前，請做這些練習

　　這些普遍抱持的局限信念其實只是迷思，了解這點是變得無限的一個必要部分，因為當你相信這其中的任何一個迷思時，你就是讓自己背上不必要的負擔。這七個迷思是最常見的，但請保持你的雷達開啟，掃描任何可能束縛你發揮潛能的「傳統智慧之見」，好好檢視一番。多數情況下，你會發現，這種束縛並不適用於任何願意擺脫它們的人。閱讀下一章之前，請先做下列這些練習：

- 仔細想想你犯過的一些錯誤，你是否讓這些錯誤定義

你？讀完本章，你對這些錯誤的感覺是否改變了？

- 找個方法把你最近（甚至是今天）學到的東西化為行動。留意當你把知識化為力量時，有什麼不同？

- 回想你讓別人的看法左右你的某個行動時，如果對你而言唯一重要的是你自己的看法，你現在又會怎麼處理，有哪裡不同？請上 limitlessbook.com/resources，了解建立無限心態的四個 G（4Gs），取得突破局限信念的更多策略。

〈4G 造就你的天才〉

「人類幹勁滋育文化，
幹勁是一種
無窮盡的資源，
有時可能被低估。」

——琳恩・道蒂 Lynne Doughtie，
畢馬威（KPMG）美國董事會主席暨執行長

第三部

無限幹勁

「為何」

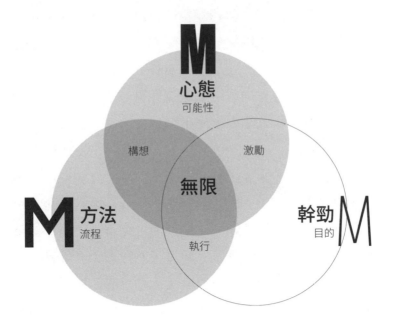

幹勁 motivation

一個人採取行動的目的，以及展現特定行為所需要的精力。

在《藥命效應》這部電影中，作家艾迪・莫拉（Eddie Morra）完全沒有幹勁，無法集中精力，沒有活力。吞下使他突然採取行動的藥丸後，他的生活便顯著變好，因為他能夠成事了。

讓我們來解開一些關於幹勁的常見謊言吧。和普遍抱持的觀念不同，幹勁跟你的心態一樣，並非固定不變的，沒有人擁有固定水準的幹勁。當人們說沒有幹勁時，這句話並不完全正確，他們可能有高度幹勁繼續躺在床上看電視。

有幹勁並不一定指你一定享受你必須做的事，我的朋友、創業家湯姆・比利尤（Tom Bilyeu）討厭健身，但他有明確且極具說服力的理由去做這件事，所以他每天早上都去健身。我不喜歡洗冷水澡，但我天天這麼做（我將在第8章解釋原因。）

幹勁並不是你醒來後有或沒有的東西，當我們說「我沒有半點幹勁」時，我們是在催眠自己。幹勁不是「你有」的東西，幹勁是「你做」的東西，完全可以持續。幹勁不像泡熱水澡，你感受了一會兒，然後若不再加熱，就失去了。幹勁並不衍生自暫時振奮你的一場研討會，它是一種流程。幹勁也是一種策略，因此你可以掌控，可以藉由遵循正確處方持續創造。

這個處方是：幹勁＝目的 × 精力 × S^3

當你結合目的、精力及小而簡單的步驟（small simple steps, S^3），你就有持久的幹勁。幹勁的終極形式是心流狀態（state of flow），你可以把它視為精力管理，主動投

資、創造，別浪費。明確的目的或動機可以為你提供精
力，你做的練習將為你的頭腦和身體的其餘部分培養精
力，小而簡單的步驟則是不需要多少精力。

本書第三部探討如何培養學習及生活上的高度持久幹
勁。為此，你必須清楚你的目的，培養可以支撐你的身心
精力，積極建立小而簡單的步驟，以便進入心流狀態。

目的驅使我們行動，目的必須足夠明確，使我們知道
為何行動，以及希望獲得什麼。產生足夠的精力非常重
要，若你總是疲乏、昏昏欲睡，或是腦袋混沌不清，你就
沒有充足燃料採取行動。小而簡單的步驟不費力，可以避
免你因為招架不住而陷入癱瘓。最後，心流狀態對幹勁是
至高的助益。

「動機充足，
　就有收穫。」

——吉姆・快克

⑦

目的

特定關鍵階段如何定義你這個人？

你的價值觀如何定義你這個人？

你的目的感如何描繪出你這個人？

　　有很長很長一段期間，我的剋星是睡眠不足，睡覺對我來說從來不是一件容易的事。孩童時期，我經常徹夜未眠讀書，試圖彌補我在學習上的困難，長期下來，發展出嚴重的睡眠問題。在學校時，我總是感到疲倦，但我奮力撐過疲乏，因為我有強烈欲望努力，讓家人能夠以我為傲。我的目的及理由極為明確，因此幹勁十足。縱使在十八歲時學會快速學習技巧，不需要再花很長時數於研習，我的失眠問題仍然持續至成年後，而且愈來愈嚴重。大約有長達二十年的時間，我每天只睡兩到四個小時，而且非常斷斷續續。

　　缺乏睡眠愈久，就愈難維持現實感 —— 或者說，愈難維持幹勁。睡眠不足削弱你的所有認知技巧、你的專注力和記憶力，以及你的整個頭腦健康。睡眠不足是憂鬱症及許多情緒性疾患的一個常見導因，我可以證明睡眠不足導致我的種種問題。我的密集演講和全球旅行行程，當然也

導致問題的惡化；一年當中，我有235天奔波各地，時區、時差、不熟悉的旅館房間等等，你可以想像這些對睡眠有多麼不利。我的頭腦能夠感受得到，想像一個記憶力專家睡醒時，居然忘了自己身處什麼城市，那有多麼難堪？

這令我很困惑，因為我長期練習冥想，晚上的時候，我的心思並不會反芻或奔騰，相當平靜。直到幾年前，我因為連續多晚未眠而住進醫院，接受夜間睡眠監測評估，診斷出有嚴重的睡眠呼吸中止症，這是一種生理疾病，我每晚暫停呼吸超過兩百次。

經過多次治療，我現在的睡眠改善很多。透過手術解決身體問題後，接下來，我運用一些工具（參見第8章），優化我的睡眠。

在我感到最困難的時刻，我問自己，為何我持續做我所做的事？我大可以告訴自己，我沒有精力做這些事，但為何我還是奮戰到底？童年時，我的目的和動機是用勤奮來彌補我的才能不足，證明我能夠做得到。可是，後來，我已經提升學習技巧，為何我仍然繼續這麼勤奮，儘管精疲力竭、睡眠不足？而且，我又是一個極為內向的人，為何我仍然做一場又一場的演講，錄製那麼多的影片，製作一集又一集的播客？其實，驅策我的動力相同於我小時候的，我有清楚、明確的目的：我不想讓任何人經歷我以前歷經過的掙扎與痛苦，驅策我的使命是釋放更好、更聰明的頭腦。

我們最艱辛的奮鬥，往往激發出最大的力量。小時

候，我面對的兩項最大挑戰就是學習和演講，人生有其幽默感，因為我後來最常演講的主題就是學習。我曾經閱讀能力極差，但現在，我教導世界各地的人們如何改善閱讀能力；我曾經掙扎於了解我的頭腦，但現在，我經常對數千名聽眾演講，幫助他們了解他們擁有的這項神奇工具。我從親身經歷中學到，絕大多數的挑戰都存在著禮物；同理，數十年的睡眠不足，帶給我兩項重要啟示。

第一，它迫使我實踐本書提供的所有工具和方法，沒有這些，我無法展現我後來和現在的表現水準；因此，我更努力落實我教導別人的這些東西。我鮮少必須為演講做準備，因為我天天使用這些技巧，我親身實踐，這就是我。

第二，我必須非常清楚我的目的、我的自我認定、我的價值觀，以及我天天做這些事的理由。缺乏睡眠，你的精力和專注力就非常有限，所以不能浪費。你會決定什麼事情優先，非常清楚你專心致力於什麼，以及為什麼要做這些事。所有這些選擇使你產生無窮幹勁，這一章要談的就是這個。

先問，為什麼？

賽門‧西奈克（Simon Sinek）的《先問，為什麼？》（*Start with Why*）是我最喜歡的書籍之一，我的節目訪談過他很多次，他經常強調向別人傳達你為什麼做你正在做的事情的重要性。西奈克解釋，若你能夠清楚闡釋驅動你的信念（你的為什麼），人們就想要你所提供的；或者，

如同他常說的：「人們相信的不是你做什麼，而是你為什麼做這些事，若你不知道自己為什麼做你所做的事，別人又如何知道？」

第二個神奇疑問是：「為什麼我必須做這件事？」，這是有原因的。多數小孩最喜歡「為什麼」這句話，他們經常問：「為什麼？」你可知道為何得記住元素週期表或歷史日期嗎？若你不知道為什麼 —— 你不知道記住這些東西的重要性，那你大概不會記住它們。商界經常使用「目的」（purpose）和「目標」（goals），但我們確實知道它們的含義與同異處嗎？「目標」是你希望達成的事，「目的」是你追求達成一項目標的理由。

不論你的目標是閱讀一本書、學習另一種語言、塑身，或準時下班見家人，這些都是你需要達成的事，但是你要如何做到呢？一種方法是訂定SMART目標，SMART也是首字母縮略字：

- **S是「明確」（Specific）**：你的目標應該定義周詳。例如，別說你想變得富有，要說你想賺多少錢，明確訂定金額。
- **M是「可衡量的」（Measurable）**：若你無法衡量你的目標，你就無法管理。例如，塑身這樣的說法無法衡量，6分鐘跑1.5公里可以。
- **A是「可具體行動的」（Actionable）**：不問方向，你無法驅車前往一座新城鎮，因此你需要制定達成目標的行動步驟。
- **R是「務實」（Realistic）**：若你現在住在父母家的地下

室，你很難成為富豪。你的目標應該富有挑戰性，能夠使你施展潛能，但不能宏大到不切實際，致使你放棄。

- **T是「有時限性的」(Time-based)**：一個目標是有截止期限的夢想，訂定達成目標的時限，將使你更可能達成目標。

對許多人來說，挑戰在於這套設定目標的流程雖然很有邏輯，但很容易使人陶醉暈頭，為了讓你的目標別停留在腦裡，付諸行動，它們務必契合你的情緒 —— 契合你的HEART：

- **H是「健康」(Healthy)**：你如何確保你的目標支持你更大的福祉？你的目標應該要對你的身心及情緒健康有所助益。

- **E是「耐久」(Enduring)**：你的目標應該要能夠在你想退出、放棄的艱難時候，繼續鼓舞、支撐你。

- **A是「誘人」(Alluring)**：你的目標應該非常令人振奮、誘人、引人入勝，使你受到吸引而努力，不需要你總是必須推促自己去做。

- **R是「相關」(Relevant)**：別訂了一個目標，卻不知道自己為何訂定這個目標；理想上，你的目標應該和你面臨的挑戰、你的人生目的或核心價值觀有關。

- **T是「忠實」(Truth)**：別只是因為你的鄰居在做或你的父母期望而訂定目標，你的目標必須是你想要做到、忠於你本身的事；若你的目標不忠實於你本身，你很可能會拖延或自我破壞。

關於目的與熱情

　　知道你的人生目的，幫助你活得誠正。知道自己人生目的的人，知道自己是誰、擁有什麼，以及為什麼。當你知道自己是誰，知道你的人生目的，你就更容易過忠於你的核心價值觀的生活。

　　你的人生目的由激勵你的人生宗旨構成 —— 你每天早上起床的理由。目的可以指引生活中的決策，影響行為，形成目標，提供方向感，創造意義。我的人生目的是創造一個有更好、更聰明頭腦的世界。

　　英文中有很多字詞被交替使用，彷彿它們意指相同的東西。以「nice」和「kind」這兩個字為例，它們常被用於相同含義，但字源大不相同。「nice」這個字源於拉丁文「nescius」，意指「無知」（ignorant）；「kind」這個字源於日耳曼語，跟「kin」這個字有關，原意為「自然；自然秩序」及「天生性格、類型或條件」，從「感覺彼此是親戚」的意思演變而來，意指「友善，刻意對他人好。」[1]

　　「passion」（熱情）和「purpose」（目的）這兩個英文單字是同一陣營，經常被交替使用。網際網路上、勵志書籍，以及TED演講中，都可以見到這兩個概念被討論。很多人可能認為，若沒有感覺到強烈的熱情或目的感，那必定是缺乏熱情或目的感，但是根據我的經驗，熱情與目的是不同的東西，一者引領出另一者。

　　找到你的熱情，並不是指選擇正確的道路，或是找到

你的理想天職，而是指嘗試看看什麼能夠激發你的喜樂。
熱情來自當我們再度發現那個真實、有活力的自我 ——
那個被他人的一堆期望掩埋的無聲自我。想要發現或揭露
我們的熱情所在，並沒有唯一的途徑；我認為，當我們從
定型心態改變為成長心態（參見第6章），就會發現透過
經驗、投資與奮鬥，可以發展出興趣。

此外，我們可以同時培養不同的熱情，在探索時，你
不需要選擇其一而捨棄其他。尋找熱情就像尋找真愛，你
必須約會多個、多次，才能夠找到理想對象。一旦發現此
人，並不會就此神奇地一帆風順，需要花功夫建立關係。
尋找熱情也是一樣，需要實驗看看什麼能夠點燃你，而這
需要花點功夫。

總結而言，熱情點燃你的內心，我的學習熱情產生自
學習障礙，結果變成我的人生的一大識別代表。

> ✨ *Kwik Start* **快速啟動**
>
> 你現在對哪些事物擁有熱情？請寫出三個：＿＿＿＿＿＿
>
> ＿＿＿＿＿＿＿＿＿＿＿＿＿＿＿＿＿＿＿＿＿＿＿＿＿＿
>
> ＿＿＿＿＿＿＿＿＿＿＿＿＿＿＿＿＿＿＿＿＿＿＿＿＿＿
>
> ＿＿＿＿＿＿＿＿＿＿＿＿＿＿＿＿＿＿＿＿＿＿＿＿。

熱情主要是關乎你自身，反觀目的則是你如何與他人
連結。目的指的是你和世界分享什麼，你如何使用你的熱

情。說到底，我們全都擁有相同的目的：透過熱情幫助他人。我們人生中最重要的任務，就是分享自己累積的知識與技能，其實就這麼簡單，不需要搞得比這個還複雜。

　　你的熱情也許是某件比較簡單的事，你的目的就是與他人分享這件事。我的熱情是學習，我的目的是教導他人如何學習。這件事深植於我整個人身上，因此我不需要強迫自己去做，它對我而言非常自然，每天起床後，我已經準備好，幹勁十足，熱切於幫助他人學習。

　　我的播客來賓、好生活計畫（Good Life Project）創辦人強納森·菲爾茲（Jonathan Fields）相信，我們的一生中，自然會擁有許多熱情。由於你會改變，你展現熱情的媒介，也將會改變。他認為，若你只用一項特定的熱情來定義自己，但你的生活改變了，使你無法再追求那項熱情，你可能會感到失落。重點在於找到你的熱情的根本意義，以尋找新的途徑，展現你的熱情。

🧠 *Kwik Start* 快速啟動

你知道你的人生目的是什麼嗎？縱使你目前還不知道，想想看，可能是什麼？請在這裡寫出來，只寫一點點也可以：＿＿＿＿＿＿＿＿＿＿＿＿

＿＿＿＿＿＿＿＿＿＿＿＿＿＿＿＿＿＿＿＿＿＿

＿＿＿＿＿＿＿＿＿＿＿＿＿＿＿＿＿＿＿＿＿。

你認為你是誰？

在尋求幹勁方面，往往未被討論到的是自我認定 —— 你是誰；你認為從核心上來說，你是誰。有人說，英文中最強而有力的兩個字，是最簡短的兩個字：「我是」（I am），你在這兩個字後面加上的東西，決定你的天命。

比如，你想戒菸，也許醫生向你警告了幾次，你終於想清楚，你應該戒菸了。若你自認為是個吸菸者，經常說：「我有抽菸的習慣」，直到你除去這個自我認定之前，你很難戒菸。當你陳述一個特定行為定義你時，基本上，你是在促發自己認同這項行為，將這項行為合理化。

這對行為改變極為重要，不容忽視。史丹佛大學行為心理學家克里斯多福·布萊恩（Christopher Bryan）所做的一項研究，顯示了語言對實驗參與者的促發效應。他把實驗參與者分成兩組，第一組回答的問卷調查題目包含「投票」之類的動詞，例如：「投票對你而言有多重要？」；第二組回答的問卷調查題目使用名詞，例如：「當個投票人對你而言有多重要？」[2] 這項調查也詢問實驗參與者，是否打算在接下來的選舉中投票？後來，研究人員使用官方的投票紀錄，確認這些實驗參與者是否投票。布萊恩研究團隊發現，第二組實驗參與者（問卷調查題目讓他們指出對「投票人」身分的重視程度）去投票的可能性，比第一組實驗參與者（問卷調查題目只詢問受訪者投

票的可能性）高出13％。[3]

當你有意識決定認同你想養成的習慣或達成的目標，或是有意識不認同你想改掉的習慣時，你會感受到巨大的力量。若你在生活中一直告訴自己，你學得很慢或你學不會，你可以開始改成告訴自己：「我是個快速、有效率的學習者。」我們的最大幹勁來自於行動符合我們對自己的認知，這是宇宙中最強大的力量之一，請善用這股力量幫助自己。

> ⚛️ *Kwik Start* **快速啟動**
> 用一分鐘及意識流，填寫「我是……」的聲明：
>
> _____
>
> _____
>
> _____。

價值觀層級

接下來，我們必須考慮到我們的價值觀。經過深思熟慮，你可以建立一些習慣，但如果你的價值觀與最終目標不一致，你不會去做。舉例來說，想要記住他人姓名的人，應該重視人際關係及與他人的連結。你的行為必須和你的價值觀一致，否則你不會有什麼動機去做這件事。

價值觀也有層級之分。若我問你，人生中什麼對你而言最重要？你可能會告訴我，家庭是你的核心價值觀之

一。那麼，我將再問你，家庭為你提供什麼？對我而言，家庭提供愛；對你而言，家庭可能提供歸屬感。這其中的重要差別是，家庭是一種手段價值（means value）——為達成一種目的的手段，而目的價值（end value）其實是愛或歸屬感。檢視我們的價值觀，可以判斷我們說的價值觀是否為目的，或者可以激發別的。

價值觀必須排序，我的價值觀的優先順序是愛、成長、貢獻、敢於嘗試與冒險。每一項價值觀建立於次一項價值觀的基礎上，並對次一項價值觀有所貢獻。一個人的價值觀通常不會年年改變，除非你的生活境況改變了你的價值觀，例如你有了小孩、失去心愛的人、結束一段關係等等。

當我們不知道自己的價值觀與最親近的人的價值觀時，就會創造出發生衝突的空間，而爭執通常導因於價值觀衝突。舉例而言，你的價值觀包括冒險與自由，若你的伴侶重視安全與保障，那就難怪你們經常起爭執了。並不是說一套價值觀是正確的，另一套價值觀是錯的，而是這兩套價值觀不合。再舉例，你們兩人都非常重視尊重，但你們對於「尊重」與「不尊重」的看法不同，你們之間仍有爭議空間，除非兩人討論關於「尊重」的定義，達成一致意見。

尋找你的動機

在生活中做任何事，動機充足，就有收穫。好感覺與

好心情並不是擁有幹勁的必要條件，我的故事可以為證。若必須有好感覺，才會有幹勁的話，那麼當我的睡眠問題惡化時，我早就停止教導他人了。再說了，我們不也經常在有好感覺的那天，沒去做自己說要做的事？若你做某件事的理由不夠強烈，縱使你心情很好，仍有可能不會做這件事。

和你的目的、自我認定及價值觀結合的動機，將足以激勵你行動，縱使面對日常的種種阻礙，你仍然有幹勁。健康的七十歲老人清晨4:35去運動，不是因為他喜歡一大早去運動，而是因為保持健康，可以讓他繼續和家人相處。這是個足以激勵他的好理由，儘管他寧願繼續睡，但這個理由足夠強烈，可以激勵他大清早去運動。好學生猛K課本，不是因為她心情好，是因為她想在考試中取得優異成績，有最佳機會贏得實習工作，將來能做她夢想的那份工作。

你必須完成的每件事——縱使可能是你不喜歡做的事，背後可能都有一個好理由。你不愛做晚餐，但你想讓家人吃得好，你知道過度依賴外賣及速食的危險性。你對演講不是很自在，但你知道團隊仰賴你在研討會上號召全組織支持你們的計畫。你覺得經濟學很難、有點乏味，但你需要上這門課，取得你的行銷學位，而且你迫不及待想在真實世界施展你的行銷技巧。

若你苦於尋找學習或完成生活中其他事務的幹勁，很可能是你尚未發掘這件事背後的「為什麼」。想想你的熱

情、你想要的自我認定，以及你的價值觀，如何結合成你的動機？你已經知道，當你有動機記住某個東西時，你更有可能記住。反之，若你找不到任何動機記住某人的姓名，一旦你進入下一個談話後，你將會忘記此人的姓名。設若你的熱情是幫助人們建立更好的關係，你自認為是個連結者（你的自我認定），你的價值觀之一是愛，那麼你學習記住他人姓名的理由可能簡單如下：「我想學習記住他人姓名，和社群建立更好的連結，幫助我關心的人建立更強的人脈。」

現在，停下來，思考你想學習得更好的三個理由。你的理由應該具體，例如：「我想學西班牙語，這樣我才能跟我的岳父交談」，或「我想學歷史，幫助小孩在校學習得更好」，或「我想學會把研究工作做得更好，完成我的事業計畫，幫我的公司找到投資人。」請把你的三個理由寫下來：

理由幫助我在信守承諾方面變得非常清楚。愛自己的一個重要部分，就是保護你的時間和精力，對時間分配、情緒、心理健康和空間設立界限，在任何時候都非常重要，尤其當你睡眠不足時。當你欠缺任何必要燃料──

例如睡眠或食物時，你的資源不如其他時候那般充足，此時保護資源就變得很重要。當我作決策時，一切都是很明確的 Yes 或 No，若我覺得不能完全一致，我就不會去做，因為我沒有多餘的精力。我可以老實說，我沒有錯失恐懼症（fear of missing out, FOMO），過去幾週，幾個社交和工作聚會邀請我，但我婉拒了，因為我很清楚我花時間撰寫這本書的目的與動機。我希望你加入我的行列，擁抱「享受錯過」（joy of missing out, JOMO）。

現在，絕大多數的人經常感到厭倦、疲累，我相信這是因為我們總覺得必須對每一個迎向我們的機會、邀請或要求說「好」所致。保持態度開放，考慮各種選擇，這固然很棒；但是，當你對某件事說「好」的時候，請務必小心，別在無意間對自己和自己的需要說「不」。

不改變，你將必須承受什麼痛苦和損失？

什麼是幹勁？幹勁是一組情緒（包括痛苦和快樂的情緒），是我們行動的燃料。幹勁源自何處？目的，也就是我們充分感覺、聯想到行動或不行動的後果。

我們來做個練習：若你不學習使用本書的材料，可能會面臨什麼不利？現在及未來，你將承受什麼痛苦和損失？請把它們全部寫下來。例如：「我會繼續學得很辛苦，但還是只能獲得二流成績或工作」；「我沒有時間和關愛的人相處」；「升遷沒我的份」等等。這個練習和智力無關，重點在於使你能夠感受到這些痛苦和損失帶給你

的情緒，因為我們是根據感覺、情緒來作出決策。所以，深切地感受一下若你不採取行動，你將承受什麼痛苦？唯有這樣，你才會作出持久的改變，並且堅持到底。

　　痛苦可以是很好的老師，前提是不被痛苦操縱你，而是利用痛苦來驅策自己作出改變。若你對自己夠誠實，你可能會寫下類似這樣的東西：「我必須接受一份自己討厭的工作，收入很低，沒有空閒時間給自己或別人，而且很可能一輩子都必須忍受這些，既乏味又令人沮喪。」這將促使你採取行動！現在，請把你想像到的痛苦和損失寫下來：

_____

_____

_____

　　接下來是比較令人振奮的部分，請你把學習本書的技巧與方法帶來的所有益處寫下來，製作一份能夠令你感到振奮、產生幹勁的清單。例如：「我的考試成績能夠進步；我有更多時間和家人相處；我可以開始創業；我就能學會新語言，到世界各地旅行」，或「我會有更多時間運動，保持身體健康；春假時，我可以出去玩一下；我會有更多時間和男朋友／女朋友相處」，或是最簡單的如：「我終於能有一點空閒時間，可以好好耍廢，輕鬆一下！」

　　切記，你的理由必須具有足夠的說服力，有真切的情緒作為支持，你必須認真設想學習本書這些技巧與方法的

益處。現在，請把它們寫下來：

_____

_____

_____

全部結合起來

現在，我們把這些都應用在學習上。閱讀本書第三部「無限幹勁」時，請思考「學習」如何吻合你的熱情、自我認定、價值觀和動機。

我到了成年，才發現自己的熱情及目的。經過辛苦學習，我發展出對學習的喜愛，因為學習幫助我變得無限，我的人生目的是教他人如何學習，使他們也能夠變得無限。

小孩時，我強迫自己讀書，努力提升至平均水準。那時，我有很多的自我認定問題要解決——我是個腦袋壞了的男孩，我認為自己很愚笨。我必須改變看待自己的方式，擺脫束縛我、使我無法有效學習的這些自我認定問題，不能再說：「我腦袋壞了」，必須改說：「我是個學習者。」

至於價值觀，如前所述，我重視成長及嘗試冒險；對我而言，學習吻合這兩者，因為學習直接增進我的成長，並帶給我冒險感，尤其是當我學習新奇且富有挑戰性的東西時。毫無疑問，學習直接貢獻於實踐我的價值觀。

　　我的每一項理由都為我提供幹勁，使我能夠幫助更多人學習。所有作者都知道，寫書是一大挑戰，但我寫這本書的理由——把我的方法傳授給世界各地可能沒辦法上我的線上課程的人，支撐我堅持下去。

　　若你在尚未處理束縛你的自我認定之前，就試圖強迫自己展現幹勁，你會撐不了多久。當你感覺卡住時，請重新檢視你的目標是否和你的價值觀一致，如果不一致，請思考你需要怎麼做。

　　回顧上一章束縛你的7個謊言，也許，第八個謊言是你「有」幹勁——每天睡醒覺得幹勁十足。事實是，幹勁是你「持續做」出來的，你的價值觀和自我認定引導出一套習慣和例程，你天天實行。

閱讀下一章之前，請做這些練習

　　為了尋找你的熱情，讓自己接觸新奇事物或置身新環境中，看看什麼能夠點燃你。若你覺得自己有限，或是感覺局促不安、可能出醜，你將難以做到這點。因此，你必須擺脫這些念頭，好好享受嘗試新鮮的體驗。那些一開始的不自在，有可能領你走向全新的熱情和人生目的。在閱讀下一章之前，請先做下列這些練習：

- 寫出一張你最常說「我是⋯⋯」的陳述清單。對於這些定義你的陳述，你的感覺如何？
- 寫出一份你最重視的東西的清單，並將清單項目排序。想想看，這些項目與排序，是否符合你對自己的

定義？

• 養成在做任何事情之前先問「為什麼」的習慣。

「當你為身體
　輸入最佳燃料，
　你就有更多精力，
　就會變得更強壯，
　思考得更快。」

—— 蜜雪兒・歐巴馬 Michelle Obama，
　　　　　　　　美國前第一夫人

⑧

精力

你如何確保頭腦盡可能維持健康、精力充沛？

想要頭腦展現最強效能，飲食應該如何安排？

怎麼做，才能每晚一夜好眠？

你有做一件事的明確目的，也已經把計畫或目標劃分為小而簡單的步驟（詳見第9章），但這是否就能保證你有持久、無限的幹勁呢？

例如，縱使你有好理由要天天閱讀，並且計畫每天閱讀五分鐘，但若你感覺疲勞，可能就無法持續做到，身心能量是驅動你採取行動所需要的燃料。我們都知道時間管理的重要性，幹勁需要的是精力管理與優化。

本章提供我對產生無限頭腦精力的十個建議。當你在閱讀時，請用1到10分，評量你對每個領域投入的關注程度，你的回答可能令你吃驚。

1. 有益頭腦的飲食

復原力專家伊娃・賽爾哈布（Eva Selhub）常把我們的頭腦比喻為一輛高效能車輛，她寫道：「如同一輛昂貴的車子，在只灌入高級燃料之下，你的頭腦運作功效

最佳。吃含有大量維生素、礦物質及抗氧化物質的優質食物，能夠滋養頭腦，保護它免於氧化壓力（oxidative stress），也就是身體耗氧時產生的『廢物』──自由基（free radicals），可能損害細胞。」[1]她指出，當你的頭腦被迫使用劣質燃料時，不可能發揮天生的所有功能，例如：精製糖將減弱頭腦功能，導致發炎，甚至可能導致憂鬱。（所以，下次當你想吃冰淇淋來應付辛苦的一天時，你或許要三思。）

《健腦食物》（*Brain Food*）及《女性健腦有術》（*The XX Brain*）兩書作者、神經科學家暨整合營養學家麗莎·莫斯科尼（Lisa Mosconi）接受我的播客訪談，解釋何以頭腦需要的飲食，不同於其他器官需要的飲食。她說：「人腦需要四十五種營養素，才能運作得最好。這些營養素大部分由腦部自行創造，其餘部分則由我們的飲食供給。」[2]

既然確知良好飲食和健康頭腦之間有直接關連性，你應該拿自然界供應的最佳食物來餵養你的頭腦，這裡列出我最喜愛的前十名健腦食物（請上 limitlessbook.com/resources 觀看教你如何記住這份清單的影片。）若你是那種討厭別人告訴你必須吃掉青菜的人，可能需要作出一些調整。但還是有好消息的，證據顯示，吃點黑巧克力，對你的腦部很有幫助。吃什麼，大有影響，尤其是對你的灰質（gray matter）組織。

〈我最愛的10種健腦食物〉

我最愛的 Top 10 健腦食物

酪梨：提供單元不飽和脂肪，幫助保持健康血流。

藍莓：保護腦部免於氧化壓力，減緩腦部老化。也有研究顯示，藍莓對記憶力有幫助。

綠花椰（又名青花菜、西蘭花）：富含維生素K，有助於改善認知功能和記憶力。

黑巧克力：幫助你的專注力，刺激分泌腦內啡。巧克力也含有類黃酮，研究顯示，類黃酮有助於改善認知功能。黑巧克力愈黑（愈純）愈好，最黑的巧克力含糖量最少；如前所述，糖應該少吃為妙。

蛋：改善記憶力，提升腦力。

綠葉蔬菜：維生素E的好來源，幫助減緩腦部老化，還有葉酸，研究顯示有助於改善記憶力。

鮭魚、沙丁魚、魚子醬：富含omega-3必需脂肪酸，幫助減緩腦部老化。

薑黃：有助於減輕發炎，提高抗氧化力的同時，也改善腦部的攝氧量。也有研究顯示，薑黃有助於減輕認知功能的退化。

核桃：這種堅果提供高抗氧化物質及維生素E，能保護神經元，對抗腦部老化。核桃也富含鋅與鎂，對你的心情有助益。

水：腦部有大約80％是水，脫水會導致腦霧、疲勞、反應和思考速度減緩。研究顯示，在腦力測驗中，水分充足者的成績較佳。

Kwik Start 快速啟動

你最喜歡的健腦食物是什麼？你可以如何在日常飲
食中，多加入一種健腦食物？＿＿＿＿＿＿＿＿＿＿

＿＿＿＿＿＿＿＿＿＿＿＿＿＿＿＿＿＿＿＿＿＿

＿＿＿＿＿＿＿＿＿＿＿＿＿＿＿＿＿＿＿＿＿。

　　我結識威爾・史密斯一家人的營養師莫娜・夏
瑪（Mona Sharma），是在臉書上的脫口秀節目《紅桌
談》（Red Table Talk），那集的來賓還有馬克・海曼醫師
（Mark Hyman）。夏瑪跟我們分享：「我們吃的食物，大
大影響了我們的精力、我們的健康品質，以及我們的頭腦
功能。我們應該注重重要成分，例如：富含優質omega-3
的脂肪、有豐富抗氧化物質及植物營養素的蔬菜，以及香
料，以促進消化和聚焦，支撐短期和長期的頭腦運作。」
下列是她提供的一些有助於優化腦力和精力的食譜。

早晨醒腦汁

兩人份

材料：

薑，5公分長，刨皮後切片

薑黃，5公分長，刨皮後切片

（注意：薑黃會染色，請留意你的衣服及流理台）

4杯濾淨的飲用水

有機綠茶（茶葉或茶包皆可，兩人份）

1/2顆檸檬，榨汁

少量黑胡椒

生蜂蜜（可加，可不加，隨個人喜好）

把薑黃、薑和水倒入小平底鍋中，以中大火加熱慢煮至沸騰，加入綠茶，再煮至少5分鐘。

離火，加入檸檬汁、少量黑胡椒和蜂蜜（若選擇加的話）。

濾清後，趁熱喝。20分鐘內，避免吃任何東西。

備注：你也可以一次準備大量材料，把薑黃、薑及檸檬放入榨汁機中調製成汁，蓋緊蓋子，放入冰箱（最多可冰存七天）。要飲用時，舀出部分，加入熱水及綠茶中。

早安魔力奶昔

一人份

材料：

1/2杯冷凍野生藍莓

1/2杯去皮豆薯丁

一大把有機菠菜（你也可以加更多！）

2湯匙大麻籽

1茶匙中鏈脂肪酸油（MCT oil）

1茶匙有機螺旋藻粉

1/2杯無糖椰子水

1/2杯無糖杏仁奶

冰塊（可加，可不加，隨個人喜好）

把所有材料放入攪拌機中攪拌，用這杯魔力奶昔展開你的一天！

超級補腦沙拉

兩人份

沙拉材料：

2杯有機芝麻菜

2杯有機菠菜

1/4杯石榴籽

1/4杯碎粒生核桃

1顆酪梨，切片

4顆有機蛋，水煮，冷卻後切片

（素食者可用2湯匙大麻籽及1湯匙南瓜籽代替）

沙拉醬材料：

3湯匙天然蘋果醋

1/4杯頂級冷壓初榨橄欖油

1/2顆檸檬，榨汁

1湯匙生蜂蜜

1/4茶匙喜馬拉雅海鹽

2茶匙黑芝麻（裝飾用）

把所有沙拉醬材料（黑芝麻除外）放入碗中拌勻，或放入攪拌容器中搖拌均勻，放置一旁備用。

把芝麻菜、菠菜、石榴籽及碎粒生核桃放入大沙拉碗中，倒入沙拉醬，拌勻後，分裝至兩個盤上。

每盤沙拉加上1/2顆酪梨切片及兩顆蛋切片，灑上黑芝麻。請享用！

簡單烤鮭魚佐綠花椰和瑞士甜菜

兩人份

材料：

2湯匙新鮮檸檬汁

2茶匙碎蒜頭

5湯匙頂級冷壓初榨橄欖油（分批使用）

2片鮭魚，最好是野生鮭魚，每片約4到6盎司

2至4片檸檬

1大顆有機綠花椰，切成小朵一口大小，約3到4杯

2茶匙喜馬拉雅海鹽（分批使用）

1小顆紅蔥，切成細末

一小把有機瑞士甜菜，切碎

1茶匙有機芥末粉

在烤盤鋪上防油紙，把烤箱預熱至200°C。

把檸檬汁、碎蒜頭及2湯匙橄欖油，倒入一只小碗中調

勻。鮭魚片置於烤盤上，把前述檸檬—碎蒜頭—橄欖油醬料均勻倒在每片鮭魚上，再把檸檬片鋪在每片鮭魚上。

把切成小朵的綠花椰、2湯匙橄欖油及1茶匙喜馬拉雅海鹽，放入一只大碗中拌勻後，把這些綠花椰鋪到烤盤上的鮭魚片四周。把烤盤放進預熱的烤箱中，烤20分鐘。

烤鮭魚和綠花椰時，在煎鍋中倒入1湯匙橄欖油，以小火加熱後，放入紅蔥末，不停翻炒至熟透後，加入瑞士甜菜及2湯匙水，煮3到5分鐘，不時翻炒，直到甜菜變軟，離火。

把鮭魚、綠花椰及甜菜分配至兩個盤上，在綠花椰上灑芥末粉，以增加抗發炎效果。上菜了，請享用！

可可亞—肉桂—薑
「我愛熱巧克力」

兩人份

材料：

4杯無糖杏仁奶或椰奶

薑，5公分長，刨皮後切長片

3湯匙無糖有機可可亞粉

1茶匙有機肉桂粉

1至2湯匙椰糖（使飲料變甜，隨個人喜好）

1/2茶匙香草精

一小撮海鹽

2條肉桂棒（裝飾用）

在平底鍋中倒入杏仁奶及薑片，以中大火加熱，時而攪拌，接近沸騰時，加入可可亞粉、肉桂粉、椰糖、香草精、海鹽，攪拌至溶解，再次煮到接近沸騰時，離火。

把煮好的巧克力奶倒入兩只馬克杯中時，使用過濾器，濾掉薑片。每杯加上一條肉桂棒，請享用！

備註：夏季時，可以放涼了再喝。若當成點心，可加入少許椰漿，混合得更香甜、泡沫更多。

2. 補腦營養素

如前所述，飲食影響腦功能，但如果你因為行程或生活型態，無法經常吃豐富的益腦食物，怎麼辦？研究顯示，特定營養素對你的認知能力有直接影響。我一向偏好從天然有機全食攝取營養，請諮詢你的合格醫療專業人員，以得知你可能缺乏什麼營養素。

《超級大腦飲食計畫》（*Genius Foods*）作者麥克斯‧盧加維爾（Max Lugavere）接受我的播客訪談，我們討論補充磷脂質DHA的益處，你的腦用磷脂質DHA來創造健康的細胞膜，[3]這很重要，因為我們的細胞膜形成涉及情緒、執行功能、注意力和記憶力的所有接收器。研究顯示，維生素B群能夠改善女性的記憶力，薑黃中的薑黃素能夠預防認知功能退化。你可以上美國國家衛生院（National Institutes of Health）網站，取得營養素及它們對腦部影響的表列。[4]

所有這些營養素都有天然來源，但你的生活型態或飲食喜好，未必讓你攝取到所有這些營養素，所幸市面上很容易取得相關補品。不過，並非所有營養補品都具有相同品質與功效，請務必先做點研究。你也可以結合營養補品和本章討論的健腦食物，為頭腦提供需要的燃料。請上 limitlessbook.com/resources，取得我最喜愛的補腦營養品清單及相關連結。

〈無限健腦食譜〉

3. 運動

《哈佛健康通訊》（*Harvard Health Letter*）主編海蒂·高曼（Heidi Godman）寫道：「運動改變腦部，改善記憶力及思考技巧。英屬哥倫比亞大學的研究人員所做的一項研究發現，規律的有氧運動 —— 那些使你的心臟和汗腺大量活躍的運動 —— 能夠增大海馬迴，這是腦部涉及語文記憶和學習的區位。」[5]

我好像聽到你剛才發出抱怨聲，或是提出一些藉口：運動很無聊；我沒有時間運動；健身房會費太貴，我付不起。但是，事實就是這麼簡單：若你想要解放你的大腦，運動的幫助極大。想想看，當你動起來時，感覺更機敏，對吧？有些人甚至必須四處走動，才能讓頭腦高效率運作，這是因為運動和腦部功能之間有直接相關性。不過，你肯定不需要成為奧運運動員，也能讓頭腦變得機敏，有很多研究證據顯示，縱使你每天只做十分鐘有氧運動，也

可以獲得極大益處。

　　當你的身體動起來時，你的頭腦也快活起來。請上 limitlessbook.com/ resources，觀看我喜歡的一段相關訪談。

〈肢體語言如何影響大腦〉

> #### ⚛ *Kwik Start* 快速啟動
> 用手機設定一下計時器，提醒自己每個小時記得活動幾分鐘。

4. 消滅「螞蟻」

　　臨床精神科醫師暨神經科學家丹尼爾‧亞蒙（Daniel Amen）常上我們的播客節目，他在《一生都受用的大腦救命手冊》（*Change Your Brain, Change Your Life*）一書中記述，有一天，他在辦公室特別忙碌於處理各種病患，有自殺傾向者、焦慮不安的青少年、失和的夫婦，晚上回到家，他發現廚房有成千上萬隻的螞蟻。他寫道：「場面太噁心了！我開始清理時，突然想到了 ANT 這個首字母縮略字。我想到我那天的病患，如同我家被大批螞蟻入侵的廚房，我的病患的頭腦也被負面思想侵擾，奪走快樂、竊取幸福。第二天，我買了一罐螞蟻噴劑，用來當作提醒，從此努力幫助我的病患消滅他們的『螞蟻』（ANTs）。」[6]

　　ANTs 是「automatic negative thoughts」（自動負面思想）的首字母縮略字，若你跟多數人一樣，至少在某些時

候，你會用這類思想對自己加諸限制。也許，你會告訴自己：你不夠聰明，學不會一種你非常想要具有的技能。或者，你可能重複一個無止境的迴路，告訴自己：硬逼著你做某件事，最後只會導致失望。

「螞蟻」（自動負面思想）無處不在，世上沒有足夠的噴劑可以消滅它們，但把它們從生活中消除，是解放頭腦的一個必要部分，理由很簡單：你愈是和那些限制你的思想纏鬥，它們就愈陰魂不散。如果你經常告訴自己：你做不到某件事，或是你年紀太大了，做不來某件事，或是你不夠聰明，做不好某件事，那你就不會做這件事。唯有甩掉這類破壞性的自我對話，你才能確實去做，達成你想要達成的事。

> ⚛️ *Kwik Start* **快速啟動**
> 你最大的自動負面思想是什麼？可以用什麼正面思想加以取代？＿＿＿＿＿＿＿＿＿＿
> ＿＿＿＿＿＿＿＿＿＿＿＿＿＿＿＿＿＿＿＿
> ＿＿＿＿＿＿＿＿＿＿＿＿＿＿＿＿＿＿＿＿
> ＿＿＿＿＿＿＿＿＿＿＿＿＿＿＿＿＿＿＿。

5. 清潔的環境

醫學期刊《刺胳針》（*The Lancet*）在 2018 年刊登一篇文章指出：「30％的中風案例，可能是空氣汙染導致，

因此空氣汙染可能是全球腦中風疾病負擔的主要導因之一。」該文寫道：「基於中風、血管風險因子和痴呆症之間的強烈相關，可以預期空氣汙染和痴呆症之間的關連性。」[7]你呼吸的空氣對你的腦功能很重要，若你曾經待在有人吸菸的房間裡，你應該知道當你呼吸有毒空氣時，思考有多困難。反之，在山區健行，呼吸清新、乾淨的空氣，你可以感覺神智清晰。

若你居住在設有工廠的城鎮，或是到處都有汙染物的大城市，你對周遭的自然空氣沒有多少法子可施。所幸，有機器可以清淨你家裡和辦公室裡的空氣，你可以致力於進入比較乾淨的環境裡。

清潔的環境，不只是空氣品質而已，去除你周遭的雜亂及令人分心的事物，將使你感覺更明亮，改善你的專注力。所以，請花點時間使用近藤麻理惠的整理魔法，清掉不必要的東西。

Kwik Start 快速啟動
為了清潔你的環境，你今天可以做一件什麼事？

_____

_____

6. 建立正向同儕團體
你的頭腦潛能並非只和你的生物網絡或你的神經網絡

有關，也和你的社交網絡有關。近朱者赤，近墨者黑，勵志演說家吉姆‧羅恩（Jim Rohn）說，你是你相處最多的五個人的平均。不論你相信與否，我不認為有誰能不贊同下列這個論點：周遭人對我們的生活有明顯的影響。

天普大學（Temple University）最近做的一項研究顯示，人們（此研究的對象是青少年）在獨處時的行為，不同於和他人相處時的行為。塔拉‧帕克柏（Tara Parker-Pope）在《紐約時報》的部落格中撰文報導這項研究時表示：「史坦伯格博士（Dr. Steinberg，這項研究報告的合撰人之一）指出，司掌報酬處理的腦部系統，也司掌社會性資訊的處理，這可以解釋為何同儕顯著影響我們的決策。」[8]

因為這樣的影響力，你相處的對象對你的腦部運作有實在的影響。不消說，他們影響你的自我對話，多數人的信念當中至少有一部分跟他人對我們的看法有關；此外，他們也可能影響你的飲食、你的運動量，甚至你的睡眠量等等。有很多書籍專門幫助你辨別怎樣的人對你有益或有害，但就本章的目的而言，只需要你花幾分鐘思考你的同儕是誰，他們對你的生活影響多大，以及這如何影響你變得無限的欲望。

✺ Kwik Start 快速啟動

你需要和誰多相處？現在就主動約這個人見面吧。

_____

_____

7. 護腦

　　這項大概不大需要說明，要強調的是，若你想對頭腦作出最大利用，就必須好好保護它，畢竟你只有一顆頭腦。若你餘生只能使用一輛車，你會多善待這輛車？想必你會好好保養車子，宛若寶貴生命。意外難免，但讓自己置身於較不可能傷害腦的境況，可以避免最糟情況的可能性。若你想對這項寶貴資產作出最大利用，硬碰硬式的接觸或極限運動並不理想，也不建議你超速飆車。若你對這些活動實在是太喜愛了，無法放棄，最起碼要盡所能採取預防措施，配戴防護裝備。

8. 新學習

　　為了你的頭腦健康，你可以做的最重要事情之一，就是持續學習。第3章探討神經可塑性時已經提到，我們全都能夠擴展我們的腦力，縱使邁入老年時亦然。

　　這意味的是，只要我們持續學習，就能夠持續創造腦裡的新路徑，保持頭腦的可塑與靈活，切要處理新資訊。尤其是若我們在學習中給予自己夠大的挑戰，這種功效更加顯著。努力熟練一項新技能、學習一種新語言，擁抱各種文化中對你而言新奇的部分，這些全都能使神經元持續活躍，創造新路徑。你使用頭腦的方式增加，你的頭腦能力就會增強。

> ⚛️ *Kwik Start 快速啟動*
>
> 請你列出一張「持續學習」清單，清單上有什麼項
> 目？請在這裡寫出兩項：＿＿＿＿＿＿＿＿＿＿
>
> ＿＿＿＿＿＿＿＿＿＿＿＿＿＿＿＿＿＿＿＿＿
>
> ＿＿＿＿＿＿＿＿＿＿＿＿＿＿＿＿＿＿＿＿＿
>
> ＿＿＿＿＿＿＿＿＿＿＿＿＿＿＿＿＿＿＿＿＿。

9. 壓力管理

　　所有人在日常生活中，都會感受到某種程度的壓力，有時是很大的壓力。每當我們感受到壓力時，身體就會分泌一種名為皮質醇（可體松）的荷爾蒙，以舒緩壓力導致的身體緊繃。若這種情形偶爾發生，那沒問題；但若經常發生，我們腦內累積的皮質醇，可能導致頭腦停止適當運作。

　　不僅如此，「證據顯示，長期、頻繁的壓力，可能改變你的腦部，」哈佛健康部落格（Harvard Health Blog）一篇文章指出。該文寫道：「科學家已經發現，感受到長時間壓力的動物，頭腦司掌較高階工作的部位 —— 例如前額葉皮質 —— 變得較不活躍，司掌生存應急反應的頭腦原始部位 —— 例如杏仁核 —— 變得較為活躍。這猶如你鍛鍊身體的一個部位、不鍛鍊另一個部位時，將會發生的情形，較常活動的部位將變得更強壯，不常活動的部位

將變得更孱弱。當頭腦處於持續壓力下，就會發生這種情形；基本上，就是在鍛鍊頭腦中負責應付威脅的部位，閒置司掌較複雜思考工作的部位。」[9]

　　壓力可能導致腦衰弱的證據如此明顯，設法減輕或避免壓力就變得很重要了，後文將對此提供一些建議。

🧠 *Kwik Start* 快速啟動

你最喜歡做什麼事來消除壓力？你上次做這件事，
是什麼時候？＿＿＿＿＿＿＿＿＿＿＿＿＿＿＿＿＿＿
＿＿＿＿＿＿＿＿＿＿＿＿＿＿＿＿＿＿＿＿＿＿＿。

---

10. 睡眠

　　若你想要更好的專注力，你必須擁有良好睡眠。若你想要作出更好的決策，或是擁有更強的記憶力，你必須擁有良好睡眠。根據美國國家衛生院：

> 在正確時間獲得足夠的優質睡眠，之於生存的重要性一如食物和水。不睡覺，你的腦部就無法形成或維持讓你學習及創造新記憶的路徑，你將更難專注及快速反應。睡眠對於一些腦功能很重要，包括神經細胞（神經元）彼此間的溝通。事實上，當你在睡覺時，你的腦部及身體仍然非常活躍。近期的研究發現，睡眠扮演一種家務角

色，清除你的腦部在你清醒時累積的毒素。[10]

要點：若你想要頭腦發揮最大效能，必須擁有足夠的優質睡眠。

睡眠不是一種選擇

我知道，很多人說他們不需要很多睡眠，或是他們沒有時間睡覺，甚至他們的生活充滿活動，「別無選擇」只好犧牲睡眠，還以此為傲。這是錯的，若你是這樣的人，我勸你現在就認真重新思考。

精神科醫師暨喬治華盛頓大學精神病學臨床助理教授金珍（Jean Kim）在一篇部落格文章中指出：「睡眠對整體健康及日常運作非常重要，愈來愈多證據顯示，許多身心問題跟睡眠不足有關，包括消沉、易怒、衝動、心血管疾病等等。一項研究指出，睡眠其實是腦部的一種洗滌週期，睡覺時，腦部血管（及淋巴管）高灌流，沖掉白天的新陳代謝累積物，清除神經元毒素，輸送促進細胞修復的成分。」[11]

奧勒岡醫科大學（Oregon Health and Science University）傑夫・艾利夫（Jeff Iliff）醫師在TED演講中談到睡眠時，進一步使用「洗滌週期」的比喻。他指出，我們清醒時，頭腦太忙碌於做其他事，以至於無暇清理自己的廢物。現在，科學家發現，阿茲海默症的發生，跟這種廢物——β類澱粉蛋白（amyloid-beta）——的積累有關。

　　「腦部清醒和最忙碌時,會延後清除細胞之間的廢物。然後,在我們睡覺或腦部沒那麼忙碌時,就轉變至一種清洗模式,洗掉細胞之間的廢物 —— 那些積累了一整天的廢物。」[12]

　　許多人犧牲睡眠,之後再找機會補眠,艾利夫警告別這麼做。他說:「跟做家事一樣,這是不受注意的髒工作,但也是重要的工作。若你一個月不打掃家裡的廚房,你家很快就會變得不宜人居。頭腦的廢物延遲清理,後果可能遠比骯髒流理台帶來的難堪還要嚴重,因為腦的清理涉及身心健康和功能,今日了解頭腦的這些基本打掃工作,有助於預防及治療明日的心智疾病。」[13]

　　所以,若你跟許多人一樣,自以為靠少許睡眠就能度日是一種了不起的能耐,你該修正這種思想了!一夜好眠的益處實在太大了 —— 包括你可以從夢中學到的東西。

一夜好眠

　　想要一夜好眠是一碼事,真正做到又是另一碼事,大約四分之一的美國人,每年經歷某種程度的失眠症。[14]

　　不過,有很強烈的證據顯示運動和睡眠之間的關連性,縱使是長期失眠者亦然。凱薩琳‧里德(Kathryn J. Reid)醫生等人所做的一項實驗研究發現,有氧運動對原本經常有睡眠問題的人非常有幫助。這群作者寫道:「這項研究結果顯示,十六週的中等強度有氧體能活動,加上睡眠衛生教育,能夠有效改善有長期失眠症的老年人自陳

的睡眠品質、情緒及生活品質。這些結果凸顯規律的體能活動，有助於改善治療失眠症的標準行為方法的成效，尤其是對那些久坐不動的老年人。」[15]

西北大學范伯格醫學院的一支團隊以此研究為基礎，進一步實驗研究，分析收集到的資料，探索運動和睡眠的關連性。他們的發現值得參考：運動並不是神奇丸，若你有睡眠問題，上健身房一次，無法解決問題。不過，他們發現，縱使兩個月後，運動幫助睡眠的成效仍然很有限；但是，十六週後，效果就明顯了，實驗參與者每晚增加多達1.25小時的睡眠。[16]

所以，運動對睡眠有幫助，但你必須有耐心地做上一段時間後，才會出現成效。基於運動對健康的整體益處，縱使你沒有馬上感覺到運動幫助你的睡眠，規律運動仍是有益的。

那麼，多少運動量才有助於睡眠呢？各方論點不一，但一個普遍見解是每週2.5小時的有氧運動，加上一些重訓。匹茲堡大學的運動科學助理教授克里斯多福・克林（Christopher E. Kline）建議：「快走、騎腳踏車、踩滑步機，任何增加你的心率、你仍然能夠邊做邊講話、說上幾句也不喘的運動，都可以算是溫和運動。」[17]

讓你的心思休息一下

失眠的眾多原因之一是無法讓心思停下來。我們全都有過這樣的經驗：你有一場極重要的會議即將到來，或是

這天發生了重大事件（正面或負面事件），或是你在睡前接到了一通電話，使你激動、煩躁，頭雖然躺在枕頭上，但心思忙亂，結果你躺在床上幾個小時，入睡猶如攀登聖母峰那般困難。

所幸，有一項工具可以幫助你應付這種情形：冥想。冥想的益處很多（坊間有非常多詳述的書籍），包括提升免疫功能、減輕焦慮、擴增灰質等等，其中的益處之一是幫助失眠症。

南加大助理教授大衛・布萊克（David S. Black）等人共同進行了一項實驗研究，教導一群有睡眠問題的老年人練習冥想，總共六堂課，每堂兩小時。這些課程結束後，這群老年人的失眠問題明顯改善。[18]

若你對冥想感覺陌生、好像不適合自己（如果是這樣，那你是絕大多數人之一，只有不到15％的美國人練習冥想），[19]很可能是因為你聽說冥想很難，或是冥想需要你完全淨空心思。輔助冥想的腦波感應器頭帶「Muse」的開發者、心理治療師艾莉兒・加藤（Ariel Garten）澄清，冥想並不是淨空你的心思，而是：「訓練你的心思覺察當下。」[20]

她告訴我，你可以選擇任何時間和任何地點做冥想，閉上眼睛，深吸氣，再吐氣，計數這些吸氣和吐氣，就算只做三分鐘，也能感覺到效益。她推薦的另一種方法是聚焦注意力，超簡單，就是把你的全部注意力擺在你的呼吸上，當你的心思從呼吸飄走時（這將無可避免），只需要

注意到這個情形，再次把注意力帶回到你的呼吸上。這種方法消除了冥想的神祕性，並非必須是個禪宗大師，才能從冥想中獲益。很少人能夠專注於一件事上很長時間，當注意力飄走時，重新聚焦就行了。

加藤說，當你再度聚焦於你的呼吸時：「你正在運用一項重要技巧——學習觀察你的思考。你不是陷入你的思想，而是在觀察你正在思考。你開始認知到，你其實可以掌控你的思想，你可以選擇思考什麼。」[21]

縱使只使用這些簡單的方法，冥想也能夠改善你的睡眠。我的冥想教練、《壓力更少，成就更多》（*Stress Less, Accomplish More*）一書作者艾蜜莉‧芙萊契（Emily Fletcher），開發了一種名為「齊華冥想」（Ziva Meditation）的獨特方法，你可以上limitlessbook.com/resources，觀看我們使用她的這種冥想方法的全程影片，我們將帶你經歷整個流程。

〈和芙萊契一起靜心〉

✦ *Kwik Start* 快速啟動

你用來幫助睡眠的最佳訣竅是什麼？請寫出來：

_____

_____。

閱讀下一章之前，請做這些練習

為你的頭腦注入燃料，這是變得無限的必要條件；此外，你還要下更多功夫，但我們現在先聚焦於本章教的一些方法：

- 把你家目前沒有的健腦補腦食物列出來，成為一張購物清單。我知道，這些食物不全都合你的口味，但請你盡量嘗試愈多這類食物。帶著這張清單，去採購吧。

- 花幾分鐘時間，辨識你的「螞蟻」（自動負面思想）。你對自己加諸了什麼限制？你告訴自己你做不到什麼？請把它們寫下來。

- 想想你要如何擴展你的學習？有什麼技能是你長久以來一直希望精通、但迄今尚未有時間精通的？是一種語言嗎？程式設計？新的銷售或行銷方法？你現在可以做什麼，把學習這項技能排入你的生活中？

- 使用本章談到的方法之一，改善你的睡眠的質與量，請持續至少一週。

- 本章的相關影音和文章，請上 limitlessbook.com/resources 觀看（前文都有 QR Code 可直接掃描。）

「我們先養成習慣，
然後習慣
造就了我們。」

──約翰‧德萊頓John Dryden，
　　17世紀英國桂冠詩人

⑨

小而簡單的步驟

我現在能夠採取的最小簡單步驟是什麼？
如何開始好習慣或終結壞習慣？
怎樣的日常例程，能夠幫助我變得無限？

你有理由或目的去做某件事，你有做此事的幹勁和充分能量，還缺什麼呢？

還缺小而簡單的步驟——使你更接近目標的最小行動，只須花少許努力或精力，就能夠做到的行動。歷經時日，這些小行動將變成你的習慣，這也是我在本書寫了很多小而簡單的步驟的原因，我稱為「快速啟動」（Kwik Starts）。

1920年代，俄國心理學家布魯瑪・蔡格尼（Bluma Zeigarnik）在維也納一家餐廳用餐時注意到，餐廳裡忙得團團轉的服務生，非常有效率地記得顧客們點的餐點，但上完餐點之後，你要他們回想，他們往往想不起誰點了什麼餐點。

這引起她的好奇，於是進行研究實驗，讓實驗參與者執行簡單的事情，但中途時而被干擾中斷。事後，她詢問這些實驗參與者記得做過什麼事；她發現，比起中途未被打斷、一氣呵成完成的事務，他們更記得中途被打斷

兩次時正在做的事情。她得出後來被稱為「蔡格尼效應」（Zeigarnik Effect）的結論：未完成的工作創造出某種程度的緊張，使我們心心念念著這份工作，直到完成。

　　極有可能，你從你的拖延經驗中熟悉這種緊張。當你知道自己必須做某件事，但是一直拖著不做，就會形成一定的壓力和心理負擔，甚至只要這件事還未完成，這種心理壓力就會導致你做其他事也變得更困難。你必須做的事感覺起來好像滿難的，或是好像不大有趣，你大可去做別的事，或是這件事做起來可能令你感覺不適，或是你說服自己相信，你還有很多時間可以去做。儘管我們清楚自己的人生願景，知道自己想要變成怎麼樣的人，還是難以完成該做的事。雖然我們有持續的幹勁，為什麼還是這麼難採取行動？

　　我們未能採取行動的最主要原因之一是，對自己必須做的事感覺招架不住 —— 你可能覺得這項專案或雜事牽涉的範圍好像很大、很吃力、很花時間，所以無法想像如何完成。我們看整件專案，馬上覺得工作範圍太大了，於是退卻或一直拖延。心理學家哈達莎・利普斯齊克（Hadassah Lipszyc）說：「未完成的工作和拖延，往往導致慣常、無益的思想型態。這些思想可能影響睡眠、引發焦慮症狀，進一步影響一個人的心智與情緒資源。」[1]

仁慈待己

　　若你經常難以完成該做的事，很可能對此感到愧疚、

自責，你的自責可能大到超過有益的程度。如前所述，未完成的工作將在你的腦部形成緊張，若你在這種緊張之外，又添加了愧疚和羞恥，你將會更難完成工作，把自己搞得很痛苦。

德州大學奧斯汀分校心理學與行銷學教授雅特·馬克曼（Art Markman）寫道：「當你未完成工作，不知道該如何是好時，愧疚感於事無補，徒增痛苦。愧疚感使你對整個工作感覺更差，你和親友相處或從事樂趣活動時的心情也受到影響。但羞恥又是另一回事，證據顯示，人們會為了避免丟臉而故意拖延。對你未完成的工作感到丟臉，可能使問題變得更糟，而不是更好，產生一種沒有助益的情緒。」[2]

因為你的工作或事務缺乏進展而感到難過，可能使你更難停止拖延，所以別再為難自己了。自責於事無補，既然你正在閱讀這本書，表示你已經在採取行動，避免將來出現拖延的毛病。

根據我的經驗，處理這種問題的最佳方法，就是設法把工作分解成小塊，這樣容易形成習慣，比較容易成功。回到「蔡格尼效應」，你每次完成一件這些比較小的工作，就可以卸下部分心頭負擔，每完成一小件，就離完成整件工作更接近一步。

小步前進

我的播客來賓、史丹佛大學行為設計實驗室（Behavior

Design Lab）創辦人暨主任、《小習慣》（*Tiny Habits*）一書作者布萊恩・佛格（Brian Jeffrey Fogg），研究人類行為超過二十年，他的心得是：只有三件事能夠長期改變一個人的行為。其一是頓悟，很少人能夠隨需獲得頓悟；其二是改變你的環境，近乎人人都可能做到，但未必任何時候都可以做到；其三是小步前進。[3]

我喜歡下列這個故事，例示小而簡單的步驟的原理。

一位國王正在觀看一位傑出的魔術師表演，觀眾被迷住了，國王也是。表演結束時，大家讚嘆喝采，國王說：「此人天賦不凡，真乃神賜也。」

但是，一位睿智的大臣對國王說：「陛下，天才不是天生的，是培養出來的。這位魔術師的技能是修練而成的，這些才能是本著決心和紀律，長期學習和磨練出來的。」

這番話惹惱國王，這位大臣的異議破壞了國王欣賞魔術師表演的樂趣。國王怒斥：「你這個心胸狹窄、心懷惡意的人，好大的膽子！竟敢批評一個真正的天才。要我說啊，你要不就是有天賦，要不就是沒有，很顯然你沒有。」

國王轉頭向護衛說：「把這個人丟進最深處的地牢」，接著國王施恩說：「為免你寂寞，賜你兩名同類與你做伴吧！給你兩隻豬仔當你的牢友。」

從坐牢的第一天起，這位睿智大臣天天兩手

各抱著一隻豬仔，在他的囚室到牢房門的階梯上跑上跑下。日復一日，日熬成了週，週積成了月，豬仔長成大壯豬，每天的鍛鍊使得睿智大臣日益健壯，力量增強。

有一天，國王想起這位大臣，想知道囚禁是否使此人變得謙卑了？便召人去把大臣帶來。

囚犯現身時，已然是個體格強健的男人，兩手臂各抱著一隻壯碩的公豬。國王驚叫：「此人天賦不凡，真乃神賜也。」

睿智大臣回答：「陛下，天才不是天生的，是培養出來的。我的技能是修練而成的，這些才能是本著決心和紀律，長期學習和磨練出來的。」[4]

有可能改變你的行為的極少數有效方法之一，就是漸進式進行。你現在真的不想做晚餐嗎？那就為你的家人做點簡單的東西當點心、墊墊肚子，稍後再做晚餐吧。你現在寫不出下個月研討會的重要講稿嗎？那現在只要擬出大綱就可以了。經濟學課堂上要你讀的東西多到爆嗎？你可以先設定目標讀完第一章。跟故事中的睿智大臣一樣，你必須一天一次，一次一步。

在前述所有情境中，你可以注意到兩點。其一，都出現了可以做到的小步驟——在邁向「完成」的路上，每一小步都是一個小贏。其二，你會進入甚至完成更多的境況。比方說，你現在已經進到廚房了，很可能乾脆就把晚

餐做好了。你已經寫出演講大綱了，可能就會順手多擬幾頁講稿。經濟學課本的第一章好像也沒有那麼枯燥嘛，既然書都打開了，可以多讀幾章。

　　把你拖延的一件事，分解成更小的幾個部分，完成這件事情的道路，就變得更清晰了。

　　記得「蔡格尼效應」教我們的：你想要完成一件事，目前可能已經做了一部分，這將形成某種程度的緊張，直到你在做完這件事之前，心裡頭都會掛記著，那麼把它做完，你就會放心了。找個地方開始吧！不論從哪裡開始都行，縱使你沒有完成整件事的精力或幹勁，開始就對了，你會感覺輕鬆不少。

⚛ *Kwik Start* 快速啟動

想一件你一直拖延的重要事務，是什麼事？你可以如何把它分解成更簡單的步驟，每天做一步？＿＿＿

＿＿＿＿＿＿＿＿＿＿＿＿＿＿＿＿＿＿＿＿＿＿

＿＿＿＿＿＿＿＿＿＿＿＿＿＿＿＿＿＿＿＿＿＿

＿＿＿＿＿＿＿＿＿＿＿＿＿＿＿＿＿＿＿＿＿。

自動駕駛模式

　　重複小而簡單的步驟，將會形成習慣。習慣是我們的一個重要部分，已有無數研究顯示，我們每天所做之事，有40％至50％是習慣的產物；這意味的是，我們的一半

生活由科學家所謂的「自動性」（automaticity）支配。你可能覺得這個比例很高，我初次聽聞，也這麼覺得，但想想，你每天做的多少事情，是未經思考就做的？你未經思考去刷牙；你每隔一段時間查看你的手機；你開車抵達公司，不會仔細回想自己是如何到達公司的；你拉上外套拉鍊；從櫥櫃中拿出玻璃杯；按電視遙控器……這些全都是以自動模式而為。

　　當然，這對生活是必要的。你能想像，若你做的「每件事」都必須經過思考，會有多麼令人招架不住嗎？若你連刷牙都必須先有意識地思忖，那麼才到早上十點，你就已經累癱了。

　　「若沒有習慣迴路（habit loop），我們的腦將被日常生活中無數細節小事壓倒而停擺，」查爾斯・杜希格（Charles Duhigg）在《為什麼我們這樣生活，那樣工作？》（*The Power of Habit*）中寫道。「因為受傷或疾病導致基底核（basal ganglia）受損的人，往往智力運作失常，難以執行開門或決定吃什麼的基本活動，失去忽略不重要細節的能力。例如，一項研究發現，基底核受損的病患，無法辨識臉部表情，包括害怕及厭惡等等，因為他們總是不確定要聚焦於臉部的什麼部位。」[5]

　　暢銷書《原子習慣》作者詹姆斯・克利爾說：「你每天重複（或不重複）的習慣，大大影響了你的健康、財富及快樂。懂得如何改變你的習慣，意味的是懂得如何有信心地掌控、管理你的生活，聚焦於影響最大的那些行為，

對你想要的生活進行逆向工程。」[6]

克利爾告訴我：「所有習慣都在某個方面幫助你。你在生活中面臨種種問題，你需要綁鞋帶，你的腦袋把這個問題的解方予以自動化，這就是一種習慣。它是你整個人生中一再出現的一個問題的解方，你用過這個解方很多、很多次，以至於你不需要思考就能做。若這個解方不再管用了，你的腦袋將會更新它。」[7]

克利爾指出，習慣迴路由四個部分構成：暗示（cue）、渴望（craving）、反應（response）、報償（reward），參見下列圖表。舉例而言，你進入房間時開燈；當你走到房裡發現是暗的，這就是「暗示」；你覺得房裡不要暗比較好，這就是「渴望」；所以，你的「反應」就是去開燈；房間不再黑暗，就是你獲得的「報償」。[8]你可以把這個迴路應用於任何習慣，例如：下班回到家前領取

習慣迴路

郵件；回到家的車道上或門前，這就是「暗示」；希望信箱裡有東西，這就是你的「渴望」；你的「反應」就是去開信箱；「報償」就是取得郵件。不過，就算你手裡拿著郵件，大概連想都沒想過什麼「暗示」、「渴望」和「反應」。

　　形成習慣，把生活中許多基本活動自動化，這是我們大多數無意識使用的一種重要的效率化方法，通常對我們有益。當然，也有種種我們自動化形成習慣的活動，是對我們無益、甚至有害的。我很確定，你一定有這類習慣。或許，經過零食櫃對你提供了一個暗示，你的渴望來自於你知道裡面有你最愛的洋芋片，以及你想要吃的內在欲望。你的反應是走向櫃子，打開包裝袋，抓出一大把。你的報償是酥脆、鹹鹹又油膩的美味……但是，對你的健康沒有益處。有害習慣跟有益習慣一樣，都會自動運作，在你還沒有機會意識到你把那些洋芋片塞到嘴裡之前，它們已經進到你的胃裡。

　　你現在正在追求變得無限，你那些一再出現的有害行為，將會消耗你的超能力，所以你該如何破除你的壞習慣呢？同等重要的是，你該如何建立對你有益的新習慣？

習慣的養成

　　在探討如何破除壞習慣和建立好習慣之前，我們先來了解一種習慣的養成需要花多長的時間。倫敦大學學院學者菲莉帕・拉利（Phillippa Lally）、柯內莉雅・范賈斯維（Cornelia H. M. van Jaarsveld）、亨利・帕茨（Henry W.

W. Potts）、珍‧瓦德（Jane Wardle）等人，讓自願的實驗
參與者經歷培養一種新的健康飲食或運動習慣的過程，例
如：午餐時喝水、晚餐前慢跑等等。他們要求這些實驗對
象每天根據特定的情況暗示，表現這種新行為，持續84
天。他們在研究報告中寫道：「在研究期間，實驗參與者
的自動性不斷地提高，支持『在一貫的境況下重複同一種
行為，將提高自動性』的假說。」這項研究結束時，他們
發現，一項新行為平均花了66天變成習慣；不過，就個
人來說，花的時間不一，有人只花了18天就養成一種習
慣，有人則是花上254天。[9]

　　學界也普遍認為，破除一種壞習慣，其實並非指終結
這項壞習慣，而是以另一種更有益的習慣取而代之。奧勒
岡大學社會與情感神經科學實驗室主任艾略特‧柏克曼
（Elliot Berkman）指出：「比起停止某種習慣性的行為，
而未以另一種行為取而代之，開始一種新行為要來得容易
許多。這也是在戒菸輔助劑當中，尼古丁咀嚼錠或尼古丁
口腔吸入劑，往往比尼古丁貼片更有效的原因之一。」[10]

　　那麼，若建立一種新習慣的過程（例如：每天安排
時間閱讀），基本上相同於終結一種不良習慣的過程（例
如：每次經過零食區，就抓一把洋芋片來吃），它是如何
運作的呢？

　　一如本書討論到的許多事情，幹勁扮演了重要的角
色。史丹佛大學醫學院精神病學與行為科學系兼任臨床教
授湯瑪斯‧普蘭提（Thomas G. Plante）談到破除習慣所需花

費的功夫時說：「這取決於你有多想要破除這個習慣，許多人有矛盾傾向，很想減重，又愛吃導致肥胖的食物；想要少喝一點酒，又喜愛他們的快樂時光；不想再咬指甲，但是這麼做，能夠減輕他們的緊張。所以，一大重點是，你想破除這個習慣的意念有多強烈？其次，這個有問題的習慣存在多久了？破除一個新近養成的習慣，比破除一個存在已久的舊習慣要來得容易。第三，不破除這個習慣，將有什麼後果？你的伴侶將離你而去嗎？你會失去工作嗎？你會生病嗎？若你不改變，將有很糟糕的事情發生嗎？」[11]

史丹佛大學行為設計實驗室創辦人佛格，設計了一個「佛格行為模型」（Fogg Behavior Model），闡明改變行為的必要條件。他指出：「想要發生一特定行為，此人必須有充分的動機（motivation）、足夠的能力（ability），以及有效的觸發（prompt/ trigger）。這三項要素必須同時具備，行為才有可能發生。」[12]換言之，你需要三項要件，才能培養一種習慣：其一，你需要做此事的欲望，因為不論什麼事，若你不是真心想做，極難把它變成一種習慣；其二，你需要具有做此事的技能，因為不論什麼事，若你不具有完成它的能力，近乎不可能把它變成一種習慣；其三，你需要啟動習慣迴路的因子（詹姆斯‧克利爾等人稱此為「暗示」。）下列逐一討論這三項要素。

動機

我們已經探討過動機／幹勁，在此我們從佛格的觀點

「習慣
　若不是
　最好的僕人，
　就是
　最差的主人。」

──納生尼爾・艾蒙斯 Nathaniel Emmons，
　　　　　　　　　　　　　　神學家

來探討這個主題，佛格指出三類主要動因：

1. **快樂／痛苦**：這是最直接、立即的動因，在這類情況下，行為有近乎立即的報償（不論是正面或負面的報償。）佛格說：「我相信，快樂／痛苦是一種原始反應，在飢餓、性，以及其他和自我保護與基因遺傳相關的活動中調適運作。」[13]

2. **希望／恐懼**：不同於前一種動因的立即性，這類動因跟預期有關。當你懷抱希望時，你預期將有好事發生；當你擔心害怕時，你預期將有壞事發生。佛格指出：「這類動因有時比快樂／痛苦類動因更強大，日常行為可以為證。例如，在一些境況下，人們會為了克服恐懼（例如：預期感染流行性感冒）而接受痛苦（施打流感疫苗）。」[14]

3. **社會接納／排斥**：人類總是想被同儕接納，這遠溯至久遠年代時，被放逐可能意味的是死刑；迄今，這種想被社會接納的欲望，依然是一種極為強烈的動因。佛格說：「社會性動機對我們人類可能是天生的，或許對向來依賴群體生活而生存的所有其他生物而言亦然。」[15]

能力

佛格把能力和簡易畫上等號，因為當事情對我們而言簡單容易時，我們遠遠較可能去做。他定義六種簡易性：

1. **時間**：有時間去做，我們才會認為此事簡易。

2. **金錢**：同理，若做這件事得花費相當的財務資源，我們就不會認為它簡易。

3. **體力付出**：體力上容易做到的事，我們認為它簡單容易。

4. **腦力運轉**：簡易的事不需要太費心思，我們很容易逃避太傷腦筋的事。

5. **社會偏常（social deviance）**：這跟前述的「社會接納／排斥」動因有關，簡單容易的行為通常是符合社會規範的。

6. **偏離慣例的程度**：一件事偏離當事人的平常慣例多遠，將決定這件事的簡易程度。

觸發

佛格指出下列三類觸發：

1. **火花**：這種觸發會立刻產生一種動因，例如：若開啟email會使你害怕看到什麼，你可能就會採行一種習慣，改變這種恐懼。

2. **促進因子**：當動機強烈，但能力低時，這類觸發能夠奏效。舉例來說，若你想在電腦上使用某種軟體，但你對科技不怎麼行，若有一種工具能夠幫助你使用這套軟體，就可能促使你採取這種行為。

3. **訊號**：在一些情況下，你有強烈動機和良好能力，唯一需要的是某種提醒或訊號，促使你把一種行為變成習慣。比方說，若你喜歡打健腦奶昔，只要早上走進廚房，看到攪拌機，就會提醒你製作健腦奶昔。

> **⚛ *Kwik Start* 快速啟動**
>
> 你想改掉什麼壞習慣？生活中，有哪一項習慣阻礙你做其他重要的事？請把它寫下來，並且指出是什麼因子觸發你這項習慣：＿＿＿＿＿＿＿＿＿
>
> ＿＿＿＿＿＿＿＿＿＿＿＿＿＿＿＿＿＿＿＿＿
>
> ＿＿＿＿＿＿＿＿＿＿＿＿＿＿＿＿＿＿＿＿。

WIN：如何建立新習慣

「佛格行為模型」告訴我們，特定行為要成為習慣需要哪些條件。我們知道，把有益的行為變成習慣，對我們的成長很重要；我們也知道，破除壞習慣的要訣，在於用比較好的習慣加以取代。但是，要如何把一種行為變成習慣呢？請記住「WIN」這個字：

- **W是「想要」（Want）**：你必須很想要建立這個習慣，若你不想做這件事，幾乎不可能把它變成一種習慣。佛格行為模型中的動因之一，適用於你正在試圖培養的這種習慣嗎？若否，是否有跟這個習慣相近的行為，也許可為你達成相似的結果？

- **I是「固有的」（Innate）**：你試圖培養的這項新習慣，是否和你的固有能力相當一致？切記，若你一直難於採取行動，不大可能把它變成習慣。若你試圖培養的習慣，是你擅長或你知道自己能夠擅長的事，那就大有希望。

- **N是「現在」(Now)**：你可以主動創造觸發，鼓勵自己現在就執行新習慣。例如，在你的手機上設定提醒，或是在辦公室放一樣東西，使你記得抽出時間去做你決心要做的事。

一次一個習慣

若你仍在懷疑，建立好習慣能對你的人生產生多少影響？且聽我分享一個故事。項先生有精神分裂症和憂鬱症，經常聽到聲音叫他傷害自己或他人，因為精神疾病，他受到了幾項限制。在找到適當醫療、完成最近一回合的治療後，他發現了我的播客，學了一些我傳授的方法。於是，他開始經常上網聆聽、參與「快克挑戰」(Kwik Challenge)，這是我帶人們做的一系列練習，為他們的思維引進新觀點，讓他們的頭腦保持學習。

起初，這對項先生而言頗為困難，但他聚焦於只做兩項挑戰：用他的非慣用手刷牙，以及每天早上洗冷水澡。他每週增加待在冷水下的時間一分鐘，這使他發現自己也能夠做到困難的事情。每天早上站在冷水下沖個幾分鐘，使他認知到他在生活中為自己的局限努力。後來，他開始把從「快克挑戰」中學到的有關習慣與行為轉變的啟示，應用到其他領域。

項先生的生活有了顯著改善。他考到了駕照；他改變飲食，戒掉加糖飲料；他開始每天早上到公園慢跑五分鐘。他也開始閱讀，第一本書是卡蘿‧杜維克的《心態

致勝》；在閱讀的同時，他聽巴洛克音樂，避免被幻覺分心。他花了一個月才讀完那本書，但是讀完了以後，他產生前所未有的信心，前往圖書館成為他的固定習慣。項先生甚至把學習往前推了一步，註冊當地大學的電腦課程；最棒的是，他現在相信自己是個終身學習者。

也許，你過去試圖改變習慣的所有嘗試都失敗了，導致你認為這類嘗試注定永遠都不會成功。項先生的故事顯示，一次只改變一、兩個小習慣，就能夠獲得驚人進展。用你的非慣用手刷牙，如此簡單的一個改變，就可能開啟全新的生活。

建立一套晨間慣例

為什麼晨間慣例非常重要？我強烈相信，若你用一系列簡單活動，強力啟動你的頭腦、強力啟動一天，你就擁有巨大優勢。在一天的開始建立致勝慣例，可以得益於潛能開發專家東尼・羅賓斯（Tony Robbins）所謂的「動能科學」（science of momentum）：一旦你成功啟動，保持運轉所需要的動能，遠少於試圖從靜止狀態開始啟動需要的動能。

我有一套小心建立的晨間慣例，幫助我在需要準備好心智的那天順順利利。我不是每天都做全部的活動，尤其當我旅行在外時，但我總是做絕大多數的活動；我很確定，這讓我的心智從起床的那一刻起，為表現、生產力及正面積極做好準備。

接下來，讓我敘述我的尋常早晨。

在下床之前，我先花點時間回想我做的夢。夢是你的潛意識在你睡覺時運作的一種表達，這是一座可挖掘的金礦。歷史上有許多傑出人士，經常從夢中獲得最佳點子，獲得最傑出的發現。比方說，瑪麗・雪萊（Mary Shelley）在夢中獲得《科學怪人》（*Frankenstein*）的點子；保羅・麥卡尼（Paul McCartney）從夢中獲得靈感，創作出〈昨日〉（"Yesterday"）這首歌；愛因斯坦的相對論靈感，也是源於他的夢。

因此，每天早上醒來，連床都還沒下，我做的第一件事，就是回想我做的夢，看看夢中是否出現任何有益於我正在做的事的點子。我知道，有些人難以回想起前一晚做的夢，所以我將提供你一個快速記憶法，幫助你回想你的夢，你只需要記住「DREAMS」這個字：

- **D是「決定」（Decide）**：在前一晚，你有意識地作出決定 —— 睡醒後，你將回想你做的夢。若你決定了這個意圖，你回想起夢境的可能性，就會大大提高。

- **R是「記錄」（Record）**：床邊放紙筆，或是在手機上下載好一套記錄用的應用程式。一醒來，就馬上記錄任何殘留於你記憶中的夢境。

- **E是「眼睛」（Eyes）**：早上一醒來，繼續閉著眼睛。夢可能在幾分鐘內就消失，繼續閉著眼睛，能夠幫助你回想。

- **A是「申明」（Affirm）**：睡前，申明你將要記住你所做的夢，因為申明是實現與成事的一項重要工具。

- **M是「管理」（Manage）**：管理你的睡眠和建立良好的睡眠慣例很重要，原因很多，但在這裡，是為了記得

你所做的夢。

- **S是「分享」（Share）**：和他人講述你的夢，將使你回想起更多夢境，並且建立深入挖掘夢境、以供稍後討論的慣例。

下床後，我做的第一件事是整理床鋪，這是一個成功的習慣，是我當天的第一個成就。這是一項輕而易舉的勝利，還有一個附帶的好處 ── 使我的就寢時間更愉快，因為晚上躺到一張鋪好的床上，總是令人更愉悅。正因此，在軍中，他們訓練你早晨第一件事就是整理床鋪，因為這使你為當天所做的每件事做好卓越準備。

整理完床鋪，我會喝一大杯的水。早晨補充水分是非常重要的事，因為睡眠時，透過呼吸，我們的身體失去了大量水分。別忘了，我們的腦部有大約75％是水，若要激發腦部就需要補充足夠的水。我也會喝一杯芹菜汁，增進免疫系統，幫助沖掉肝臟裡的毒素，修復腎上腺 ──在此向提出這項建議的醫療靈媒安東尼・威廉（Anthony William）致敬。接著，我會吃益生菌，使我的第二大腦獲取所需。

然後，我用非慣用手刷牙，這麼做是為了訓練頭腦去做困難的事，因為這能刺激腦的另一個部位，也能迫使我專注於當下。在使用非慣用手刷牙時，為了把它做好，我不能做其他事。

接著，我做三分鐘健身。這不是我的全部健身鍛鍊，我只是要藉此讓我的心率在早晨提高，這有助於睡眠及體

重管理，並且讓腦部充氧。

　　結束三分鐘健身後，我會去沖個冷水澡。聽到一大早沖冷水澡，想必有些讀者會打哆嗦，但是這種冷療非常有助於重置神經系統，有助於減少發炎。

　　沖完冷水澡，我進行一連串的呼吸鍛鍊，讓身體充滿氧氣。然後，我做二十分鐘的冥想，讓自己能夠以清澄的心智展開一天。我使用我的冥想教練艾蜜莉・芙萊契開發的「齊華冥想」法（Ziva Meditation），這是一套三步驟的流程，包括正念（mindfulness）、冥想（meditation）、顯化（manifestation，思考你真正想要什麼，例如，你夢想的工作、關係、生活或假期是什麼模樣。）

　　接下來，我會製作「健腦茶」——混合雷公根（gotu kola）、銀杏、猴頭菇、中鏈脂肪酸油（MCT oil），以及其他幾項材料。然後，我坐下來花點時間寫日誌，把當天的第一批想法寫下來。我每天的目標是完成工作上的三件事，以及私人的三件事，我在此時訂定議程。接下來，我會閱讀大約半小時，我訂定的一個目標是一週閱讀起碼一本書，我把閱讀變成晨間慣例，讓自己能夠貫徹目標。

　　最後，我會喝我的「健腦奶昔」，混合了上一章談到的許多健腦食材（你也許會好奇，不，我沒有在奶昔中加入鮭魚。）

　　不可否認，這套晨間慣例需要相當多的時間，如同我在前文說過的，我無法天天都這麼做。若你覺得你似乎無法在早晨做這麼多事（尤其你早上還得照料其他人的

話），我當然可以理解。不過，若你閱讀這本書的目的是想升級你的頭腦，那麼這種早晨慣例的變化版本，是不可或缺的一部分。下列是建立類似的早晨慣例的重點：

- 下床前，回想你的夢，夢裡有很多的黃金，所以我強烈建議你別省略這一步。
- 為你的身體補充水分和氧氣。
- 用上一章提到的一些健腦補腦食物，幫自己補充營養。
- 為這一天做規劃。

　　若你在早上至少做到這四件事，將會順利使你的頭腦加速進入活力充沛的運轉。盡你所能把愈多這些事安排於一天的開始，最重要的是擁有有益的晨間慣例，每天有個好的開始，這對一整天的影響之大，我再怎麼強調都不為過。

✻ *Kwik Start* **快速啟動**

建立你的新晨間慣例。記得，你可以不用做很多事，就算是簡單三步驟也行，也有助於強力啟動你的早晨。所以，早上醒來後，你打算做哪三件事當作慣例，為一天做好成功準備？請把它們寫下來：

1. _____

_____

2. _____

_____

3. _____

_____

閱讀下一章之前，請做這些練習

　　每個人都有習慣，有意識地在生活中建立有益的新習慣，並且用更好的習慣取代壞習慣，將把你的超能力提升至新的水準。閱讀下一章之前，請先做下列這幾件事：

- 加強你對習慣迴路的了解，思考你的一些最常見習慣（例如：早餐或遛狗）的四個部分 —— 每個習慣的暗示、渴望、反應及報償是什麼？

- 花幾分鐘想一個你希望以更有益的新習慣取代的現有習慣，使用「佛格行為模型」，你可以採取什麼符合此模型的新行為？

- 使用「WIN」（想要、固有的、現在），思考如何開始一種對你有益的新習慣。

「換個方式來說，
心流是
克拉克・肯特
（Clark Kent）
換衣服的電話亭，
是超人
現身的地方。」

—— 史蒂芬・科特勒 Steven Kotler，
心流基因體計畫共同創辦人、
暢銷書作家

⑩

心流

心流對於變得無限為何如此重要？

我要如何進入心流？

心流的死敵有哪些？

　　我相信你有過這樣的體驗：你完全投入於正在做的事，其他一切都消失了，感覺這是你做過最自然的事，在這些體驗中，你渾然忘我，時間飛逝。時常有人告訴我，他們全神貫注做事，以至於沒有發現時間已經從下午到晚上了，或是壓根忘了吃飯。

　　這種體驗就是心流。

　　心理學家米海·契克森米海伊（Mihaly Csikszentmihalyi）在其開創性著作《心流》（*Flow*）中如此描述心流：「心流是一個人全神貫注於一項活動，到了渾然忘我的境界；這種體驗是那麼地美好，以至於人們會為了擁有，願意付出高代價。」在契克森米海伊看來，心流是「最優體驗」（optimal experience）的表現。[1]

　　契克森米海伊敘述心流有八個特徵：[2]

　　1. 全神貫注；

　　2. 完全聚焦於目標；

3. 感覺時間飛逝或慢了下來；

4. 從體驗中感受到回報；

5. 感覺不費力；

6. 是一種富有挑戰性、但挑戰度不會過高的體驗；

7. 你的行動好像近乎自動發生；

8. 你對自己正在做的事情感到很自在。

你可能有過這種體驗，心流狀態大大提高了你的生產力。研究報告指出，心流可使你的生產力提高達五倍。麥肯錫管理顧問公司的研究人員，甚至想像心流狀態普遍的人力樣貌：

舉例而言，在巔峰表現練習中，我們詢問主管，他們處於巔峰狀態時的平均生產力，比平時高多少？我們獲得的回答不一，但高階主管最普遍的回答是提高五倍。多數主管表示，他們和員工處於巔峰狀態的工作時間不到10%，但也有一些人聲稱，有高達50%的工作時間感覺處於巔峰狀態。若在高智商、高情商及高意義商數（Meaning Quotient, MQ）環境下工作的員工，在巔峰狀態時的生產力比平時的生產力高五倍，想像哪怕只是增加20%的巔峰時間，全員的生產力將會提高多少？近乎倍增。[3]

心流致勝

　　我們的社群成員派屈克，一直受到注意力不足過動症（ADHD）及無法專注的困擾。他從小就有這個問題，很容易分心；或者，反過來說，他有超專注（hyperfocused）而無法顧及周遭人事物的問題。派屈克在巴西柔術比賽中也遭遇這個問題，他難以決定該用什麼招式對付對手，覺得自己彷彿試圖同時使用所有招式，儘管其中許多招式並不適合當下境況。無法專注的問題影響他的工作、家庭生活、他喜愛的運動，他幾乎時時刻刻都感受到高度壓力。

　　有一天，他聽了我的播客，聽到有關心流階段（見下文），以及其他幾種高效能習慣。他把學到的東西應用於日常生活，立見成效。後來，他得以辨識並了解他的問題癥結，讓自己能夠比以往更專注做事，這當中的關鍵在於心流。

　　在接下來的巴西柔術比賽中，派屈克能夠保持高度專注，擺脫以往的分心問題，快速進入心流狀態……他感覺自己就像《駭客任務》演的那樣，能夠在對手採取行動之前就知道下一步是什麼。更棒的是，派屈克也能在其他生活領域進入心流狀態。他在武術比賽中的表現愈來愈好，在其他生活領域的表現也愈來愈好。派屈克感覺自己終於擺脫了無止境糾纏著自己的高壓力，相信自己能夠解脫，更享受生活。

心流的四個階段

心流狀態有一個可預測的形成弧，我的播客來賓、心流研究社（Flow Research Collective）的創辦人、《超人崛起》（*The Rise of Superman*）一書的作者史蒂芬·科特勒（Steven Kotler）指出，心流有四個階段：[4]

階段1：努力。

你深入挖掘為了進入心流狀態所需要的條件，這可能是鍛鍊方案、密集研究、腦力激盪，或是你專注的任何事情。警告：這個階段往往令人感覺像在苦苦掙扎，和心流恰恰相反。

階段2：放鬆。

在充分進入心流狀態之前的暫歇；這是必要的一步，能夠讓你免於因為前面的努力階段而精疲力盡。這種暫歇——去散散步，或是做一些深呼吸，或是任何能夠幫助你放鬆的事，絕對不同於分心，例如：轉向另一件工作，或是去查看運動賽事的比數。

階段3：心流。

科特勒形容這個階段是「超人體驗」（the superman experience），這是你在生活的各種時點可能已經體驗過的心流狀態，你作出最佳發揮，而且似乎是自然發生的。

階段4：匯總。

在這個最後階段，你把你在心流階段完成的所有東西

匯總起來。通常，這個最後階段伴隨著一種鬆懈感；在心流階段，種種正面、有益的化學物質流經你的腦部；現在，高潮已經結束，但是另一回合可能即將來臨。

科特勒認為，進入心流是幹勁的「源碼」，當你進入心流狀態，你獲得頭腦能夠為你提供的「堪稱最強大的化學物質賞賜」，因此他認為心流是地球上最令人上癮的境界。當我們開始感覺到心流時，就會被激勵盡所能獲得更多心流。不過，這是一種迴圈關係：若你有幹勁完成一件事，但沒有心流，你終將精疲力盡。幹勁與心流必須合作，透過穩固的復原協定（例如：良好睡眠和營養）相互結合，才能發揮最大綜效。

> **✺ Kwik Start 快速啟動**
>
> 你曾經體驗過心流嗎？當時你身在何處？在做什麼？感覺如何？最後，你達成了什麼？想像一下，把心流狀態視覺化。＿＿＿＿＿＿＿＿＿＿＿＿
>
> ＿＿＿＿＿＿＿＿＿＿＿＿＿＿＿＿＿＿＿＿＿＿＿＿
>
> ＿＿＿＿＿＿＿＿＿＿＿＿＿＿＿＿＿＿＿＿＿＿＿＿

進入心流

若你想要變得無限，應該盡可能讓自己經常進入心流狀態。該怎麼做呢？我在此提供五種方法。

1. 去除分心事物

前文曾談到把分心事物減至最少的重要性，若你想讓自己進入心流狀態，絕對必須去除分心事物。一旦從正在做的事情分心後，可能得花上20分鐘，才能再度進入狀況。若因為一則簡訊進來，轉移你的注意力；或者，你想快速查看一下社群媒體，再返回工作，如此不時地重新啟動，怎麼可能進入心流狀態呢？所以，請把其他事情擺一邊，完全專注於你正在做的事。

2. 給自己足夠的時間

必須有一段足夠的時間，才可能進入心流狀態。一般相信，當境況條件適當，大約需要經過15分鐘，才會進入心流狀態，而且在接近45分鐘時，你才會真正達到你的巔峰狀態。所以，只撥出半個小時左右，無法讓你成就多少，請規劃至少90分鐘的時間，最好是滿滿的兩個小時。

3. 做你喜愛的事

一想到心流，我們往往想到那些極高水準成就的人，例如：在比賽中表現近乎完美的運動員；吉他獨奏精湛的音樂人；文思泉湧、彷彿在口述、而非創作的作家。這些人的共通點是，他們在做對他們而言非常重要的事情，不會只滿足於平庸表現，因為他們並不是在做跟自己只有隨意關係的事，而是在做自己喜愛的事。

我和人們談論心流這個主題數十年了，不曾聽過有人提到在做純粹打發時間的事時進入心流。這就像開一輛破

車和開一輛全新奧斯頓・馬丁（Aston Martin）的差別，兩輛或許都能把你送達辦公室，但你可能只對其中一者的駕駛體驗真的感興趣。若你討厭自己正在做的事，或是做這件事情的大部分時間令你感覺乏味，這些負面情緒將阻礙你進入心流。

4. 有明確的目標

妨礙心流的最大因素之一是欠缺明晰，若你不知道自己試圖達成什麼，到處尋找任務，你可能無法進入心流狀態。我的一位朋友是小說家，他把構思情節的工作和實際撰寫內容的工作區分開來，正是基於這個理由。對他而言，構思情節是艱難的工作，經常斷斷續續，但他非常享受實際撰寫的工作，為故事斟字酌句，使故事角色活靈活現。先構思情節，完成後，接下來，任何一天，他知道這天要寫什麼。於是，他經常在寫稿時進入心流狀態，渾然忘我，一寫就是好幾個小時。

所以，安排出時間後，你必須清楚使用這段時間的明確目的。若你一開始就有一項任務，而且是你興奮於達成的事情，你就可能深深沉浸於這項任務中。

5. 給自己一點挑戰性

和他人談論心流時，我經常聽到他們說，當他們在做有點挑戰性的事情時，最有可能進入心流；換言之，他們步出安適區，但沒有離安適區太遠。這其中的道理很顯然：當你在做自己能夠輕而易舉做到的事情時，可能很快

就會感到乏味、生厭，而乏味和心流是不相容的。

　　另一方面，若你做的是感覺極為困難的事，可能會受到挫折；在挫折之下，也難以進入心流。但是，若你做的是自己喜愛的事，而且也有適度的挑戰性，例如：試圖把球擊向外野、嘗試一種新的吉他調音方式，或是從一個新角色的觀點來寫故事情節等等，這種程度的挑戰性可能保持你對工作的刺激興奮感，使你全神貫注。

擊退心流的死敵

　　訓練自己經常進入心流，甚至一天中多次進入心流，將讓你表現得像個超級英雄。不過，我們全都知道，超級英雄經常受到超級惡棍的襲擊，一些超級惡棍潛伏在各個角落，盯著你的心流，試圖熄滅它。若你想順利進入心流，必須提防下列這四個超級惡棍。

1. 多工作業

　　前文談過這個，本章也提過，但值得在此重複。「多工作業高手」並非「無限」的同義詞；事實上，研究一再顯示，多工作業者的生產力，明顯低於那些每次只專注在一件工作上的人。你現在已經了解心流了，應該知道多工作業是進入心流狀態的死敵。若你一邊和同事核對工作事宜，發送一則簡訊給朋友，閱讀公司的電子郵件，你永遠無法進入心流狀態，創作出那首精采單曲，或是寫出那份令人大聲鼓掌的簡報說明。為了擊退多工作業這個超級惡

棍，唯一的方法就是完全不理他，在你的行程安排中清除
所有旁鶩，每次只專注在一件工作上，以便進入心流。

2. 壓力

　　這個超級惡棍尤其歹毒，有時需要大力奮戰，才能擊
退。若你的生活中有很多外部壓力因子，例如：截止日
期、關係問題、家庭問題、擔心工作飯碗等等，它們可能
在任何時刻悄悄出現狙擊你。我相信你有過這樣的經驗：
你思考做全然不同的某件事，突然被一股焦慮伏擊，提醒
你別忘了家裡的一些問題。一旦想法浮現你的腦海，任何
進入心流的機會都被粉碎了。為了擊退這個超級惡棍，你
需要有技巧的兩步行動：首先，在開始之前，正視這個超
級惡棍，問自己，在你能夠進入心流狀態之前，是否有任
何絕對必須先處理的事？若有，那就先處理這件事。不
過，答案很可能是否定的，這並非指那些壓力因子不真
確，但它們通常不需要你的立即注意，現在算起的兩個小
時後，它們並不會變得更糟。當答案為「否」時，請搭建
起你的力場，使外部壓力因子無法入侵，好讓你能夠全神
貫注於手邊的工作。

3. 害怕失敗

　　《今日心理學》（*Psychology Today*）特約撰稿人暨前總
編海拉・艾斯特洛夫・馬拉諾（Hara Estroff Marano）寫
道：「完美主義會削弱創造力及創新，是負面情緒的持
續源頭。被它抓牢的人，總是聚焦於他們最想避開的東

西 —— 負面評價，而不是朝向正面樂觀。完美主義是一張永遠打不完分數的成績單，使人完全只關注做不完的自我評量，導致持續的挫折感，注定焦慮和沮喪。」[5]若你開始做一件事時，帶著一個信念，認為自己絕對必須把這件事做到完美，失敗的話，將會有極嚴重的後果；那麼，你會因為太過聚焦於不能失敗，導致無法進入能夠卓越表現的狀態。

還記得前文提過，進入心流的理想條件之一，是稍微離開你的安適區嗎？當你這麼做時，凡事第一次就做對的可能性將會降低，若你讓完美主義這個超級惡棍在此時主宰你，你的心流將會喪失。為了擊退這個超級惡棍，你必須說服自己相信，不完美不但是OK的，也顯示你在逼自己進步。

4. 缺乏信念

惡毒程度跟完美主義差不多的另一個超級惡棍是，對你正在做的事情欠缺信念。情緒智商測驗機構TalentSmart總裁崔維斯・布萊德貝利（Travis Bradberry）指出：「大腦視不確定性為一種威脅，因而刺激分泌皮質醇（可體松），這是一種壓力荷爾蒙，損害記憶，削弱免疫系統，增加高血壓及憂鬱症風險。」[6]

若你不相信自己將達成任何重要的事，這鐵定就是你將會得到的結果。若你要做一件事時，懷疑自己的完成能力，請自問：我有做這件事的必要技能嗎？我有做這件事

需要的資訊嗎？我有做這件事的足夠熱情嗎？若有任何一個問題的回答是：「沒有」，請把這件事擱置一邊，直到你對這些疑問都能作出肯定的回答。若你的三個回答都是：「有」，那就扳倒這個超級惡棍，進入心流。

閱讀下一章之前，請做這些練習

　　心流是最棒的至高體驗之一，也是變得無限的必要境界。現在，你應該更了解心流是什麼，以及如何進入心流狀態了。閱讀下一章之前，請花點時間嘗試下列這幾件事：

- 回想你曾經進入心流狀態的幾個經驗。你當時正在做什麼？這些體驗有什麼一致之處？你可以如何更常獲得這種體驗？

- 拿出你的行事曆，在接下來幾天，找到你可以騰出90分鐘到兩個小時的時段，這必須是你能夠擺脫所有分心事物的時間。想想看，你打算用這段時間來做什麼，以大幅提高你的生產力？

- 你有多常在進行或打算進行一件事時，被本章談到的超級惡棍之一盯上？在進入你的下一項計畫之前，你現在能夠做什麼，擊退這個超級惡棍？

「21 世紀的文盲
將不是那些
無法讀寫的人，
而是那些無法
學習、忘掉、
重新學習的人。」

──艾文‧托佛勒 Alvin Toffler，
　　已逝未來學家

第四部

無限方法

「如何」

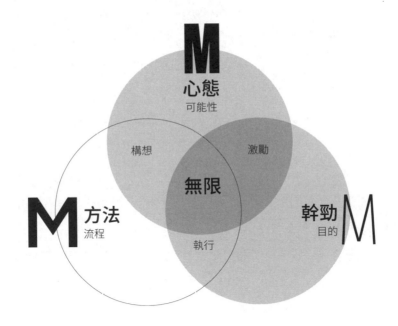

方法 method

達成某件事或某個目標的特定流程,尤其是有條理、符合邏輯、有系統的操作方式。

截至目前為止，你已經學到變得無限的兩項要素：如何以正面積極的心態對待每一天；如何以最適量的幹勁這麼做。不過，還有一個 M，使得無限的人有別於被自身局限拘礙的人，那就是「方法」（methods）。

方法是達成某件事的程序或流程，在本書的無限模型中，方法是「學習如何學習」（也稱為「元學習」）的流程。我們在傳統教育制度下接受教育時，被傳授的是非常老舊、缺乏效率的學習方式，例如默讀和死記。如同我在本書一開始所言，當我是個「腦袋壞了的男孩」而苦於學習時，我並非毫無能力學習，但無法以我被教導的學習方式學習成功。直到我熟悉了一種新的學習方式 —— 你將在接下來幾章看到這些學習方法，我才終於能夠善用我的頭腦。

在本書的最後這一部，你將學到五個領域的加速學習及元學習，包括：專注、研習、記憶、速讀、思考，這是我們在「快速學習」教導個人及組織的五套旗艦課程。請特別注意接下來每一章的起始問題，並且務必嘗試我提供的所有練習。我想，一旦你開始使用這些方法，你就會經常使用。我相信，你會訝於這些方法的成效。

「每當你想要
達成一件事，
保持你的雙眼睜開、
專注，
務必清楚
你想要達成什麼事。
因為沒人能夠
閉著眼睛
擊中目標。」

—— 保羅・科爾賀 Paulo Coelho，
《牧羊少年奇幻之旅》作者

⑪
專注

我可以從最專注的自己身上學到什麼？

我可以如何提升專注力？

我該如何控制分心，使忙碌的心智平靜下來？

　　展現超級英雄水準的人和從未能發現自身超能力的人，有何差異？很多時候，差別在於專注。我相信，在你的生活中，一定有很多非常專注於一件事務上的經驗，可能是撰寫一份非常重要的報告，可能是聆聽你喜愛的一位導師開導，可能是狼吞虎嚥一碗你喜歡的冰淇淋。這些事，你做得如何？可能很好：寫出你生平最佳的報告之一；從你的導師那裡學到非常多東西；津津有味地享受著冰淇淋，彷彿它是世上最後的甜品。之所以發生這種情形，是因為你能夠訓練自己專注於手邊事務，立刻做這件事，不讓任何事物導致你分心。那麼，為何多數人保持專注的能力十分有限呢？我認為，是因為我們從未被教導如何專心，我不記得我小學時有上過如何保持專注的課程。

　　你還記得你孩提時，在晴天帶著放大鏡到戶外的情形嗎？你把放大鏡放在一片葉子上方，看到葉子上一個非常明亮（bright）的焦點，然後葉子開始冒煙、燃燒起來。

很酷,對吧?把更多的太陽熱度集中在這片葉子上,明亮焦點出現的地方,就是最熱之處。有趣的是,當我們談到某人聰明時,英文中經常使用「bright」這個形容詞。回到放大鏡這個類比,當我們說此人遠比多數其他人更聰明時,或許,實際上,此人並不是更「聰明」,而是他/她更專注。

專注使我們在一項特定事務上,訓練我們的腦力透過這項事務燃燒發光。當我們專注時,比較可能獲得驚人成就;當我們不夠專注時,比較不可能達成我們想做的事,因為不管在情緒上或生理上,我們都沒有那麼投入於這件事。專注的首敵,就是分心。

✨ Kwik Start 快速啟動

用0到10分評量你目前的專注程度,然後評量你想提高這專注水準的渴望程度。你的專注力就像肌肉,可以透過練習,訓練得更強壯。_____

_____

_____

練習專注

印度僧人丹達帕尼(Dandapani)在我的播客節目中告訴我:「專注是所有人類成就與努力的關鍵要點,若你無法專注,就無法表現卓越。」[1]丹達帕尼的意思是,專

注是你想成就任何事的一項關鍵要素；但是，一如我們已
經討論過的許多其他東西，我們從未被教導如何專注。我
們的父母及老師，可能會要求我們要更專心一點，甚至批
評我們不專心：「你為什麼不能專心一點？」，這個問題
的答案是，我們多數人從未學過如何專注。

　　丹達帕尼指出，專注就像肌肉，愈鍛鍊，就變得愈
強健。他說：「專注是你可以學習的東西，是你可以練
習，變得更擅長的事。」[2]但是，絕大多數人練習的卻是
分心，我們讓心智從一個思想跳到另一個思想，經常使用
各種科技幫助自己練習分心，直到成為非常會分心的專
家 —— 怎麼可能不成為分心專家呢？我們經常一天練習
至少十幾個小時呢。試想，哪怕我們只是把這其中一部分
的時間拿來練習專注，大概早就成為專注力專家了。

　　丹達帕尼用一種非常清晰的方式看待這點：「我把專
注力定義為讓我的意識保持於一件事情上一長段時間的能
力，每當我的專注力飄移時，就使用我的意志力把意識帶
回來。」[3]

　　多數人把不專心想成我們的心智從一處跳到另一處，
丹達帕尼有一個更有益的不同比喻。他認為，並不是你的
心智跳來跳去，而是你的意識跳來跳去。他把意識視為一
顆發光的球，在你的心智中的各部位移動。為了善於專
注，你必須訓練自己讓那顆發光的球，持續一長段時間停
留在心智中的一個點，也就是你目前正在做的事情上。一
開始，這並不容易，但只要刻意這樣努力施展你的意志

力，就可能產生很好的結果。

　　近乎做任何事時，你都可以這麼做。若你正在和某人交談，你可以努力專注在交談上，別去注意其他事。若你發現你的意識從談話中飄向別處，請重新聚焦你的發光球。若你正在閱讀一份工作報告，訓練你的目光只專注於報告文字上，彷彿別無他物存在。同樣地，若你注意到你的意識之光開始照射別的東西，把光球帶回到這份報告上。如果你每天練習專注大約一個小時，很快就會習慣成自然。

　　只要可能，每次只做一件事。在上一章，我們稍微了解多工作業的壞處，現在只要記得，多工作業是非常缺乏效率的工作方式，請你盡可能一次專一地做一件事。若你正在講電話，別同時去看社群媒體；若你正在做早餐，別同時安排你今天的待辦事項清單。一次只做一件事，你的專注力「肌肉」將會變得極強壯，你的聚焦力將達到無限水準。

　　提升專注力的另一項要領是清理你的環境，去除雜亂。普林斯頓大學所做的一項研究發現：「當視野中同時存在多個刺激物時，它們相互競爭神經表述（neural representation），它們在視覺皮質區（visual cortex）到處相互排擠壓抑各自激發的腦部活動，各自企圖為視覺系統的有限處理能力提供一種神經關聯。」[4]用白話文來說，就是環境中的雜亂物競爭你的注意力，導致你的工作表現欠佳，增加你的焦慮和壓力。

所以，若你想變成專注高手，當你很需要專心時，請除去所有可能導致你分心的事物。若你正在用電腦工作，你可以先關閉所有無關的應用程式和網頁，並且減少你的工作空間裡的物品數量。許多人認為，辦公桌上堆放書籍、雜誌、報告、孩子的照片、從假期中帶回來的紀念品等等，可以營造出溫暖、舒適的感覺，甚至是思維活躍的一種象徵；但是，這些物品每一項都會拉走你的專注力。傳家寶很美好，你也知道我對書籍的感覺，但是在你最需要展現生產力的工作環境中，請盡量減少擺放這類物品。

平靜你的忙碌心智

想要保持專注，你不只需要對手邊的事務上心，也必須要有能力撇開分心事物，把全副注意力集中在你正在做的事情上。但是，現在還有可能做到這點嗎？現在，大多數的人同時在多種裝置上操作，每種裝置上通常同時開啟多種應用程式。我們要出席會議，要回覆電子郵件和簡訊，要更新社群媒體狀態，還有多項專案在進行中。可是，正因此，設法平靜你的心智，更顯重要。

你甚至可能沒有意識到，你每天接收到的種種訊息及事務，對你造成了相當的壓力。甚至，你可能跟許多人一樣，認為這是好事，因為這意味著你忙碌，忙碌代表你作出貢獻。或許這是真的，卻導致了不必要的焦慮。

心理學家、《抗壓大腦》（*The Stress-Proof Brain*）一書作者梅蘭妮・葛林柏格（Melanie Greenberg）指出：「焦

慮的思想可能壓倒你，導致你難以作出決策和採取行動，應付困擾你的問題。焦慮也可能導致你想太多，想太多導致你更加焦慮，這又導致你想得更多，如此循環下去。如何才能擺脫這種惡性循環呢？壓抑焦慮思想是行不通的，它們會再度浮現，有時只會反彈得更嚴重。」[5]

　　工作留白顧問公司（Whitespace at Work）執行長茱麗葉・芳特（Juliet Funt）把空白描述為：「思考的時間，忙碌之間的策略性暫停。」[6]她在我的播客節目中說：「空白是讓一切東西可以燃燒起來的氧氣。」

　　葛林柏格和芳特指的是，我們全都需要更多心智不雜亂的時間。很顯然，這對我們的心智健康有正面影響，但這麼做也將大大改善我們的專注力和生產力，這點就沒那麼顯然了，神經科學領域的一些研究凸顯了這點，讓我們知道分心實際上如何改變我們的大腦。例如，倫敦大學學院所做的一項研究，比較重度媒體多工作業者的腦部和輕度媒體多工作業者的腦部，發現前者的前扣帶皮層（anterior cingulate cortex）比較小，這是涉及專注力的大腦部位。相反地，德國馬克斯－普朗克研究院（Max Planck Institute）所做的一項研究發現，接受訓練增進注意力的人，前扣帶皮層變得較厚。[7]

　　此外，分心可能是嚴重耗損時間的時間黑洞。加州大學爾灣分校所做的一項研究顯示，分心可能如何嚴重破壞你的一天。這項研究報告的領銜作者葛蘿莉雅・馬克（Gloria Mark）說：「你必須完全轉換你的思考，得花

好些時間才能進入熟稔的工作狀態，一旦分心後，你又得花好些時間返回、記起自己剛才做到哪裡了。我們發現，被中斷的工作，82％在當天恢復；但壞消息是，平均得花23分15秒才能重返工作。」[8] 也就是說，你每次分心，就得浪費超過20分鐘；請問，你每天分心多少次？

透過冥想、瑜伽、某些武術等等方式，非常有助於平靜你忙碌的心智。但若你正在工作或其他活動行程中，無法離開超過幾分鐘，你還是可以做一些有幫助的事，下列是三種重要方法，請記得試試。

1. 深呼吸

第9章分享過把深呼吸納入晨間慣例的好處，不過，在任何時候，當你需要重新聚焦時，深呼吸都很有幫助。全人照護專家安德魯・威爾（Andrew Weil）發展出「4 － 7 － 8呼吸法」，呼吸方式如下：

- 從嘴巴完全吐氣，發出呼聲。
- 閉上嘴巴，靜靜地從鼻子吸氣，心裡數4下。
- 摒住氣，心裡數7下。
- 從嘴巴完全吐氣，發出呼聲，同時在心裡數8下，把氣吐完。

這四個步驟是一次深呼吸，重複四個步驟三次，總共做四次深呼吸。[9]

2. 去做那件一直讓你感受到壓力的事

　　前文也談過，你一直逃避、拖著不做的事，將會導致你的壓力。俄國心理學家布魯瑪・蔡格尼的研究使我們知道，該做而未做或未做完的事，會一直積壓在我們心頭，形成壓力和心理負擔，直到我們做完這件事。若你難以專注，或是一心同時多用，原因很可能是有什麼你必須做、但一直逃避去做的事。若是這種情形，做點「4 － 7 － 8 呼吸法」，處理這件導致你壓力的事，你就能更專注地做其他事。

✨ *Kwik Start* 快速啟動

你一直逃避去做、因而影響到你的專注力的一件重要事務是什麼？_____

_____

_____。

---

3. 安排時間給導致你分心的事務

　　當你必須專注時，關掉你的手機和電子郵件或許不易，但是若你能夠說服自己這麼做，非常好。其實，相對來說，這兩項是比較容易做到的，比較難避開的分心是，當你試圖專注完成某件事情時，心頭不時浮現其他的擔心及責任。你視這些事情為憂心或責任，是有理由的，這使

你更難把它們從你的心思中揮除，而處理方法之一就是如同前述，直接去做這件令你掛心的事。但是，在一些情況下，你不可能這麼做，所以你可以試試在行程表上，安排明確時間去做這件事。光是說：「我稍後處理」，不大可能就此讓這件事退出你的心頭二十分鐘，但若你說：「我會在下午 4:15 處理」，它很可能就暫時不會來打擾你了。

🧠 *Kwik Start* 快速啟動

安排你下一個處理分心事務的時段：＿＿＿＿＿＿

＿＿＿＿＿＿＿＿＿＿＿＿＿＿＿＿＿＿＿＿＿＿＿

＿＿＿＿＿＿＿＿＿＿＿＿＿＿＿＿＿＿＿＿＿。

閱讀下一章之前，請做這些練習

想要釋放你的超能力，關鍵之一是提升你的專注力。當你的心思非常專注時，當你全神貫注於一件事務上時，你的成就水準是你分心或一心多用時不可能做到的水準。閱讀下一章之前，請花點時間嘗試下列這幾件事：

- 仔細檢視你的待辦清單，想想看有沒有哪些事情（念頭），可能會不斷地浮現在你的心頭？研擬計畫，想想看你可以如何使用你現在習得的一些戰勝拖延症的方法，有效處理這些事項。

- 現在就採取行動，改變你的生產力環境，使你在工作上的表現更好。

- 練習一個平靜忙碌心智的方法。這個方法對你有效嗎？若有效，就經常使用。

「最能拓展心智的，
莫過於
有系統地探索
與研究的能力。」

——馬可・奧理略 Marcus Aurelius，
羅馬帝國「哲學家皇帝」

⑫

研習

若我要成為終身學習的學生,該如何優化我的研習時間?
臨時抱佛腳,死記硬背,是最佳的學習方式嗎?
我該如何改善做筆記的技巧?

過了非常忙碌的一週的週五晚上,我接到一通電話,來電者告訴我,我們有一個共同友人,這位朋友建議他來找我。

「沒問題,我可以幫你什麼呢?」我問。

我們通電話的頭三十秒,此人似乎很鎮定,但我問了這句後,他的聲音變得激動起來。

「你一定得幫幫我,拜託了。我請的專題演講人因為臨時緊急狀況,明天來不了。」

我告訴他,很遺憾聽到他遭遇的困境,但我不接臨時的演講。我的演講行程通常提前六個月安排,我總是給自己足夠的時間,為演講做準備。

但此人不死心,他說我們那位共同友人大讚他聽過我的演講,那位朋友說在如此匆促的時間下,想要有一場好演講,大概只有我辦得到了。

「拜託,請救救我,」他的語氣中,情緒更濃厚了。

　　我開始同情這傢伙的困境，正好我翌日（週六）有空，他舉辦的研討會地點，在我居住的曼哈頓區，我問他這場專題演講的主題。聽到他說出演講主題，我驚訝地看著手機，彷彿他突然用火星語跟我說話。

　　「你為什麼打這通電話給我？」，我說：「我對這個主題根本一無所知啊。」

　　「我知道，但原定的演講人有一本書。」

　　「我不明白這有何關係。」

　　他毫不思索地回答，顯然在打這通電話之前已經想好了：「我聽說你是個速讀者，我在想，你可以提早一點來現場，讀一讀這本書，然後作這場演講。」

　　這情況太詭異了，我做了當時我唯一能做的事：接下邀約。這麼一項挑戰，我如何能夠拒絕？我們談妥細節，他多告訴了我一些有關聽眾的特質，掛斷電話後，我想了想剛才發生的事。

　　翌日早上十點，我抵達會議中心，前一晚跟我通電話的人，交給我一本書，把我帶到一個安靜的房間。演講時間是下午一點，接下來三個小時，我閱讀這本書，做了很多筆記，寫下演講大綱。時間一到，我上台演講。據說，那是整場研討會中評價最高的一場演講。我累壞了！老實說，整個經驗非常匆忙。

　　你可能不會碰上類似這樣的狀況，那位來電者的請求雖不尋常，但我知道自己做得到，因為我的能力來自信心。我說這個故事，不是要你敬佩我，而是想讓你知道可

能性，向你例示當你學會了如何一口氣吸收一個主題，記住你學到的東西，有能力揀選出最重要的要點，並且了解人們是如何學習的，你的限制感就會消退。

　　若我不是一個快速的研習者，絕對沒辦法作那場專題演講。一如本書討論的其他技巧，快速研習並不是一種你有或沒有的能力，而是一項你是否已經養成的能力。你可以學習如何使你的研習能力變得無限，一旦你學會了，它是你餘生可用的超能力。

> **Kwik Start 快速啟動**
> 想想你這個月想要學習的一個主題或學科，你打算如何研習這個主題或學科？你目前使用怎樣的研習方法或流程？_____
> _____
> _____

能力的四個階段

　　自1960年代起，心理學家把能力或學習分為四個階段，第一個階段是「不自覺的沒能力」（unconscious incompetence），你不知道自己不懂什麼。例如，你可能甚至不知道有「速讀」這樣的東西存在，所以也不知道你目前沒有速讀能力。

　　第二個階段是「自覺的沒能力」（conscious incompetence），

你知道自己不懂什麼。例如，你知道有人透過速讀技巧，閱讀和理解得更快速，但你沒有受過這個領域的訓練，也不了解需要哪些工具才能成為速讀者。

第三個階段是「自覺的能力」（conscious competence），指的是你知道一項技能，並且有能力展現這項技能，但只有當你主動讓你的心智這麼做時，你才會展現這項技能。也就是說，你能夠做到，但需要努力。以速讀為例，唯有在你專注使用速讀技巧時，你才能成功速讀。其他活動如打字或開車，你也能做到，但需要刻意注意。

第四個階段是「不自覺的能力」（unconscious competence），這是終身學習者追求的境界，你懂得如何展現一項技能，已經極為嫻熟，它變成你的第二天性了。以速讀為例，當速讀已經變成你習慣的閱讀方式時，就變成一項你不自覺的能力，你不必有意識地要求自己再閱讀得快一點，你很自然就會這麼做。當打字或開車變成你不自覺的能力之後，你在打字或開車時，不需要刻意注意。

從「自覺的能力」進步到「不自覺的能力」，要領很顯然，就是練習，練習就能進步。

心理學家使用的模型，就只有這四個階段，我想再加上第五個階段：「精通」。這個階段超越「不自覺的能力」，把變成第二天性的技能表現到傑出水準。這是變得無限的水準，想成為高手，你必須像個超級英雄般研習。

如何提升研習效率？

　　為何多數人的研習能力有限？因為多數人不懂如何有成效地研習，這是因為他們從未被教過這件事。很多人以為自己已經懂得如何學習，問題在於你現在使用的學習方法，大多老舊、成效不佳，很多方法源自數百年前。

　　我們現在生活於高度競爭的資訊時代，資訊無所不在，但我們還在用同樣的方法吸收、處理資訊。我們現在對學習的需求大不同於以往，但大多數人接受的教導是，研習就是反覆溫習材料，直到能夠在測驗中原原本本吐出來。等等我們就會討論為何臨時抱佛腳、硬塞死記是很糟糕的方法，但在此只須說一句就夠了：這種方法絕對稱不上最佳方法。

　　世上最成功的人士是終身學習者，持續學習新技能，在所選領域跟進最新發展，並且持續注意其他領域是否有自己應該學習或值得學習的東西。如前所述，終身學習的好處巨多，若變成一個無限的學習者是你的目標之一，你必須養成終身學習的習慣。

　　我們的學員詹姆斯，花了一些時間才認知到這點。受教育期間，他的日子過得相當辛苦。高中畢業後，他在一家酒品專賣店工作了三年；不過，他一直夢想成為企業人士。他認知到，為了實現這個夢想，他必須讀大學，但他告訴我：「這就像拔牙那麼痛苦。我最後獲得會計學位，進入一家會計師事務所，後來進入銀行業，但是熬了很

久，沒能成為財富管理經理。最後，我當起了分析師，這份工作需要很多學習、很多研習，我應付得很吃力。我的人際技巧很好，也有紀律，但研習對我而言真的很困難。我現在雖然有很多頭銜，但我可是考了好幾次，才取得這些頭銜的。我一邊工作，一邊還要準備考財務規劃師證照（CFP），真的好辛苦！」

詹姆斯得知並參加我的速讀訓練課程時，離這項重要考試只剩下六週時間準備（通常，準備這種考試需要十二週的時間。）他學到的方法讓他的情況好轉，改善了他的研習，幫助他「在密集研習的整個過程中，保持頭腦健康」，大大提升了他在考試當天的表現。

詹姆斯成功取得財務規劃師證照，這讓他取得新職務，以財富管理經理的身分，直接對客戶服務。他持續使用新學會的學習技巧，大量閱讀他必須閱讀及了解的公開說明書。

詹姆斯原本很有可能讓限制條件阻礙了他的資歷發展，但是他學習擺脫舊的研習方式，克服阻礙。

臨時抱佛腳，死記硬背的效果如何？

開夜車是一個存在已久的研習傳統，很多人畢業步入社會後，仍然繼續這種習慣，大多是因為拖延準備重大測驗或重要簡報所致。不過，很多人相信，臨時抱佛腳是最有效的準備方式；實際上，這或許是錯誤的觀念。

「其實，臨時抱佛腳跟情緒及身心傷害有關，這類

傷害會降低身體應付環境的能力，」《西雅圖郵訊報》（*Seattle Post-Intelligencer*）記者拉夫·海布茲基（Ralph Heibutzki）寫道。他引用哈佛醫學院的研究指出，臨時抱佛腳導致許多有害的副作用，包括心智功能減弱。[1]

此外，臨時抱佛腳通常需要犧牲一個人的全部或至少大部分的正常睡眠量，最終可能損及臨時抱佛腳的目的。加州大學洛杉磯分校精神病學教授安德魯·富力格尼（Andrew J. Fuligni）率領的團隊，進行了一項關於臨時抱佛腳的研究，發現臨時抱佛腳的這個副作用和期望結果之間存在明確關連性。他說：「沒有人說學生不應該研習，但適量睡眠對學業成就也很重要。我們的這些研究發現，和愈來愈多研究顯示的一致：睡眠不足妨礙學習。」[2]

我輔導過各種年齡層的學員，發現臨時抱佛腳、死記硬塞，極少如我們期望的那麼有用。連續許多個小時集中研習一個科目，較不可能記得習得的資訊。第4章探討過記憶的初始效應和新近效應，若你天生傾向最能記得最初習得的資訊和最新習得的資訊，那麼在兩者間硬塞入大量資訊，只會導致你忘掉的東西更多。在接下來的段落，我們會談到一些更好的方法。

不論你是想申請上頂尖大學而選修五門大學先修課程的高中生，或是必須在你所屬的快速變化產業中掌握最新發展，你都可能同時面臨兩項挑戰：有一大堆資訊要分析、評估；但是，可用於分析、評估的時間很少。若這是你的處境，你會想要盡可能有效研習。多年來，我幫助人

們學習得更快速、研習得更好，下列是我最喜歡、使你的研習變得無限的7個簡單習慣。

習慣1：主動回想

「主動回想」（active recall）指的是你溫習材料，然後馬上測試自己，判斷自己記得多少內容。這可區分「簡單認識」（simple recognition）和「記憶」（recollection），前者只是熟悉頁面上的文字，後者是把材料變成你的記憶中一個活躍的部分。

德州農工大學神經科學家威廉・克雷姆（William Klemm）寫道：「多數學生不知道強迫自己回想有多重要，這有部分是因為他們已經被選擇題測驗調教成習慣於被動回想，當正確答案出現時去認出這個答案，而不是自行提出正確答案。針對學生的學習實務所做的研究顯示，回想你試圖記住的資訊，這對記憶的形成非常重要。」[3]

運用主動回想，請你這麼做：

- 溫習你正在研習的材料；
- 把書籍或報告闔上，關掉影片或授課，把你記得、剛剛溫習的所有內容寫下來或背誦出來。
- 然後，請你再次檢視材料，你記住了多少內容？

要確定你有足夠的研習時間，可以重複這個流程幾次。如同克雷姆指出的，研究顯示：「最佳學習發生於初次學習時包含重複研習，然後強迫回想測驗所有內容，至少連續做四次。」[4]這就要談到下一個重要習慣。

習慣2：間隔重複

前文提過，臨時抱佛腳、死記硬塞有許多壞處，雖說拖延是人的本性，但是拖到最後一刻讓自己必須一口氣研習大量材料，你可能學習不了那些材料，因為這種方式正好和頭腦的運作方式相反。

換個方式，間隔溫習材料，更側重你之前還沒記住的資訊，這樣就是在讓你的頭腦發揮最佳能力。線上學習平台Synap的執行長詹姆斯・古普塔（James Gupta）說：「間隔重複很簡單，但非常有效，因為它刻意切入你的頭腦的運作方式。它迫使學習變得需要努力，跟肌肉一樣，頭腦將對這些刺激作出反應，而反應就是強化神經細胞之間的連結。藉由間隔重複，你每次都會進一步鍛鍊這些連結，這能產生長期、持久的知識記憶。根據我的經驗，人

間隔重複

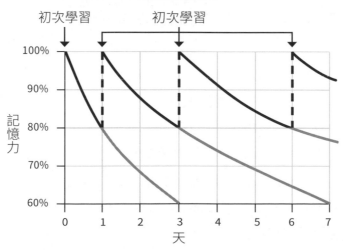

們一旦開始使用這個方法，就知道真的很管用。」[5]

間隔重複最具成效的情況，是當你能夠以相似的間隔去溫習材料時，這也是為何要給自己足夠時間的原因。你可以怎麼做？也許在早上溫習一次，晚餐前再溫習一次，連續這麼做四天；然後，再以相似的間隔，研習其他材料。主動回想和間隔重複這兩種方法要一起用，這是你的溫習策略。請你閱讀材料，測驗自己記住了哪些內容，然後暫停，間隔一段時間後，再回頭溫習這份相同的材料，然後測驗自己記住了哪些內容。

習慣3：管理你的狀態

前文提過，在進行任何活動時，對你的成功影響最大的是你的狀態。例如，你這天過得很糟，然後你被要求進行一場工作簡報，或是接受一項測驗，極可能你無法表現出最佳能力，這是因為你的心境不會使你有最佳表現。反之，當你感覺很好時，相同的機會出現，你的表現肯定會比較好。你的狀態愈好、資源愈充足，你的成效就愈好；研習也是一樣。

你的姿勢也會影響你的心境，你的坐姿要像你即將學習最重要、即將改變人生的資訊。若你就是需要不時移動你的姿勢，那麼請你留意在改變姿勢後，你是否感覺更加專注？坐正有助於促進呼吸，讓必要的氧氣循環至你的腦部和身體其他部位；若你坐姿駝背，可能會抑制呼吸及循環，導致你感覺疲倦。

> ### 🧠 *Kwik Start* 快速啟動
>
> 現在就請你試一下：駝背坐在椅子上，頭往下看，呼吸短促，皺眉蹙額。請問，在這種坐姿下，你感覺有幹勁、可以成功做到某件事嗎？你覺得效率好嗎？但是，很多學生研習時都是這種姿態，難怪會不喜歡研習了，也必須念得很辛苦，才能獲得最起碼的成果。現在，請你坐直，面帶微笑，你的感覺是否好多了？

習慣4：善用你的嗅覺

我相信你有過類似下列的經驗：你走進一個房間，發現空氣中充滿一種氣味，可能是烤箱散發出來的香味，這香味立刻使你想起了童年時的某天，你和一個朋友在一起，她開了一個玩笑，太好笑了，害你忍俊不禁，把喝到嘴裡的牛奶從鼻子噴出。為何這香味會勾起這段回憶呢？因為當年那日發生這事時，空氣中就有這氣味。氣味特別能使記憶浮現腦海，研究顯示，迷迭香的香氣有助於改善記憶，薄荷及檸檬能促進專注。

賓州州立大學醫學院博士後研究員喬丹・甘尼斯・路易士（Jordan Gaines Lewis）寫道：「答案可能來自腦解剖分析。我們吸入的氣味，首先由嗅球（olfactory bulb）處理，嗅球從鼻腔上方最深部延伸至大腦底部，和兩個跟情

緒及記憶有強烈關連性的大腦部位直接連結：杏仁核與海馬迴。有趣的是，視覺、聽覺及觸覺的資訊，不會傳經這些大腦部位，這可能是嗅覺比任何其他感官，更能成功勾起情緒和記憶的原因。」[6]

這告訴我們：氣味是極其重要、但未被充分利用的記憶工具。若某種氣味能使我們想起童年，那麼另一種氣味，就可被用來促進我們的回想。怎麼做？若你正在為一場重大考試做準備，念書時，你可以在手腕上抹點某種香味的精油，然後在考試當天，也在你的手腕上抹點這種香味的精油。若你得為一場重要會議做準備，也可以使用這種方法，獲得相似效果。當然，你必須考慮到別人，別把自己搞得一身氣味，只須一抹香氣，就足以勾起你的回憶了。

習慣 5：播放有幫助的背景音樂

回想你最早的一些學習，你是否跟許多人一樣，用一首歌來記住整套英文字母？或者，你之所以知道美國國會通過一項法案，是因為《校舍搖滾》（*Schoolhouse Rock*）把它編成歌曲，唱給你聽。大概自世上有音樂起，父母就開始透過音樂，教導學步兒一些基本概念。他們這麼做，是因為這種方法有效，有堅實的科學佐證這種方法的成效。

無數的研究探索音樂和學習的關連性，心理學家葛藍・謝倫柏格（E. Glenn Schellenberg）提出「喚起與心情假說」（arousal and mood hypothesis），探索音樂與心情的關連性，以及後續的心情與學習的關連性。他指出，音樂

能使我們進入改善學習能力的境況。[7]

　　巴洛克音樂在這方面，似乎具有特別有益的一些特質。音樂與學習專家克里斯・波伊德・布魯爾（Chris Boyd Brewer）說：「音樂穩定心理、身體及情緒的律動，以達到深度專注，有助於處理、學習大量的內容資訊。巴洛克音樂，例如巴哈、韓德爾或泰勒曼創作的，每分鐘有50至80拍的樂曲，能夠營造一種專注氣氛，使學生進入深度專注的 α 腦波狀態。在這種音樂下學習字彙、記住資料或閱讀，非常具有成效。」[8]

　　至於其他類型的音樂，例如饒舌音樂或韓國流行音樂，並無相似的研究證據指出，可以獲得相同於巴洛克音樂的效果，但由於人們對音樂的反應高度因人而異，說不定這類音樂對你也有很好的效果。既然串流音樂如今無所不在，我建議你加入一份巴洛克音樂播放清單，作為研習時的背景音樂。亞馬遜音樂（Amazon Music）、蘋果音樂（Apple Music）、聲破天（Spotify），這些平台全都有巴洛克音樂播放清單。若你想進一步探索，這些平台也有專門為研習時當作背景音樂而編輯的古典音樂播放清單，大多是巴洛克音樂。

習慣6：用你的全腦聆聽

　　若想使你的學習變得無限，請務必讓你的聆聽技巧火力全開，因為聆聽與學習有非常強烈的關連性，有超過四分之一的人是「聽覺型學習者」（auditory learners），主要

的學習方式是透過聆聽。[9]

對學習而言，聆聽很重要，我們有一大部分清醒的時間花在聆聽，但大多數人不是特別善於聆聽。鮑伯‧蘇利文（Bob Sullivan）和修‧湯普森（Hugh Thompson）在合著的《高原效應》（*The Plateau Effect*）一書中寫道：「很多研究探討這個現象，雖然在我們的多數溝通中，聆聽占了很大一部分，一般成年人聆聽的時間，是說話時間的近兩倍，但多數人的聆聽技巧很差。下列是一項研究實驗的結果，這樣的結果很典型：受測者被要求坐著聽完十分鐘的口頭報告，然後敘述聽到的內容。結果，縱使才剛聽完報告，半數成年人敘述不出報告內容；過了四十八小時後，75％的人想不起口頭報告的主要內容。」[10]

我們不善於聆聽的原因之一是，我們在聆聽時，往往沒有運用全部的腦力。蘇利文和湯普森在卡內基美隆大學進行了一項有關數位分心的研究，他們指出：「人腦每分鐘能夠消化多達400個字的資訊，但是縱使是來自紐約市的人，每分鐘大約能說125個字，這表示當別人在對你說話時，你的四分之三的頭腦，很可能正在做別的事。」[11]

為了幫助減輕這種問題，我設計了一項工具，幫助你用全腦聆聽。請記得這項工具的首字母縮略字「HEAR」：

- **H是「停止」（Halt）**：當你聽別人講話時，在同一時空中，可能正在發生其他事，也許是旁人走來走去、你的手機通知你有簡訊進來，或是室內有背景音樂或

電視節目正在播放中。在此同時，你也可能想著你的待辦清單、下一場會議，或是你今天晚餐要吃什麼等等。請你盡所能關閉這一切，完全專注聆聽講話的人。切記，聆聽並非只是聽對方在說什麼，音調的高低抑揚、肢體語言、臉部表情等等，全都創造了更多隱含意思，提供更多資訊。唯有停止關注同時間正在發生的其他事，你才能專注汲取所有資訊。

- **E是「移情」（Empathy）**：若你能夠站在講話者的立場設想，你從聆聽體驗中得知的東西可能更多。試著了解說話者來自何處、為什麼要說這些，這些了解將為他們所說的話增添要義，使你能從他們的立場去感受。

- **A是「期待」（Anticipate）**：請你帶著期待感投入體驗。記得前文談到的，學習成效取決於你的狀態，若你投入情感，你從這位說話者的言論中學到的東西，將成為你的長期記憶。若你對正在聆聽的東西懷抱熱情與期待，將會大大提高你認真聆聽的可能性。

- **R是「回顧」（Review）**：若你有機會和說話者直接互動，請這麼做。提出幫助你釐清的疑問，甚至請對方複述某一點。若你必須做筆記，那就做筆記。事後，主動回想說話者講了什麼，在你的腦海中解述，想像你把這些內容轉述或教導給他人，這麼做將可在你的腦海中鞏固這些內容。

習慣7：做筆記

在最佳環境與狀態下研習，可能顯著增進你的記憶力。為了讓研習的成效更好，改進做筆記的能力，也很有幫助。

做筆記的最大益處是，用你的詞語和你的思考模式，把你需要記住的資訊個人化。做筆記讓你用你日後最能使用的方式，組織及處理資訊。

但是，很多人做筆記不是很有成效，常見的陷阱包括：太側重做筆記，所以沒有認真聆聽資訊；試圖把聽到的所有東西寫下來；做筆記的方式不對，一天後就對你沒有幫助了。只要察覺這些陷阱，很容易可以避開，下文提供一套改善你做筆記的能力的完整計畫。

首先，確定你了解做這些筆記的目的。例如，期中課堂上做筆記的目的，可能很不同於在期末大考前溫習功課時所做的筆記；同理，你在一場團隊週會中做筆記的目的，可能不同於你在一場重要客戶簡報前一週做筆記的目的。

清楚你做筆記的意圖，就能區分對你重要和不重要的資訊。我有一個作家朋友，堅持自己謄寫他所做的每一個採訪錄音，儘管請他人代為謄寫更節省時間。他說自己謄寫，他只會謄寫他知道能夠使用的採訪內容，避免這些重要內容，被一大堆與他寫的這本書不切要的談話內容給淹沒。也就是說，他親自謄寫，只留下近乎純粹有用、切題的內容。同理，若你清楚做筆記的目的，你寫的每一項筆

記都是切要的。

　　清楚你做筆記的目的後，你要對做筆記採取一種積極、主動的方式。聆聽時，有目的汲取你真正需要的資訊，用有助於你日後回想的方式寫筆記。若你要使用縮寫和簡寫，請使用自己熟悉的，以免之後看不懂自己當初在寫啥。

　　同等重要的另一點是，盡可能用你自己的文字來做筆記。如前所述，做筆記的主要陷阱之一，就是試圖記錄所有東西。這麼做，有兩項明顯缺點：其一，寫字的速度不可能快過絕大多數人說話的速度；平均而言，人們一分鐘手寫10到12字，但一分鐘說大約100個字。就算你以打字輸入的方式做筆記（我不建議，馬上就會看到原因），你大概也只能記錄說話者說的一半內容。

　　不過，還有另一項更重要的缺點：若你逐字逐句拷貝某人說的話，你大概沒在處理對方說的任何資訊；也就是說，在最重要的學習時刻，你把大部分的頭腦用於聽寫了。當你使用自己的文字做筆記，你就開始在處理資訊了，這會大大增進你的學習。

　　我建議你手寫筆記，就算你用平板電腦儲存筆記，我也建議你使用觸控筆輸入。早就已經有程式可以把你手寫的東西轉換成文本，以供稍後進一步組織；不過，最重要的是，手寫需要你立刻開始處理資訊，研究顯示，這能讓學習更有成效。

　　研究這個主題的兩位學者潘・穆勒（Pam A. Mueller）

和丹尼爾・歐本海默（Daniel M. Oppenheimer）在研究報告中寫道：「我們的研究顯示，縱使只使用筆記型電腦做筆記，仍然可能削弱學習，因為使用筆記型電腦做筆記，導致較淺薄的資訊處理。我們發現，使用筆記型電腦做筆記的學生，在概念性題目上的表現，比手寫做筆記的學生表現差。我們的研究顯示，雖然做更多筆記可能有益，但使用筆記型電腦做筆記的人，傾向逐字逐句謄寫，而不是處理資訊，用他們自己的文字重新架構，這對學習有害。」[12]

最重要的是，你必須認真聆聽，你不是純粹在那裡記錄的祕書，你是要汲取資訊以供日後使用的人，因此認真聆聽很重要。記錄說話者強調的部分，務必了解說話者的意思，若有機會就發問。想要做到這些，你對說話者傳遞的資訊所投入的注意程度，至少不能亞於你投入記錄這些資訊的注意程度。

做筆記時，你可以使用我稱為「記錄與創造」（capture and create）的方法：紙的左邊，你記錄，你做筆記；紙的右邊，你創造，你寫心得，記錄你的感想和印象。比方說，我可以怎麼運用？為什麼必須運用？我何時會用得到？

在你做完筆記後，請立刻溫習你的筆記。比起做完筆記後多日未溫習，立刻溫習將幫助你有效記住更多資訊。立刻溫習還有另一個益處，那就是你腦海中記得的資訊猶新，你可以補充你在做筆記時可能遺漏的資訊。

改善做筆記能力的「TIP」

若你想確保自己總是能從做筆記獲得最大效益，請記得「TIP」這個頭字語助記符：

- **T是「思考」（Think）**：在出席你打算做筆記的會議／講習／課程等等之前，請思考你最希望從中學習和記住什麼，這將幫助你過濾區分高價值資訊和對你的目標不是那麼重要的資訊。

- **I是「辨識」（Identify）**：認真聆聽說話者提供的資訊，辨識對你的目標而言最重要的資訊。切記，若你試圖記錄所有東西，你將不可能同時處理資訊，這恐怕使你的研習更困難。所以，辨識出你最需要的資訊，把它們寫下來。

- **P是「排序」（Prioritize）**：聽講後，在溫習你的筆記時，排序出對你最有價值的資訊。必要的話，可以增加更多筆記，使優先重要的資訊變得更清楚，或是凸顯要點。

閱讀下一章之前，請做這些練習

若你認知到，使自己變得無限，意味的是當個終身學習者，那麼你的研習方法就非常重要了。閱讀下一章之前，請花點時間嘗試下列這幾件事：

- 試試主動回想。讓自己接觸一些新材料，然後馬上回想，評估自己記住了多少。

- 找到對你有效的音樂播放清單。坊間有許多音樂播放清單，合適的音樂可以促進你吸收資訊的能力；所以，花點時間找一張你喜歡的音樂播放清單。或許，你可以在閱讀本書剩下章節時，把它當作背景音樂。

- 試試看你剛學到的做筆記方法。或許，你可以再讀一遍本章，做一下筆記。或者，你可以觀看一支 TED 演講影片，做筆記。使用你學到的做筆記技巧，提升你的學習體驗。

「如果我們把自己
　能力所及的事
　全都做了，
　鐵定會令自己
　大吃一驚。」

——愛迪生

⑬

記憶

我可以怎麼做，立刻改善我的記憶力？

我要如何記住一大堆的資訊？

當我需要這些資訊時，我如何可以輕易回想起來？

　　幾年前的某天早上，我進入我們的辦公室，其他員工都還沒到，電話響起，我接聽電話，那頭一位女士熱情洋溢的聲音傾洩而出：「我愛你，我愛你，我愛你！」

　　請相信我，我極少接到這樣的電話。「哇，」我說：「請問妳是誰？」

　　「我是安妮，我上過你的課，」她立刻回答：「我找到了！」

　　好吧，她引起了我的興趣：「妳找到了什麼？」

　　「我不知道，不過，我一直在做你教的那些練習，然後我開始想起東西了。縱使在我沒有刻意使用這些方法時，我仍然能夠記起人名和談話內容。」

　　她還是沒回答我的疑問，我認知到，我得讓她以她想要的方式講述故事。接下來幾分鐘，我從她的敘述得知，她在幾年前，從她外祖母那兒得到了一個傳家寶，那是一條代代相承的項鍊，外祖母跳過她的母親和三個姐姐，把

這條項鍊傳給她。收到這份禮物，安妮極感榮幸，發誓會小心保護。只有一個問題：她太關心保護這條項鍊的周全了，以至於想不起把它藏在什麼地方了。安妮發現自己不記得把項鍊藏在何處時，她開始到處尋找，但找不到。這使她陷入極端焦慮，她家人的反應，更加深了她的極大愧疚感。

三年後，她得出結論：要不就是她永遠忘了把項鍊放在何處，要不就是有人偷走它。然後，她打這通電話的那天凌晨兩點，她從沉睡中醒來，從二樓走到她家地下室，跑向鍋爐，移開它，伸手到一個裂縫裡，取出項鍊，欣喜若狂。

「這故事真精彩，恭喜妳啊，」我說：「可是，我很好奇，我沒有教妳如何找到忘記放在何處的東西啊，我們的課程沒有教這個耶。」

「沒錯，但是你做了更有幫助的事，我不知道那是什麼，但是過去幾週，我就是不斷地記起種種東西。不僅是現在發生的事，還有我回想起多年仍然想不起來的事情。」

「吉姆，謝謝你把我的頭腦還給我。」

安妮的興奮故事，例示了我長久以來和人們分享的東西：是的，你的頭腦是個器官，但它的運作就像肌肉，它和肌肉最相似的一點是，它是「不用，就會退化」的裝置。唯有持續努力，我們的頭腦才能保持健壯；若我們太懶惰，或是太依賴科技幫我們思考，或是未能以新學習來挑戰自己，因而未能保持頭腦健壯，它就會變得「不

結實」。這麼想：若你的手臂被吊帶吊著六個月，放下來後，你的手臂不會變得更強壯；事實上，可能會變得非常不靈活。你的頭腦也一樣，若你不經常鍛鍊，當你最需要使用時，它可能無法發揮最佳能力。但若你努力讓它保持在最佳狀態，你將會發現，它總是隨時能為你展現超級英雄水準的能力，就如同它為安妮做的。

任何時候都能依賴「MOM」

　　記憶堪稱是學習過程中最重要的部分，若你無法記憶，你就無法學習任何東西；沒有記憶，就沒有知識。那麼，為何多數人的記憶技巧不理想呢？我認為是因為我們被教導的記憶方法 —— 通常是死記所致。時至今日，多數學校老師仍然教學生這麼記憶 —— 重複一件事或一段話，直到它暫時植入腦裡，可是一旦不再需要這些資訊，人們通常很快就忘了，而且這類記憶鮮少能引領出對記憶材料的精通。

　　你的記憶力也是你最重要的資產之一，支撐你生活的每個領域。試試不使用你的任何記憶，你能做得來任何事嗎？就說最起碼的吧，若你沒有記憶，你的生活將會變得極度困難。想像你每天睡醒後，忘記你過去懂得的所有東西，你將必須再度學習如何起床，如何穿衣，如何刷牙，如何吃早餐，如何開車，那將相當麻煩。所幸，你與生俱有良好記憶力，只是需要被教導如何使用。

> **◆ Kwik Start 快速啟動**
>
> 你給你現在的記憶力打幾分？你想要改善哪些方面？_____
>
> 請上 limitlessbook.com/resources，做我們的記憶力評量，對你的記憶力有更多了解。

　　若你希望腦力大升級，你必須使你的記憶力變得無限，因為記憶力是絕大部分腦部功能的一個極重要部分。基於這點，讓我向你保證一個很重要的事實：這世上沒有「好記性」或「記性差」這種東西；只有「訓練有素的記性」或「缺乏訓練的記性」。若你難以記住別人的姓名，做簡報或演講時必須帶著小抄，或是早晨經常忘了車鑰匙放在哪裡，極不可能是因為你沒有能力做這些事，只是沒受過訓練罷了。

　　記憶力是可以訓練的，喬書亞·佛爾（Joshua Foer）就是一個鐵的證明。2005 年時，身為記者的佛爾，計畫撰寫報導有關鮮為人知的心智運動員（mental athlete）的世界。看了那些傑出的記憶比賽後，他非常著迷，想對參賽者有更深入的了解。他很驚訝發現，他採訪的參賽者幾乎全都說，他們在學習及練習記憶原理之前的記憶力很差或普通。而現在，這些人竟然參加最高水準的記憶比賽。

　　佛爾因此了解到，記憶力是沒有限制的，可以像訓練運動技能般訓練記憶力。他開始練習他學到的技巧，一年

後，他重返美國記憶比賽，但這回，他是參賽者。活動當天的比賽間隔休息時間，我們共進午餐，驚歎於那看起來像是天才才能做到的事情，其實是可以學習而得的技能。那天稍後，佛爾贏得比賽冠軍，帶回獎杯。後來，他寫了《記憶人人hold得住》（*Moonwalking with Einstein*）這本開創性的書。

　　若你想變得無限，為何記憶力如此重要呢？因為你的記憶是你現在及未來採取的每一項行動的基石，想像若你的電腦儲存容量極小，或是無法穩定地存取檔案，那將會發生什麼情形？這台電腦將近乎不可能妥善執行絕大多數的功能，例如，你寫一封電子郵件，聯絡人名單中可能找不到收件人的地址；你寫完這封電子郵件，電腦可能不記得要如何發送；就算你的電腦能夠執行這些，也得花極長的時間搞清楚要如何執行。

　　雖然我把我們的頭腦類比為超級電腦，但是我們全都知道，我們的頭腦比超級電腦要能幹太多了。或許，最顯著的差別在於，我們的頭腦有能力推理，考慮眼前的事實或情況，或是根據這些事實或情況來採取行動、創新、應付和度過境況。推理的過程需要我們去查詢、參酌我們的大量記憶，使用以往已經證明有用的工具，作出明智且有益的決策。

　　「若不知道已知的東西，就不可能有創意地思考未來，」布蘭迪斯大學神經科學教授伊芙‧馬爾德（Eve Marder）寫道：「我們常說，我們尋求跨領域綜合思考、能

在不同領域之間建立連結，並且看出新探索途徑的人才。我無法想像在那些忘記一切所學、因此無法『查一下』的學生群裡，能夠找到具有創造力的未來領導人。一個把絕大部分學到的東西給遺忘的人，如何知道要查什麼呢？」[1]

為什麼改善記憶力如此重要？我們曾在第12章會過的神經科學家威廉·克雷姆提出下列五個理由：

1.記憶是對心智的一種訓練。 在這個許多心智懶惰、分心、有機器代勞而不大需要思考，或是馬馬虎虎思考的年代，記憶幫助訓練心智專注、保持勤勞。

2.你不可能永遠都可以用谷歌查。 有時候，你無法上網，而且並非所有重要的東西，都可以在網路上查到——任何搜尋總是伴隨一大堆不相干、沒價值的資訊。在一些境況下，查詢資料並無幫助，例如當你學習使用一種外語時，必須即席寫或說，或是想成為一個專家時。

3.記憶為我們提供思考內容。 無人能夠在資訊真空中思考，想成為任何領域的專家，需要你已經擁有的知識。

4.思考時，我們使用存放於工作記憶（working memory）部位的概念，這些是只能高速從腦中儲存記憶取得的資訊。 當你思考時，你的工作記憶中儲存的資訊，將會促進你的理解；沒有這些知識，我們的腦袋無法清晰思考。

5.鍛鍊記憶將發展出學習和記憶基模，提升學習能力。 你記住得愈多，就能學習得愈多。[2]

我想強調上述最後一點，你的記憶力並不是像個容

器、杯子或硬碟，裝滿資料後，就無法再裝更多東西了。你的記憶力更像肌肉，愈鍛鍊，就變得愈強壯，能夠儲存的東西就愈多。

在本章接下來的段落，我們將會討論一些旨在訓練你的記憶力的工具及方法，你將應用心智的基本原理，發展你的記憶力，使你的學習和記憶，變得更自然、容易、有趣。不過，這其中最基本的是這個：永遠記得「MOM」—— 我設計、可以立即啟動你的記憶力的一個助記機制：

- **M是「動機」（Motivation）**：若有動機激發我們去記住事情，我們就比較可能去記住。若某人對你說：「嘿，記得我們明天要通電話」，你可能記得、也可能不記得你已經和此人約定要通電話。但若他說：「嘿，若你記得明天打電話給我，我就給你5,000美元」，那你鐵定會記得這項約定。當你有強烈動機記住事情時，你遠遠更可能記得住。所以，若你想訓練自己擁有更強的記憶力，就給自己這麼做的更強烈動機。動機充足，就有收穫；所以，把記住事情弄成關乎你的利益，若你能夠說服自己，記住某事對你是有價值、有幫助的，那麼你記住這件事的可能性就很高。

- **O是「注意」（Observation）**：你有多常在聽了某人的姓名不久後就忘了？原因可能是你在聽到此人姓名時，完全沒有注意。也許，你當時正在環顧四周，看看是否有你認識的人，或是你仍然在想著剛才的一場

談話，不論什麼原因，反正你當下就是心不在焉。多數時候，我們未能記住某個人事物，問題並不在於記憶力，問題在於注意力。若你真心想提升你的記憶力，在任何你想記住人事物的境況下，一定要確實地專注於當下。

- **M是「方法」（Methods）**：我將在本章提供一組工具，當你想記住東西時，就可以使用。務必把它們放進你的心智工具箱，隨身攜帶，要把它們用到習慣成自然的地步。

「麵包師」比「貝克」更容易讓人記得

　　若能對你試圖記住的人事物附加一個參照點（特徵），你記住的可能性將會大幅提高。幾年前，認知心理學家吉莉安・柯恩（Gillian Cohen）做了一項研究實驗，測試人們連結姓名和臉孔的能力。她根據此項研究結果，提出「貝克／麵包師弔詭」（Baker/baker Paradox）一詞。研究人員向實驗對象出示多人的臉孔照片，告知每個人的姓名，以及有關此人的一些細節；稍後，他們請實驗對象回想相片中人的姓名。此研究發現，比起姓氏，人們明顯較容易記住他人的職業，縱使當姓氏與職業為同一個英文字時亦然。例如，實驗對象更容易記得相片中的某人是麵包師（baker），較不易記得相片中的某人姓「貝克」（Baker）。

　　喬書亞・佛爾在他的書中對此作出解釋：

當你聽到相片中的這位男士是個麵包師傅時，這個事實以種種有關「麵包師」的概念植入你的腦海中：他烘焙麵包，他戴著一頂大大的白色帽子，他從工作場所返家時，身上帶著麵包香氣。

　　另一方面，「貝克」這個姓只跟一個記憶 —— 此人的面孔 —— 連繫起來。這條連繫是薄弱的，若這條連繫鬆脫了，這個姓名就會不可挽回地飄入遺失的記憶裡。但是，此人的職業有多條繫線，可以把記憶拉回來。

　　縱使你起初不記得這個人是麵包師傅了，你可能對他有些模糊的麵包感，或是感覺他的面孔似乎和一頂大大的白色帽子有些關聯，或是讓你聯想到你家社區的麵包店。在那一團聯想中有多個結，可以回溯至他的職業。[3]

「貝克／麵包師弔詭」向我們闡釋，創造一些聯想，可以大大地幫助我們的記憶。下文的練習，就是基於這個原理而發展出來的工具，我發現這些工具特別有效。

回想大量資訊

　　對一大群人說話時，我經常這麼做：請聽眾任意說一些字詞 —— 大約三十個到一百個，然後我能來來回回地複述。這總是引起聽眾驚嘆，不過我的目的並非贏得讚嘆，而是要傳達一個重點：每個人都有能力做到這件事。

　　前文已經談到，記憶對於近乎所有腦部功能的執行而言是不可或缺的，若你想使你的頭腦變得無限，進而使自己變得無限，你必須使你的記憶力變得無限。這意味的是，你要訓練你的記憶力，使它能夠記住大量資訊，並且容易取用這些資訊。我在台上記憶一百個字的表演，或許具有引人注目而驚嘆的立即效果，但我訓練自己做到這個的方法，可被任何人用來記住和存取大量資訊。舉例來說，你可以用它來記住整條產品線的規格，或是用它來記住一長串的數學公式，或是記住你行駛的共乘車道的所有停車站方向。不論什麼，這套工具都幫得上忙。

　　為說明這套方法，在此以如何記住字彙清單為例。它可以運用於任何方面，但若能聚焦於特定一件事，解說起來會較為容易。

　　下列是一張簡單的詞彙清單，你的任務是依序記住。請花少於30秒的時間看這些詞彙，然後蓋住。祝你好運！

消防栓	鑽石
汽球	騎士
電池	鬥牛
桶子	牙膏
板子	標誌

　　請問，你用什麼方法記住這張清單？你是否在腦海中一遍又一遍地重複這些詞彙？例如，你是否這麼背記：「消防栓，汽球，電池；消防栓，汽球，電池；消防栓，

汽球，電池，桶子……」？你是否需要重複很多遍，直到記在腦海裡？你是否嘗試在看到這些詞彙時，在腦海中浮現畫面？多數人使用這兩種方法之一，或是結合使用這兩種方法。重複地說或寫下資訊，以記住資訊，這種方法稱為「重複式學習」（repetition learning），又稱為「死記硬背／機械式學習」（rote learning）。

你小學二年級時，可能使用死記硬背的方法來記住九九乘法表，你可能這麼背誦：「七七四十九，七七四十九，七七四十九……」，或是在紙上寫出來：「$7 \times 7 = 49$，$7 \times 7 = 49$，$7 \times 7 = 49$……」，一直到寫滿整張紙。小學時，你很可能也是使用這個方法來學拼字和寫字，你的老師可能要求你在一張紙上拼「chair」這個英文單字五十遍。這種方法令你的自然學習能力窒息，重複背記，使你的心智感到乏味，直到終於投降說：好啦，你贏了！哥倫布在1492年發現美洲大陸，你已經背了一百遍了，別再背了！你贏了。

多數人覺得死記硬背是很冗長乏味而令人生厭的過程，使你的心智疲累，而且在記住多數事物方面極乏成效。你用這種方法去記住的資訊，有高達85％在僅僅48小時後就忘掉了，這也是一些學生覺得需要考前抱佛腳的原因，因為他們知道，他們先前背記的材料，在很短的時間後就忘掉了。

基礎學習

死記硬背的學習方法成效不佳，原因之一是這種方法只使用你的頭腦的一小部分。你使用側重分析功能的頭腦部位去處理資訊，儲存你需要學習的東西；死記硬背時，你只使用你的部分心智，你的潛能發揮的部分更小。

在傳統教育體制下，你大概如此學習：

- **歷史**：「卡爾文・柯立芝（Calvin Coolidge）是美國第30任總統，柯立芝30，30柯立芝⋯⋯」
- **化學**：「葡萄糖C6H12O6，葡萄糖C6H12O6，葡萄糖C6H12O6⋯⋯」
- **法語**：「Comment allez-vous的意思是『你好嗎？』，Comment allez-vous的意思是『你好嗎？』，Comment allez-vous的意思是『你好嗎？』⋯⋯」

這清單可以一直延續下去，但現在你必須自問：「我小學時的學習方式，對現在的我而言，是最佳的學習方法嗎？」答案極可能為「否」。學校教你三個R（拼字不在其中，太遺憾了）：閱讀（reading）、寫作（'riting）、算術（'rithmatic），我總是想，第四個R應該是回想（recall）。多年來，你的學習需求已經改變很多，年紀較小時，死記硬背的重複式學習，有一些還算不錯的成果，但在現今世界，這種學習方法將使你被資訊淹沒，心智疲勞。（順帶一提：rote這個英文單字的意思是：「不經思考地重複或機械式地記憶。」）

在接下來這幾段，我將教你更有成效的記憶技巧。這些技巧幫助你不再只是殷望自己能夠記住東西，而是真正擁有自信，知道當你需要使用你擁有的資訊時，都能夠想起它們。

現在，別回頭看，請用一分鐘，試著回想前面那張詞彙清單，按照原順序，把你記得的詞彙依序寫出來：

_____

_____

_____

你的表現如何？若你跟多數人一樣，大概只能記得幾個。

⚛ *Kwik Start* 快速啟動

現在，我們來點別的嘗試。花一分鐘舒展身體，深呼吸幾次，隨著每一次的吐氣，讓你的心思更加清澄，身體更加放鬆。用這一分鐘讓自己放鬆，結束後，繼續下一步。

接著，很放心、自在地，想像你站在一個巨大的消防栓旁邊，這是你此生見過的最大消防栓。現在，在消防栓頂端綁上一大堆汽球，汽球多到把消防栓從地上拔起，飄

浮於天空，突然間撞上一堆電池，然後爆炸。這些電池裝在大桶子裡，被人用一片像蹺蹺板的木板，把它們彈射到空中的。這片板子是由一顆大而閃亮的鑽石居中支撐平衡的，然後一位身披盔甲的騎士，拿了鑽石之後跑了，但很快地被一頭闖牛擋住，想通過的唯一之道，就是用牙膏刷這頭闖牛的牙齒。被刷了牙的闖牛讓道一旁，路上出現一個大大的霓虹標誌，上頭寫了「恭喜」，並且爆出如雷的喝采聲。

　　現在，閉上你的眼睛，回想這個故事。若有需要，你可以再讀這個故事一遍，然後做下面這個練習。

Kwik Start 快速啟動

別回頭偷看，把上述這個故事寫下來：＿＿＿＿＿

＿＿＿＿＿＿＿＿＿＿＿＿＿＿＿＿＿＿＿＿＿＿＿

＿＿＿＿＿＿＿＿＿＿＿＿＿＿＿＿＿＿＿＿＿＿＿

＿＿＿＿＿＿＿＿＿＿＿＿＿＿＿＿＿＿＿＿＿＿＿

＿＿＿＿＿＿＿＿＿＿＿＿＿＿＿＿＿＿＿＿＿。

　　你應該發現，我們把前述詞彙清單轉化成一個故事了。現在，在你腦海中，把這個故事想一遍，然後寫出你記得的詞彙。請核對答案，算算看你這次答對了幾個。

你這次的表現如何？若你和大多數學員一樣，你這次回想起的詞彙數目，應該比先前那次多。這很神奇，一旦你開始這樣訓練你的記憶力，就能使用這套工具記憶大量資訊。我使用這套方法幫助演員學習記住劇本中所有的臺詞，幫助學生記住週期表，幫助銷售員侃侃而談商品細節，彷彿商品是他們自己設計、親手打造的。切記，這世上沒有「好記性」或「記性差」這種東西；只有「訓練有素的記性」或「缺乏訓練的記性」。經常使用這套工具，將給你在任何境況下都能獲得的記憶訓練。

積極專注：增進記憶的四項訣竅

這是一個很重要的概念：多數人把學習看成一項被動的活動，他們接觸到書籍、筆記或課程中的資訊，若吸收資訊，那很好，但若未能吸收資訊，他們就會覺得自己無能為力。這種消極、被動的觀點是「中」或「不中」的隨意態度，認為若自己記住資訊，主要是幸運及重複的結果，不是專注與技巧的成效。請對學習改採更主動積極的態度，你將能夠從投入和自我覺察中，獲得更大的成果及滿足感。被動消極的學習，成效不佳；主動積極的學習，成效顯著。

「好記性的祕訣
是專注。
對一個主題的
專注程度，
取決於我們對
這個主題的興趣。
我們鮮少忘記
印象深刻的事物。」

—— 泰倫・愛德華茲 Tyron Edwards，
19 世紀神學家

視覺化

你的視覺記憶十分強而有力，別只是看敘述一個故事的文字，想像這個故事描繪的景象，這種視覺化非常有助於記憶。我們想東西時，腦中使用的是景象，想想你的床，你的腦海中看到什麼？也許，你看到了一張加大雙人床墊，有木質床頭板，海軍藍色的床單，大枕頭。你的腦海中大概不會看到「海軍藍色的床單，大枕頭」這些文字，你看到的是它們的景象，你的頭腦就是這樣構想的。不相信的話，問問自己：你睡覺做夢時，經常用文字做夢嗎？大概不會吧，甚至從來沒有過。別忘了，一圖勝千言！

聯想

這是記憶和所有學習的祕訣：為了有效學習任何新資訊，必須把它聯想至你已經知道的東西。

這很重要，值得再說一次：為了有效學習任何新資訊，你必須把它聯想至你已經知道的東西。你這輩子一直都在這麼做，只不過你可能沒有察覺到罷了。做個簡單測試：一想到櫻桃，你會想到什麼？也許，你想到紅色、甜甜的、水果、櫻桃派、圓形、籽等等，這些是你已經學到、和櫻桃有關聯的文字與景象。你把你知道的東西和你不知道的東西連結起來，使用聯想去騎腳踏車、吃東西、與人交談，以及學習任何東西。同理，前文使用清單上的詞彙去建構一個故事時，你是在刻意地把這些詞彙連結起

「所有思想
　都是一種聯想：
　眼前的東西
　使你想起
　你幾乎不知道
　你已經知道
　的東西。」

—— 羅伯特・佛洛斯特 Robert Frost，
　　　　　　　　　　美國詩人

來，以便更容易回想。你的頭腦每分鐘恆常作出無數聯想，大多數是在你無意識之下這麼做，這是你的學習方式。有沒有一首歌會使你想起某個人？這個記憶就是一種聯想。有沒有哪種氣味會使你想起童年時的某個時刻？這個記憶也是一種聯想。所以，何不使用這個有用的資訊，作出刻意的聯想，讓你的學習更有成效？

情感

加入情感，將使事物變得更難忘。資訊本身容易被遺忘，但資訊結合了情感，就會變成長期記憶。當我們對某件事物附加了情感，使它變得冒險刺激、精采繽紛、詼諧有趣，就更可能記得。

地點

人類很善於回想地點，因為身為狩獵採集者，我們不需要記住數字與文字，但我們需要記住東西在何處 —— 哪裡有淨水，哪裡有沃土，哪裡有食物。若你能把事物和地方關聯起來，就更可能記住。

前述四項是有助於記憶的一些要領，本章剩餘部分將提供你可用於不同境況的方法和應用技巧。若你在前文的記憶故事練習時表現不理想，別擔心，你可能只是需要多一點練習。很多人在過了童年後，就沒啥在用想像力了。你可以再回顧那個故事幾次，這對你的創意頭腦是一種良好鍛鍊，現在就做吧！

　　請注意，你也可以將順序顛倒使用這個故事；聯想能以任何順序，幫助你記住那張詞彙清單，你現在就可以練習這個。

　　這種運用故事來幫助記憶的成效，應該會令你感到很驚奇。多數人在使用死記硬背時，得花十到三十分鐘的時間，記憶那張詞彙清單，而且只有很短暫的效果。但是，你會發現，這個花不到你一分鐘去學習的故事，在多天、甚至幾週後，你不需要再重讀一次，就能夠回想起來。這是聰明記憶、不是辛苦死記的功效，這是你的想像力在發揮作用，這是你的頭腦的能力，讓我們再試試看這個方法吧。

快速記憶法練習

　　請一個朋友給你一張隨機選出的十個詞彙清單，你也可以自己製作這張清單：盡可能隨機尋找這些詞彙，拿起你就近的平面媒體，例如一本書、一份報紙、一本雜誌或超市傳單，從你看到的頭十個句子中，任意選出十個「名詞」；換言之，別選「我」、「這個」、「那個」、「當……時」之類的字詞。每個詞彙只能使用一次，把它們寫在一張紙上。

　　現在，把寫了十個詞彙的這張紙翻面蓋住。拿另一張紙，試著把那些詞彙依序寫出來，然後和原詞彙清單核對一下，你的表現如何？你大概不記得全部十個，但也沒把十個全都忘了。這其實內含啟示：天賦留下線索 ── 我的意思是，你的天賦會讓你知道自己的才能，有個方法讓

你記住你想記住的東西，你可以用它來進入下一步。

　　大聲告訴自己，你記得哪些詞彙，以及你認為自己為何記得那些詞彙。這麼做，將幫助你了解自己如何記住東西。例如，你很可能記得第一個和最後一個，這是我們在第4章談到的常見現象 —— 初始效應及新近效應，在任何境況下，人們往往記得他們聽到的第一件事和最新近的一件事。你還記得哪些詞彙呢？是否有什麼共通點，例如它們全都是相同字母開頭，或全都與動作有關？這告訴你什麼？它們是否激起你的某種情緒？你記得的任何一個詞彙，是否有什麼特別之處？

　　截至目前為止，你可能發現，在第一次測試時，你能記得的那些詞彙有某些特質，而你未能記住的那些詞彙，沒有任何讓你共鳴的特質。所以，我們現在來創造一種流程，使每個詞彙都有容易記住的特質。

- 請用這十個詞彙，敘述一個故事，從一個詞彙運用到下一個詞彙。注意：你不是要用這個故事來贏得什麼文學比賽，這個故事有沒有什麼好道理，並不重要。重要的是，你對清單上的所有詞彙賦予某種想像細節，例如，若你的清單上有「外面」這個詞彙，你可以想像自己身處一片空曠之地。請依序把清單上的詞彙串成一個故事，為每個詞彙創造一個意象。記得，它們愈是充滿情感、愈誇張，你就愈能回想起來。

- 在另一張紙上，再次依序寫出你記得的詞彙，使用你創造的故事來提示自己，回想那些詞彙及順序。你這

次的表現如何？這次，你很可能記得了更多詞彙，但很可能還是沒有記得全部。

• 接下來，別回頭看你之前寫的任何清單，在另一張紙上，用顛倒的順序，再次寫出你記得的詞彙。這次，你將需要以不同的方式，使用你創造的故事，但是這麼做，很能幫助你回想那些詞彙。

此時，你大概已經記住清單上大多數、甚至全部的詞彙。在此同時，你可能很想知道，這個方法要如何幫助你記住演講或報告的所有細節呢？

如何在不看筆記或小抄下發表大量資訊

如前所述，你的記憶是近乎你所做的一切事情的基礎。若沒有訓練有素的記憶力，真的沒有辦法使你變得無限，因為記憶支配你的推理及評估可能結果的能力，記憶是頭腦的其他功能倚賴的一項資源。有時候，你需要向一個人或一群人一舉發表大量資訊，例如：向董事會發表報告、對一群人演講，或是向全班同學分享你在某一科上的專長等等，在許多諸如此類的情況下，你不能看筆記或小抄，因為那會顯得你好像很不熟，但你應該很熟才對。

多年來，我教導企業主管、學生、演員及各行各業的人士一種不看筆記或小抄演說的技巧。這個我即將與你分享的技巧歷史悠久，是「位置記憶法」（loci method）的一種，已有超過2,500年的歷史。

「位置記憶法」的背後傳奇故事是這樣的：古希臘詩

人西蒙尼迪斯（Simonides of Ceos）參加一場宴會，後來宴會廳倒塌，所有出席者都罹難，只有西蒙尼迪斯倖存。官方試圖辨識血肉模糊的罹難者身分，只有西蒙尼迪斯能夠幫助他們，因為他根據宴會廳倒塌時他們所在的位置來記起他們每一個人。西蒙尼迪斯在過程中創造了一種記憶工具，至今這種工具的功效，一如西元前500年時的功效。

　　「loci」是「locus」這個字的複數，意指「一個特定點或地方」。「位置記憶法」把你想記住的東西和你熟知的特定點或地方連結起來，下列是我教導這個方法的步驟：

- 從你要發表的內容，辨識出十個談話重點，可能是關鍵字句，或是你想分享的引文或引證。切莫長達好幾段，這會使整個流程變得累贅，你的講說可能令人感覺生硬，像是經過過度排練。這裡有個前提，你很熟悉你要說的主題，對內容有一定的熟練流暢度。這個方法旨在幫助你在需要時，能夠想起每一個重點。

- 然後，想像一個你很熟悉的地方。例如，你家裡的一個部分，或是你常走的一條街道，或是附近的公園等等，任何你非常熟悉、能夠輕易鮮明想起的地方。

- 接著，想一條行經這個地方的路徑。舉例而言，若這是你家中的一個房間，想像你進入這個房間，在裡面走動，在腦海中辨識你可以馬上看到的十個景物。例如，你一進入房間時，看到角落的一盞檯燈，檯燈左邊有張椅子，椅子旁邊有張邊桌等等。把這條路徑盡可能弄得程序化、有條理，因為曲曲繞繞，效果可能

比較差。想像你以順時鐘方向行進這個空間／地方，注意你行走中總是看到的景物。

- 挑出十個景物／位置後，把每個談話重點，分別指配給一個景物／位置。切記，這些談話重點的順序，必須配合你行經及看到這些景物的順序。以前述你家中的一個房間為例，若你第一個想說的重點是你整場演講／報告的主旨，那就把它指派給檯燈；若下一個談話重點是一項重要的產品細節，或一個關鍵的歷史事實，那就把它指派給檯燈旁邊的那張椅子，以此類推。

- 最後，練習你的演講／報告，使用你行經的景物／位置，作為記住與想起每個重點的工具，讓你在演講／報告時，可以憑藉這些景物／位置，想起每個重點。

　　跟所有工具一樣，這個記憶工具可能需要經過一些時間練習、熟悉，你才能變得擅長，但它現在可能就可以開始幫助你。只要多練習幾次，你應該會發現，使用這個工具，你不需要看筆記或小抄，就能記起大量資訊，你的回想能力將會大幅改進，在演講和報告時將會顯得更自然。凡是需要記住大量資訊時，你都可以使用這個方法。

附加工具1：快速記住人名的方法

　　如前所述，無法記得你剛認識的人的姓名，往往是因為你當時沒有專注。我提供的「MOM」助記機制在這方面非常有幫助；不過，我還有一種方法專門幫助人們記住他人的姓名，這個助記機制是「BE SUAVE」（做人要有禮貌）：

- **B是「相信」（Believe）**：相信你能夠做到這件事，這是根本的第一步。若你努力說服自己，你無法記住他人的姓名，你就一定記不住他人的姓名。

- **E是「練習」（Exercise）**：跟本書其他工具一樣，這個方法也需要花點功夫練習，但你應該很快就會變得很擅長。

- **S是「唸一遍」（Say it）**：當你初次聽到某人姓名時，請你主動唸一遍。這麼做，既可以向對方確認你正確聽到他／她的姓名，又讓你有機會第二次聽到這個姓名。

- **U是「使用」（Use it）**：和這個人談話的過程中，主動稱呼對方的名字，這可以幫你把它鎖入你的記憶裡。

- **A是「詢問」（Ask）**：詢問這個人的名字命名根源。不過，若對方的名字是像我的「吉姆」之類的菜市場名，問這個就有點奇怪，但當對方的名字較不那麼常見時，特別問就很有幫助。

- **V是「視覺化」（Visualization）**：視覺是極有力的記憶工具，「位置記憶法」就是一項明證。所以，請你試著對一個人的名字附加一個影像，例如，若你結識一個名叫「Marry」（瑪麗）的人，你可以想像此人結婚當天穿著婚紗的樣子。

- **E是「結束」（End）**：當你要和此人分開時，結束談話時，再說一次他／她的名字。

附加工具2：快速記住字彙及語言的方法

　　字彙是學習的基石之一，想要記住字彙的含義很容易，用你其實一直都在用的方法就行了。最強大的概念之一是「字詞替換」（word substitution），你其實已經知道怎麼做了，只不過現在有個流程名稱罷了。「字詞替換」就是把無實體（難以想像、描繪的）資訊，轉化成更具體、容易想像的影像。

　　下列是英文字詞替換的一些例子：

- 「氮」（nitrogen）可以替換為一位「騎士」（knight）
- 「門羅」（Monroe）可以替換為一位「划槳的男人」（man rowing）
- 「華盛頓」（Washington）可以替換為站在一台「洗衣機」（washing machine）旁邊
- 「阿姆斯壯」（Armstrong）可以替換為一隻「強壯的手臂」（strong arm）

　　「字詞替換」的主要概念，是想出一個景象或一連串連結的景象，聽起來夠相似而能夠使你想起原字，原本抽象而很難理解的一個字或概念，就變得不那麼陌生了。為一個字詞創造了一幅景象後，你就有一個更有形、可以看見的東西，別忘了，我們傾向記得自己創造的東西，下列是更多的例子。

- cytology（細胞學）。你看到一條上面繡了一個大「G」的毛巾（see a towel with a huge "G"，這句英文的se…

to...l...a...G，拼音起來和cytology很接近），你一直都想要有這麼一條毛巾，於是就偷了它，結果被關進牢房（cell，這個字既是「牢房」，也是「細胞」。）或者，你嘆氣（sigh），看著你的腳趾（toe），低吟G（low G）——sigh toe low G，但這是不被允許的動作，因此你被關進牢房（cell）裡，被迫學習（study）。雖然這樣聯想很奇怪，但很容易記住。

- lenient（仁慈，溫和）。想像一隻螞蟻傾靠（leaning，發音近似lenient）在一面乾淨的牆上，把牆弄髒了，牠的母親仁慈溫和，並未因此生氣。

　　差不多任何東西的學習與記憶，都可以使用這個方法，包括學外語，運作方式相同於記住英語字彙。事實上，你在英語碰上的一些字彙，可能也出現在另一種語言，下列是一些例子。

- très bien（法語），意指「很好」，發音聽起來像英語的「tray bean」（托盤豆子）。想像你當臨時保姆，照顧一個小孩，你在一只銀盤（silver tray）上，放一顆大豆子（bean），獎賞這個小孩表現很好。

- facile（法語），意指「簡單，容易」，發音聽起來像英語的「face eel」（面對鰻魚）。想像一位朋友挑戰你抓住一條鰻魚（eel），把它靠近你的臉（face），你這麼做了，並且說：「這很容易！」

- travailler（法語），意指「工作，上班」，發音聽起來像英語的「traveler」（旅行者）。想像一位旅行者

（traveler）邀請你一起渡假，但你沒法去，因為你必須工作。

- escargot（法語），意指「蝸牛」，發音聽起來像英語的「scar go」。想像一隻蝸牛爬進一輛外型像S的車子（S-car）裡，發動了車了（go）。

- merci（法語），意指「謝謝」，發音聽起來像英語的「mare sea」（母馬海）。想像你救了一匹母馬（mare）免於溺死在海（sea）裡，牠對你說：「謝謝。」

- aprender（西班牙語），意指「學習」，發音聽起來像英語的「a blender」（一台攪拌機）。想像你把你的書本放進一台攪拌機（a blender）裡。

- escuela（西班牙語），意指「學校」，發音聽起來像英語的「S-quail」。想像一隻胸前有個大大的超人「S」字的鵪鶉（quail），進入你的學校。

- ayuda（西班牙語），意指「幫助」，發音聽起來像英語的「are-you-the」。想像你溺水了，需要幫助，某人前來援救，問你：「你是那個溺水的人嗎？」（Are you the person drowning?）

- mando（西班牙語），意指「指揮，命令」，發音聽起來像英語的「man（或moon）doe」。想像一個男人（man），命令一隻雌兔（doe）跳上月亮。

- estrada（西班牙語），意指「道路，公路」，發音聽起來像英語的「extra day」（多一天）。想像你去渡假，但公路上塞車，多塞了一天（extra day）。

現在，你可以用這個方法，試試下列的西班牙語字彙：

- desventaja（handicap，不利條件、缺陷、障礙）
- pelo（hair，頭髮）
- bolso（handbag，女用手提包）
- dinero（money，錢）
- leer（read，讀）

我用這些例子，幫助解說這種方法的基本技巧，讓你了解它們的旨趣。你可以把這些技巧，應用於學習和記住近乎任何東西，這個方法的原則既彈性且通用。舉例來說，若你想區分和記住陽性詞或陰性詞，只須對陽性詞加上一頂大禮帽的圖像，對陰性詞加上一件洋裝的圖像。這個方法沒有什麼死板的規則，請發揮你的創意，天馬行空，大玩趣味！

堆疊應用：結合多種方法

學習新字彙或外語字彙時，可以結合使用上述方法和你在第12章〈研習〉中學到的方法。舉例來說，我們曾經談到「間隔重複」的方法，這種方法在這項應用中極有幫助。我們也談到了運用音樂，巴洛克音樂非常有助於學習語言。已經在你工具箱中的那些研習方法與技巧，都可以在此拿來作為新用途。

閱讀下一章之前，請做這些練習

　　我希望你現在已經了解，訓練有素的記憶力，是讓你變得無限的一項關鍵。你的記憶力經過精調後，你就變得遠比記憶力未經訓練之下的狀態更為優秀了。本章涵蓋如何改善你的記憶力的基礎概念，你也可以上limitlessbook. com/resources，註冊觀看分成三部分的記憶力訓練影片，那是我送給你的禮物。閱讀下一章之前，請花點時間嘗試下列這幾件事：

〈三部分記憶力訓練〉

- 設法為自己提供記住資訊的更強大動機。光是認為記性更好很不錯，這恐怕還不夠。

- 想想看，你可以嘗試什麼方法，使你在重要而必須記住資訊的境況下，減少分心的影響？本書後文將提供你一些幫助減少分心的工具，但現在，你可以怎麼做，讓自己更專心呢？

- 試試看本章提供的每一種工具和方法，你可能馬上就能體驗到，你的記憶力明顯不同了。

「不讀好書的人，
　不會比那些
　無法讀書的人強。」

——馬克・吐溫

⑭

速讀

為什麼閱讀如此重要？

我該如何提升閱讀專注力和理解力？

我要如何從每次的閱讀體驗獲得更多？

　　歐普拉、愛迪生、前美國總統甘迺迪、比爾‧蓋茲，這些人有何共通點？他們都是優秀的閱讀者。領導人都是閱讀者。

　　歡迎來到資料年代，這是人類史上資訊最過剩的年代，過去數十年間產生的資訊，比之前幾千年間產生的資訊還要多。前谷歌執行長艾力克‧施密特（Eric Schmidt）說：「自人類文明開端至2003年，總計創造了5艾位元（Exabyte, EB）的資訊，但現在每兩天就創造那麼多的資訊。」而且，資訊創造量愈來愈快。這快速劇增的資訊，使得現今的競爭極其激烈，能夠跟進最新資訊的人，將具有成功所需的競爭優勢，不僅在學業和職場上如此，在其他重要的生活領域亦然。

　　研究顯示，閱讀能力和人生成就有直接關係。有技巧的閱讀者，能夠獲得較好的工作、較高所得，在生活中種種領域成功的機會更大。這麼想吧：若你的閱讀技巧普

通，那麼你和大多數人的理解相同，就不會帶給你多少競爭優勢，對吧？

　　不幸的是，多數人視閱讀為枯燥乏味之事，很花時間，冗長又令人生厭。你是否有過這樣的體驗：閱讀一本書的一頁，然後心想：「我剛才到底讀了什麼東西？」若你有過這樣的體驗，你並不孤單。

　　第1章談到我讀大學早期面臨的挑戰，那些挑戰大到我曾經認真考慮輟學。可是，當我接受挑戰，每週在研讀課業以外多閱讀一本書之後，我的學習開始出現相當大的進步。不過，直到某天發生一件事，我才知道自己進步了那麼多。

　　我從小就努力避免其他人注意到我，我是個害羞的小孩，不引起他人注目，我會比較自在。離家上大學後，這種情形依舊，我特別喜歡那種在演講廳上的大班課程，因為我可以坐在角落，避免被注意到。

　　有一天，我在演講廳上一堂這種大班課程，學生幾百人，教授在台上講課，使用投影機播放教材。課程中，他放映了一段文字，我立刻爆笑，這是我的自然反應，因為那句引言太好笑了。可是，整個演講廳鴉雀無聲，只有我一個人大笑，導致很多人看向我這邊。我想，在此之前，他們絕大多數都不知道我是班上的同學之一。

　　我很尷尬，我那麼努力當個隱形人，現在彷彿自己衝上台去吸引大家注意我。我臉紅到感覺整張臉就要燒起來了，我盡力退縮。

幾秒鐘後，其他人開始笑了起來。起初，我以為他們是在笑我，但隨著笑的人愈來愈多，我往四周看了看，發現他們根本沒在看我，正在閱讀投影片上的文字。那一刻，我才知道我的尷尬的源頭：我的閱讀速度比其他同學快太多了，以至於我的反應比所有人都快。在那之前，我知道我的閱讀速度加快了，我的閱讀理解水準也進步了，但直到那一刻之前，我不知道這是一種多麼珍貴且可以學到的能力。

雖然無意間爆笑出來，還是令我覺得有點困窘，但是了解到自己的學習，已經進步到一個全新的水準，使我在課後感到非常快樂。由於我自學的技巧，閱讀變成我的超能力之一，為我的無數學習突破鋪路。雖然我當時發誓，以後再也不要笑那麼大聲了，但是走出演講廳時，我對學習及發現剛才出現的其他超能力，真的感到非常振奮。

閱讀如何使你的頭腦變得無限

任何使你的學習變得無限的計畫，都必須包含閱讀。記憶是幾乎所有頭腦功能的基石，而閱讀則是近乎所有學習的基石。若有任何人告訴你，他們不閱讀，那就等同說：「我已經停止嘗試學習了。」沒錯，你是可以從觀看影片、聽播客或看電影中學習，就連最荒誕無聊的網路情境喜劇，也可能教你一些東西；但是，如果沒有專門的閱讀方法，幾乎不可能讓學習變成你生活中一直持續更新的動態部分，下列是個中原因：

- **閱讀啟動你的頭腦運轉**。閱讀時，你同時使用頭腦的許多功能，這對頭腦是一種強勁、有益的鍛鍊。哈斯金斯實驗室（Haskins Laboratories）總裁暨研究總監肯‧皮尤（Ken Pugh）指出：「為視力、語言及聯想學習等等其他功能而進化的頭腦部位，連結成特殊的閱讀神經網絡，這很富挑戰性。一個句子是頭腦必須進行推想的大量資訊的簡略表達方式。」[1]換言之，閱讀給你無比水準的頭腦鍛鍊；頭腦就像肌肉，你愈挑戰，它就變得愈強壯。

- **閱讀改善你的記憶力**。因為閱讀給予你的頭腦極佳的鍛鍊，閱讀時，你的腦部功能處於較高水準的運轉狀態，這其中的一大好處就是記憶方面。芝加哥拉許大學醫學中心（Rush University Medical Center）羅伯特‧威爾森（Robert S. Wilson）教授所做的一項研究顯示，閱讀具有顯著減緩記憶力衰退的功效。他指出：「我們不應該低估讀寫之類的日常活動，對我們的小孩、我們自身及我們的父母或祖父母的功效。我們的研究顯示，從童年到老年，藉由終身參與這類活動來鍛鍊我們的頭腦，對老年時的頭腦健康很重要。」[2]

- **閱讀改善你的專注力**。當我們坐下來讀一本書，或是花時間看報紙時，我們是在訓練自己專注於一件事上。不同於瀏覽網站或點選觀看YouTube影片，當我們在閱讀時，通常把絕大部分的注意力，集中在自己正在閱讀的東西上。因此，這種練習使我們更容易在做

其他事時，也應用相同水準的專注力。

- **閱讀改善你的詞彙能力**。有些人的言談聽起來就是比較聰明，當你碰上這樣的人，你的反應如何？你很可能會更加尊敬他們，甚至達到一定程度的服從。言談聰明者使用的詞彙，往往比一般人用的更豐富。閱讀能自然為你建立更豐富的詞彙，你閱讀得更多，就接觸愈廣泛的語言文字，了解這些語言文字在各種脈絡下的使用。由於閱讀是如此優異的專注力工具，你從中吸收非常多，等到你需要時，就能夠用到。

- **閱讀改善你的想像力**。若在學校或工作中，曾經有人給你一個故事提示，你大概知道，使用一個起始的工具，往往更容易創意思考。基本上，閱讀就是一個又一個的故事提示，例如：「若是站在此人的立場來看，會是怎樣？」；「我可以如何使用這個方法，提高生產力？」；「吉姆‧快克幫助我變得無限之後，我首先將做什麼？」優異的想像力，幫助你看到人生中更多的可能性，而閱讀則是使你的想像力，保持在高度的預備狀態。

- **閱讀改善你的理解力**。學習有多種形式，也具有許多元素。敏捷思考和技巧嫻熟是成功要素，但換位思考的同理心和理解能力，也不容忽視。閱讀使你接觸以往從不知道的生活、你從未想像到的經驗，以及大大不同於你本身的思考模式。這些將建立你對他人的同理心，以及你對廣大世界的了解。

Kwik Start 快速啟動

若你能以更快的速度、更優的理解力、更大的樂趣閱讀，你這個月會開始看哪些書？請列出三本你想看的書：＿＿＿。

自我評量你的閱讀能力

首先，你必須知道你目前的閱讀速度，又稱為基本速率。這閱讀速率的評量指標，是你每分鐘閱讀的字數。為評量你的閱讀速率，你需要一本易讀的小說、一支鉛筆及一個計時器，然後執行下列步驟：

1. 設定鬧鐘在兩分鐘後響起。
2. 以從容自在的速度閱讀，鬧鐘響時，停止閱讀，在你停止的內容處作個記號。
3. 計算內文正常三行字的總字數，然後除以3，得出平均每行的字數。
4. 計算你剛才讀了多少行。（只計算那些一行字至少超過半頁長度的行數，字數較少、未過半頁的不予計入。）
5. 把步驟3的平均每行字數，乘以步驟4算出的行數，得出你剛才閱讀的總字數。

6. 把這閱讀總字數除以2（你剛才閱讀了2分鐘），這就是你每分鐘的閱讀字數。現在就請你做這六個步驟，請你務必完成，才繼續閱讀接下來的段落。把這六個步驟的結果寫下來：

你目前的閱讀速率是多少？每分鐘：＿＿＿＿＿字。

　　一般人的閱讀速率通常介於每分鐘150至250個英文字，*當然這範圍將因閱讀材料的難易度而有所不同。若你每分鐘閱讀的英文字數遠低於100個字，有可能是因為閱讀的材料太難，或是你可能需要尋求協助（你將在本章學到的技巧也很有幫助。）

　　若某甲的閱讀速率是平均每分鐘200個英文字，一天閱讀及研習四小時；某乙的閱讀速率是平均每分鐘400個英文字（亦即閱讀速率是某甲的兩倍快），那麼相同的閱讀及研習量，某乙只需花兩個小時就完成了。閱讀速度較快的某乙，每天可以節省至少兩個小時。

⚛ *Kwik Start* 快速啟動

若你每天可以節省兩個小時，你會用這多出來的時間做什麼？花點時間想想，寫下你將把這每天多出來的時間用來做什麼？＿＿＿＿＿＿＿＿＿＿

＿＿＿＿＿＿＿＿＿＿＿＿＿＿＿＿＿＿＿＿＿＿＿

---

*　中文字大約300到500個字，最多不會超過800字。

導致閱讀速度慢的原因

　　很多人要不就是不閱讀，要不就是基於種種理由而選擇閱讀得很少。你的工作時數很長，下班時已經精疲力盡了；被動式娛樂（透過電視、電影、音樂等等），比從事需要閱讀的活動要容易多了；若你還得為了娛樂活動閱讀，那你寧願去打電玩。行，我聽到你的種種理由了。不過，若你已經理解我在前文列出的那些閱讀益處，你知道你必須每天安排一些時間閱讀。

　　很多人不閱讀的理由是，他們覺得閱讀很費力，只看一頁可能得花五分鐘，這使得閱讀一本300頁的書，就像從北部走到南部一樣。人們閱讀速度慢，原因有多種。其一，他們很早就停止學習閱讀了 —— 可能從小二或小三之後，就沒有再學習如何閱讀了，所以閱讀水準從未再進步多少；更重要的是，閱讀技巧也沒再長進，儘管他們仍在這種限制下繼續學習。另一種原因是，他們在閱讀時，未能讓自己保持專注。例如，他們一邊看書，一邊關注孩子的動靜，或者一邊看電視，或是每隔幾分鐘就看一下電子郵件等等。因此，他們總是反覆閱讀同一段內文，因為他們不夠專注，無法理解自己閱讀的內容。

　　閱讀速度慢的主因有幾個，你的閱讀效率由兩個主要部分構成：你的閱讀速度和你的閱讀理解能力。在探討提升閱讀效率的有效方法之前，我們必須先檢視導致無法閱讀得更快的幾項障礙。

1. 倒退重讀

你可曾經歷過下列情形？你閱讀一本書的一行，然後重讀那行？或是「徘徊閱讀」（wander reading）—— 漫不經心地回頭重讀已經讀過的字句。倒退（regression）一詞，指的是你的眼睛必須回頭重讀特定字句的傾向，幾乎人人某種程度都會這麼做，多數時候是出自潛意識這麼做。人們以為這麼做可以增進理解，但實際上，通常是減損理解，因為倒退或回頭跳讀（back-skipping），很容易迷失你閱讀的東西的意義與精華。倒退嚴重破壞了閱讀過程，並且減慢閱讀速度。

2. 技巧老舊過時

與其說閱讀是一種智力指標，還不如說它是一種技巧。和任何技巧一樣，閱讀這種技巧，也是可以學習、改進的。你上次上一門名為「閱讀」的課程，是何時呢？就多數人來說，那是在小學四年級或五年級時。若你跟多數人一樣，你的閱讀技巧，大概仍然和當年相同。問題是：在那之後，你的閱讀量及閱讀內容的困難度改變了嗎？閱讀材料的複雜度很可能大增，但我們的閱讀技巧仍然相同於當年。

3. 默讀

默讀是一個時髦詞，指的其實就是你的內心聲音。你

是否注意到，當你讀到這些字句時，有個內在聲音說出這些字句？嗯，但願那是你自己的聲音。默讀使你的閱讀速度受限至每分鐘只有幾百字，這意味的是，你的閱讀速度被限制在跟你的說話速度相當，而非你的思考速度。實際上，你的頭腦可以閱讀得比這快多了。

默讀來自何處？就多數人而言，它發生於你最早學習閱讀時。然後，你必須大聲讀出來，好讓老師知道你讀得正確。你還記得你必須和其他小孩圍成一個圓圈圈，大家輪流閱讀嗎？對許多人來說，這是很緊張的活動，要正確說出字句，壓力很大。你如何發音，很重要，此時，你的頭腦作出聯想：當我閱讀時，若我想了解一個字，就必須能夠正確說出這個字。

再後來，你被告知不要再大聲朗讀，而是要自己默讀。此時，你把「閱讀聲音」內化，多數人從此就一直這麼做。基本上，你相信若你沒有聽到文字，就不了解它們，其實不然。

這裡舉個例子：前美國總統甘迺迪是個很快速的閱讀者，每分鐘閱讀500至1,200個英文字，他找來速讀指導師訓練他的幕僚。甘迺迪的演講速度也相當快，大約每分鐘250個英文字。＊顯然當他閱讀時，他腦海中沒有說出很多文字。未必需要說出文字，你才能夠理解。

現在，請你想像一輛車，你的車子或某人的車子。它

＊　一般而言，美國人每分鐘講145至180個英文字為較佳口語演說範圍。不足125個英文字為太慢，超過180個英文字則太快。

是什麼模樣？什麼顏色？

你想到什麼？你可能會說：「藍色，有四個輪胎，棕色皮椅。」問題是，你腦海浮現的是藍色、輪胎或皮椅這些文字嗎？抑或浮現的是擁有這些東西的一輛車的樣貌？絕大多數人腦海中浮現的是樣貌，不是文字。如同上一章討論記憶時所說的，文字只不過是我們用來溝通想法或景象的一種工具。

閱讀時，你可以藉由想像閱讀的內容，大大提升你的閱讀速度和理解力。你未必需要「說出」所有文字，因為那得花太多時間。就如同你在閱讀時，不會說出句子中的「句號」、「逗號」、「問號」，你不會這樣讀一個句子：「我剛買了一些酪梨『逗號』藍莓『逗號』和綠花椰『句號』」，你知道那些標點符號，只不過是代表各種意義的符號罷了。

文字也是符號，95％的文字你以前已經讀過，不需要發音說出來。就像你不需要發音說出「因為」、「這」、「此」之類的填充詞，你看到就認識，不是唸出來才認識。重要的是文字代表的意義，而樣貌通常更能描繪意義，也更容易被記住。了解這個概念，是減少默讀的第一步。

關於閱讀的錯誤觀念
迷思1：速讀者無法理解得很好

這是閱讀速度慢者散播的不實謠言；事實上，閱讀速度較快的人，往往比閱讀速度較慢的人理解得更好。下列

提供一個類比：當你在一條人車稀少的街道上慢速開車時，你可能同時間做很多事：一邊聽電台，喝著一杯蔬果汁，向一位鄰居揮手，哼唱你喜歡的歌曲。你的注意力並不集中於任何一個地方，只是飄移、漫游著。

但是，想像你在賽車場上踩足油門，急速轉彎時，你比較專注，還是比較不那麼專注？我打賭你一定非常專注於前方、後方，不會去想你的乾洗衣物。同理適用於閱讀，閱讀理解力更佳的要領在於專注，但有些人的閱讀速度太慢，導致他們的頭腦非常乏味無聊，而無聊的頭腦不會很專注。頭腦能夠處理大量資訊，但大多數人閱讀時，一……次……一……字……地……餵……給……它，這令頭腦餓壞了。

若你的心思漫游及做白日夢，可能就是這個原因。若你不給你的頭腦它需要的刺激，它就會以分心的形式去別處尋找娛樂。你可能會心思漫游，想你晚餐要吃什麼、明天約會要穿什麼，或是聽走廊上別人的談話。前文問過你，你是否有過這樣的經驗：閱讀了一頁或一段，卻不記得剛才讀了什麼？發生這種情形，可能是因為你閱讀得太慢，以至於你的頭腦乏味無聊，失去興趣。或者，你可能使用閱讀作為一種鎮靜劑，結果成功睡著了。加快閱讀速度，你的頭腦受到刺激，你將會更專注，有更好的理解力。

迷思 2：速讀較困難、更費力

速讀其實較不費力，主要是因為訓練有素的閱讀者，

通常不像慢速閱讀者那麼常回頭跳讀。慢速閱讀者在字裡行間停下，重讀文句，去看另一個字，倒退到前面的字句等等。在整個閱讀過程中，他們一直持續這種情形，這得更費力，而且非常累且乏味。速讀者以遠遠更少的時間，更輕易地瀏覽文字，這使得閱讀更有效率，因為花的時間少，而且過程中收穫更多。

迷思3：速讀者無法賞識閱讀之美

這也是不正確的觀念。你不需要研究一件畫作的一筆一畫，才懂得欣賞。同理，你不需要鑽研一本書的每一個字，才能賞識這本書的價值。身為一個訓練有素的閱讀者，最棒的優點之一是彈性。速讀者可以選擇快速瀏覽較乏味或不重要的內容，對於引人入勝或重要的資訊，則是放慢閱讀速度，甚至重讀一次。彈性就是力量，速讀者知道閱讀不會花掉自己太多時間，因此重視讀完多數內容。

視覺節奏器：用手指輔助閱讀

小時候，你大概被教導，在閱讀時，別用你的手指頭指著文字。傳統看法認為，這麼做會減緩你的閱讀速度。但是，小孩都自然知道，用手指頭引導，能使眼睛聚焦，防止目光游移。閱讀時用手指頭指引，其實能夠加快你的閱讀速度，因為你的眼睛被手指的動作吸引。

但是，知道是一回事，做又是另一回事。現在，我們來做個練習，拿前面你做閱讀能力自我評量時讀的那本小

說，用你的手指頭輔助引導，重讀一次。從一開始，就用你的手指頭邊指邊讀，一直讀到你先前做自我評量時停止的地方，別管你對內容的理解，也不必計時，因為這只是在練習而已。這個練習的目的，是讓你變得熟悉於在閱讀時，使用你的手指頭當作輔助。

做完這個練習後，接下來，在鬧鐘上設定兩分鐘，從你之前做自我評量時停止的地方開始閱讀，使用你的手指頭輔助引導。這次，鬧鐘響時停止，請你用前面的公式，計算一下你的新閱讀速率，寫下來：

我的新閱讀速率是，每分鐘：＿＿＿＿＿＿＿字。

研究顯示，閱讀時使用手指引導，可以使你的閱讀速率提高25％至100％。你愈練習這項技巧，成果將會愈好。起初，可能會有點笨拙，但就像你剛開始學開車一樣，要有點耐心。別忘了，剛開始練習任何技巧時，總是得多費力。

用手指輔助引導閱讀，也在你的學習過程中，使用到你的另一種感官 —— 觸感。就如同嗅覺和味覺的緊密關聯，視覺和觸覺也很緊密連結。你拿過東西給小孩子看嗎？小孩的自然本能就是一看到這個東西，就想去觸摸。

使用你的手指輔助引導閱讀，還可以大大減少你倒退重讀，這是這項技巧提高你的閱讀速度的原因之一。你的眼睛自然被手指的動作吸引，藉由手指頭向前移動，你的眼睛比較不可能再往回看。

練習用手指頭輔助閱讀，光是這項簡單工具，就可以顯著加快你的閱讀速度和理解力，大大改變你的學習成效。若你的手指頭累了，可以練習用你的整個手臂，前後移動。手臂的肌肉更大，比較不那麼容易疲累。

如何閱讀得更快？

下列是幫你加快閱讀速度的其他三種方法。

1. 閱讀就像運動

你去健身時，若是嬌縱呵護你的肌肉，就不能期望它們會變得更強壯。你得鍛鍊你的肌肉到有點不適的程度，才能讓它們強壯起來。同理也適用於閱讀，若你逼迫自己閱讀得更快，你的「閱讀肌肉」就會變得更強壯，原本困難的，就會變得容易。你只需要訓練自己閱讀得更快，你就能夠閱讀得更快。跑步者知道這個道理；當你在跑步機上跑時，若你經常跑，你會觀察到自己愈跑愈快。曾經困難的速度，一週後就變得容易了，因為你把自己推向更優異的水準。

為了提升你的閱讀速度，請試試看下列這個練習。你需要一本易讀的小說、一支鉛筆，以及一只手錶或計時器：

（1）使用你的手指或一個視覺節奏器（visual pacer），例如：一支筆，用來代替你的手指作為輔助，以從容自在的速度閱讀四分鐘。設定鬧鐘

四分鐘，以你平常的速度閱讀。鬧鐘響時，停止閱讀，在你停止的內容處作個記號，這是你的「終點線」。

（2）然後，把鬧鐘設成三分鐘，目標是在鬧鐘響起之前，閱讀到這條終點線。請你開始閱讀，使用你的手指輔助引導閱讀，在三分鐘內閱讀到這條終點線。

（3）接著，把鬧鐘調成兩分鐘，別管你是否理解內容，嘗試在兩分鐘鬧鐘響起之前抵達終點線。你可以用手指或視覺節奏器，一行一行地划著閱讀，讓你的眼睛盡可能快速跟著你的手指頭或視覺節奏器移動。

（4）最後挑戰，把鬧鐘設成一分鐘，盡全力在一分鐘內抵達你的終點線。別跳過任何一行，目前也別管你是否真的理解內容。

（5）現在，深呼吸一下。設定兩分鐘的鬧鐘，從你的終點線開始閱讀新的內容，用你從容自在、可以理解內容的速度閱讀，兩分鐘到了時停止。計算你閱讀的行數，乘以每行字數，再除以2，得出你的新閱讀速率，寫下來：

我現在的新閱讀速率是，每分鐘：＿＿＿＿＿＿字。

感覺如何？做完這個練習，你將會發現，你的閱讀速率提高了。這裡給個比喻：你以時速100公里行駛於公路

上，然後因為輕微塞車，降速至60公里，你會發現到速度上的差異，因為你之前習慣較高速的行駛。但實際上，時速60公里並非變得很慢，這全是相對而言。

同理也適用於閱讀，若你逼自己比通常的閱讀速度快上兩、三倍，當你後來再放慢到感覺從容自在的速度時，你原先的閱讀速度就感覺相當緩慢了。

每天做這個練習至少一次，直到你對自己的閱讀速度感到滿意。請安排你每天的閱讀時間，就跟運動一樣，你不能期望只做一次運動，這輩子就不需要再運動了。你必須經常閱讀，否則你的閱讀肌肉將會變弱。

2. 擴展你的周邊視野

你的閱讀周邊視野，是你看一眼時能夠看到的文字範圍。藉由擴展你的閱讀周邊視野，你將能夠一次看到更多的字。多數人被教導一次只讀一個字，但實際上，你一次能夠讀到更多字。

你最初在學習閱讀時，他們告訴你，文字是由字母或筆畫組成的。你還是個小孩時，你讀一個英文字是唸出它的英文字母，例如，「report」這個英文字，被拆成字母「R-E-P-O-R-T」，好讓你能夠學會。但現在，你年紀更大了，閱讀時不會那麼注意字母或筆畫，看的是較大的單位，也就是整個文字。

人們閱讀速度有限的原因之一是，一次只讀一個字。在「report」（報告）這個英文字後面加上「card」（卡）

這個英文字，形成「report card」，這兩個英文字原本各有含義，你的頭腦如今把它們合起來看，知道那是「成績單」。就像你的頭腦能夠同時看到這兩個英文字，它也能夠同時看一堆字，這麼做，你的閱讀速度就會變得更快。你現在閱讀英文，看的是英文單字，而非單字裡的字母。有技巧的閱讀者看的是一群文字（或概念），而非看個別文字。下列灰框中提供更多閱讀訣竅，你可以用來訓練自己「看到」更多文字。

如何擴展你的閱讀文字量

- 把你閱讀的書立起來。若你把書攤平在桌上，你可能會做下列兩件事之一：

  1. 不是直視內容，而是以一個角度閱讀內容，這對你的眼睛造成不必要的壓力；或者

  2. 為了看清楚內容，你必須低頭，這會妨礙氧氣流通你的全身，導致你容易疲倦。

- 一次只閱讀20到25分鐘 —— 別忘了初始效應和新近效應。此外，當你的眼睛感到疲勞、眼壓高時，休息一下，閉上眼睛。

- 請養成閱讀的習慣。那些人生成就高的人士，幾乎都熱中閱讀。優異的閱讀者經常閱讀，要訣在於把閱讀變成一種習慣，請送自己這份禮物吧。

3. 計數

　　做過我在本章介紹的練習，默讀的問題就會開始減輕，因為讀得更快的過程，自然使你更難唸出所有的字（縱使是在腦海中默唸。）當你的閱讀速度超過一定速率（英文約每分鐘300至350個字），你將不可能默讀所有的字。達到此門檻，你的大腦就開始從「唸文字」切換為「看它們」——把它們當成影像來看，閱讀一本書變得更像在看電影。

　　計數是可用來壓過默讀這種內在聲音的另一種工具，方法非常簡單：在你閱讀時，大聲計數：「一，二，三……。」你會發現，你很難同時大聲計數和默讀；因此，若你計數，你就會減少默讀，迫使你去看文字，而不是唸出它們，從而提升你的閱讀速度和理解。

　　我們傾向記得與了解自己看到的東西，勝過我們聽到的東西。這是有道理的，就像大多數的人能夠想起自己看過的某個面孔，但比較不容易記得自己聽過的姓名。所以，做這些練習，你的閱讀速度將會改善，因為你不再唸出每一個字了。起初，你可能會有點困惑，你的理解力甚至可能降低；但很快地，你的頭腦就會對計數生厭，最終停止計數。經過一些練習，你的理解力很快就會提升，因為你將能夠更充分看到和理解內容。

成功故事

　　我們的學員閱讀速度加快的成功故事，多到可以寫成一本書，我們也經常在社群媒體上貼文分享這些故事。這裡舉一個我們今天剛收到的成功故事：莎拉的閱讀速度非常緩慢，難以專注，她覺得自己不可能詳細記住名稱和事件。經過多年努力，她最後相信，她永遠無法改善自己的閱讀能力或研習能力。

　　在我的課程中，我向學員們強調，我們的目的不是要「做到完美」，而是要「追求進步」，這引起莎拉的共鳴。她發現，她一直在尋求複雜的解方，但我們傳授的工具和方法是最好用的，它們很簡單，但也因此經常遭到忽視。莎拉決定，要持之以恆，盡力學習這些工具和方法，就算心生懷疑，也要堅持下去。

　　成果就是最好的證明：莎拉現在的閱讀速度加快為三倍，從每分鐘閱讀253個英文字，提升至每分鐘閱讀838個英文字。她的每一天以閱讀展開，使她能用正能量開始每一個早上，感覺自己當天已經達成了某件事。

　　我們的另一個學員路，在學了真正有幫助的方法後，閱讀能力也顯著進步。路擅長工程及數學之類高度左腦型科目，並且取得電機工程學士學位，但是他修的每一門英文課，都表現得很差。在學時期，他非常難了解他閱讀的英文字，以及這些文字背後的含義。他相信，他之所以能夠畢業，是因為老師們出於同情，給了他「C」的成績，

但其實他根本不及格。

路在三十五歲時，開始上改善閱讀能力的課程，獲得了一些幫助。但是，經過四年的努力，他仍然停留在二年級的閱讀水準。雖然這已經比他原先的水準大大進步了，但離他期望的水準還差了一大截。駕馭文字和概念的能力仍然很差，令他非常沮喪，其中的一大問題是，他一直試圖靠死記硬背的方法來學習 —— 一再閱讀相同的一段，希望自己能夠吸收，但是直到讀完那一頁，他還是沒有學到任何東西。

雖然明顯進步了，對路而言，找到正確、合適的課程是突破關鍵。我們的記憶課程，教他如何吸收正在閱讀的材料。此時，他開始多花一點時間，想像自己正在閱讀的字句，並且使用左手作為視覺節奏器，幫助刺激他的右腦。終於，此生以來，他頭一次順暢閱讀書籍，而且能夠讀懂。

Kwik Start 快速啟動

請你每天安排至少15分鐘的時間閱讀。把它當作一項重要約會，排進你的行事曆，致力於把閱讀變成你的日常習慣。

閱讀下一章之前，請做這些練習

　　增強你的閱讀和學習能力，將帶給你無比的自由。能夠發揮最大學習潛能的人，心生主宰感，有信心不會被任何工作或挑戰嚇倒。除了本章分享的方法，你也可以上 limitlessbook.com/resources，註冊觀看一小時的速讀深造課程影片，我將在影片中教你這些方法。閱讀下一章之前，請花點時間嘗試下列這幾件事：

- 辨識出一個你想改變的閱讀習慣。任何轉變都需要你先認知到，是什麼在阻礙自己，並且在實踐的過程中，注意到阻礙出現。

- 每天練習用一個視覺節奏器來輔助引導你的閱讀。請你安排時間閱讀，哪怕每天只有十分鐘也行，這可以幫助鍛鍊你的「閱讀肌肉」。

- 列出你這個月想讀的書籍清單。讀完以後，將使你的生活有何改變，把它們寫下來。

掃描後註冊觀看影片

「思考是世上
最難的工作，
或許這正是
極少人
喜愛思考的原因。」

—— 亨利・福特 Henry Ford

⑮

思考

為什麼從各種角度思考很重要？
人們使用智能的種種方式是什麼？
藉由不同的思考，你可以運用哪些超能力？

　　成就大事，往往需要新的思考方法。下列這句話，通常被指為出自愛因斯坦：「我們不能用製造問題時的思維來解決問題」，這當然是十足有道理的。我們太常在工作上、家庭生活中，以及我們的研習中採取特定觀點，從而排除不符合這些觀點的其他方法。這有兩大問題，其一，所有觀點都應該經常被質疑與檢視，以確認仍然適用或可行。例如一種太常發生的情形：一家公司倒閉，事後發現，該公司完全埋首於用特定方法面對市場，以至於未能看出瞄準的顧客，已經不再如同以往那般熱烈反應了。觀點固定不變的第二個問題是，挑戰往往是一種特定思維的產物，唯有引進新思維，才能找到解答。

　　為何多數人的思考範圍有限呢？我認為，答案同於我們討論「專注」這個主題時談到的：因為在學校時，我們沒有上過「思考課」。所幸，上這個課程永遠不嫌遲，我現在就要讓你上這堂思考課。

六頂思考帽

英國學者愛德華・狄波諾（Edward de Bono）提出「六頂思考帽」（six thinking hats）的概念，幫助我們擺脫陷入思考溝槽。[1]這個概念經常被用來幫助團體，更有成效地解決問題，但它也適用於任何想要保持新穎思考的個人。這個概念的核心論點是，把思考區分為六種明確定義的功能，並且戴上不同顏色的隱喻帽子：

- 當你處於收集資訊模態時，你戴上**白色帽子**。此時，你的焦點擺在收集詳細資訊，取得你試圖處理的課題所有必要的相關事實。為了幫助你記住這點，你可以聯想到實驗室的白袍。

- 切換至**黃色帽子**，對你的思維注入樂觀。為此，你辨識你面對的任何問題或挑戰的正面或有益點，凸顯本質中的價值。為了幫助你記住這點，你可以聯想到黃色的太陽。

- 接著，戴上**黑色帽子**，從檢視挑戰好的一面，轉向面對其中的困難和陷阱。此時，你面對萬一不能成功解決問題時的後果。為了幫助你記住這點，你可以聯想到法官的黑色罩袍。

- 接下來，戴上**紅色帽子**，讓情緒開始作用。此時，你可以讓你對問題或挑戰的感覺浮現，甚至表達你內心的恐懼，你也可以在交談中，說出你的推測和直覺。為了幫助你記住這點，你可以聯想到紅色的心臟。

- 而後，戴上**綠色帽子**，進入創意模態。先前，你已經分析、檢視過問題，情緒性地看待它，現在，問問自己，你可以對這個你已經知道的問題，注入什麼新點子？你可以用什麼過去沒有考慮到的方法處理？為了幫助你記住這點，你可以聯想到綠草。

- 最後，戴上**藍色帽子**，進入管理模態，確定你已經有成效地處理你的議程，也經歷戴上其他所有帽子而受益的流程。組織常常一開始先戴上藍色帽子，訂定一場會議的目標，並在最後再次戴上藍色帽子。縱使你是獨自使用這六頂帽子，你也可以考慮仿效組織的這種做法。為了幫助你記住這點，你可以聯想到藍天。

狄波諾提出的這個解決問題的思考方法巧妙且井然有序，非常有助於發揮你的思考力，核心理念是全方位檢視一項課題或問題。首先，你確保你清楚了解你必須解決的課題或問題（藍色帽子）；然後，你取得和這課題與問題有關的所有事實與資訊（白色帽子）。接著，確保你正面積極地看待這課題或問題（黃色帽子），然後正視你面臨的挑戰（黑色帽子），並且讓你的情緒浮現（紅色帽子）。接下來，從你以往可能未考慮到的角度去看待問題，讓你的想像力馳騁（綠色帽子）。最後，回到起始點，確定你已經處理了你這次會議或思考時段想要處理的課題或問題（藍色帽子）。

瞧，這一件工作，你以多少不同方式來使用你的頭腦！分析性思考、情緒性思考、創意思考，探討陽光面和

黑暗面，而且你鐵定用了你沒有天天自動模式般運用的一些工具（雖然從此以後，你可能會自動使用這些工具。）愛因斯坦一定以你為傲。

🧠 *Kwik Start* 快速啟動

想一個你現在必須解決的問題，也許是：「我該如何獲得那份工作？」，或「我該如何與家人有更好的溝通？」使用「六頂思考帽」模型，從不同的角度與觀點，檢視你試圖解決的這個問題。

你是哪種智能型？

有工具幫助我們做種種不同的思考，這為何很重要呢？因為人們通常用一種主要、支配的模式來使用智能。哈佛教育研究所認知與教育教授霍華德・加德納（Howard Gardner）大量且廣泛地研究智能，辨識出八種類型的智能：[2]

1. 空間型（spatial）：這類型的人通常從周遭空間的角度來思考。飛行機師往往是空間型思考者，西洋棋傑出玩家也是，因為他們需要直覺了解事物如何鑲入空間裡。印象派畫家莫內（Claude Monet）也是空間型思考者，因為他的畫作非常善於使用空間。

2. 肢體動覺型（bodily-kinesthetic）：這類型的人通常使用肢體作為展現形式或解決問題。體操運動員有優異

的肢體動覺智能，鼓手也是。說到這類型的智能時，我第一個想到的是女網運動員大威廉絲（Venus Williams），她以少見的方式，在網球場上用肢體展現她的才能。

3. **音樂型**（**musical**）：這類型的人有優異的「節奏、音高、韻律、音調、旋律及音色等等感受性。」[3]音樂家顯然具有優異的音樂型智能，詩人也是，他們使用韻律和節奏的能力，不亞於他們使用文字的功力。我想到的這類型代表性人物是莫札特。

4. **語言型**（**linguistic**）：這類型的人特別通達言語（words）──各種含義的言語，非僅限於字典的定義。作家當然是這種類型，優秀的演說家和律師也是。說到語言型智能，我第一個想到的是莎士比亞。

5. **邏輯數理型**（**logical-mathematical**）：這類型的人擅長看出「動作或表徵之間的邏輯關聯。」[4]數學家自然能夠看出或尋找不同數字之間的關連性，科學家在實物之間或對物體的作用力之間找出關連性。我最先想到這個類型的範例是愛因斯坦。

6. **人際型**（**interpersonal**）：這類型的人天生善於和他人往來互動，很了解他人在特定時刻可能有何感覺。心理諮商師通常有優秀的人際型智能，學校老師也是。說到人際型智能，我就想到歐普拉，因為她極擅長與她交談的對象產生共鳴。

7. **內省型**（**intrapersonal**）：若你是內省型智能者，你特別能察覺你的內心活動。有優秀內省型智能的人，很

善於「測量自己的溫度」，他們感觸自己的感覺，知道什麼觸動他們，也很了解如何管理這些。若你認識的某人縱使在困難境況下仍然冷靜，那麼此人很可能有優異的內省型智能。

8. **探索自然型（naturalistic）**：這類型的人能夠看出自然界的複雜性，你看到的是一片花海，但他們看到四種鬱金香、八種薰衣草，以及一種你以為是雜草的稀有品種青草。動物學家往往是這種智能類型，景觀設計師也是。說到這種類型的人，我第一個想到的是著名的靈長類動物學家珍·古德（Jane Goodall）。

你是否符合前述類型之一？很有可能你符合的不只是一種類型，因為很少人只有一種類型的智能，你可能具有一、兩種主要的優勢智能，以及幾種不定時使用的智能，但同時，你一定極少或甚至不曾使用到這八種智能當中的某些。

不過，所有這些類型的智能，在世上都有成功運作的方式；當你面臨特定工作或問題時，可能得運用到其中的某種智能。知道這八種類型智能，並且在戴上六頂思考帽時，考慮到每種類型的智能，這是使你的思考變得無限的極有效方法。

你的學習風格是哪一種？

每個人的智能類型不同，每個人的學習風格也不同。「視－聽－動覺學習風格」（VAK learning styles）模型，自

1920年代起被使用至今，可以顯示你偏好如何學習事物：

- **V是「視」（visual）**，意指你傾向透過圖解、圖表、影片，以及其他的視覺媒體學習。

- **A是「聽」（auditory）**，意指你最自在於透過聽的方式學習，例如：聽講課、討論、播客、有聲書等等。

- **K是「動」（kinesthetic）**，意指你偏好透過實體互動的方式學習，這類型的學習者往往從親自做的學習方式中收獲更多。[5]

你可以做下列的快速測驗，了解你是哪種風格的學習者。

1. **當你不大了解或記不住某件事時：**
   a. 你對它沒印象或不能產生共鳴
   b. 它似乎含糊或不清楚
   c. 你無法理解或感受不到

2. **你要教一個朋友如何前往你家時，你會怎麼做？**
   a. 畫張地圖給她
   b. 向她口頭講解
   c. 開車去接她

3. **你住進一家旅館，租了一輛車，你想去拜訪一位朋友，但你不知道地址，你希望他們：**
   a. 畫張地圖給你
   b. 向你口頭講解
   c. 開車來接你

「未經省視的人生，
不值得活。」

——柏拉圖

4. **下列何種情況下，學習技術性材料對你而言最容易：**

   a. 有人向你講解

   b. 你能看到概念及全貌

   c. 你可以在做中學習或摸清楚

5. **你打算為家人做一道點心，你會：**

   a. 做你熟悉的

   b. 翻閱食譜找點子

   c. 諮詢他人的建議

6. **你打算購買一套新的音響，除了價格，下列何者最影響你的決定？**

   a. 朋友對這套音響系統的意見

   b. 你自己對這套音響系統的感覺

   c. 這套音響的獨特外觀

7. **回想你人生中學習如何做某件事的經驗，例如：學會玩一種新的棋盤遊戲。別選擇很肢體性質的技巧，例如：學騎腳踏車。下列哪種方式，是你學得最好的方式？**

   a. 看指導說明、圖片、圖解或圖表

   b. 聽某人解說

   c. 親自做

8. **下列遊戲，你比較喜歡哪一種？**

   a. 猜猜畫畫（pictionary）

   b. 二十問，猜答案（20 questions）

   c. 比手畫腳猜字謎（charades）

9. **你打算學習如何使用新的電腦程式，你會：**

   a. 閱讀操作指南

   b. 打電話向朋友詢問有關這套程式的問題

   c. 開啟程式，透過嘗試來學習

10. **你最容易察覺和注意到下列何者？**

   a. 一套音響的音質

   b. 顏色、外型或樣式是否不協調

   c. 衣服感覺是否舒適

11. **你不確定「separate」和「seperate」何者拼法正確，你會：**

   a. 試著回想一下，選擇看起來對的那個

   b. 唸出來確認

   c. 寫出這兩種版本

12. **一部新電影即將上映，下列何者最影響你是否觀看的決定？**

   a. 親友討論

   b. 你的直覺或感覺

   c. 你看了預告片後的感想

13. **下列何種情況，你最容易記住方位指示？**

   a. 聽完後，口頭複述一次

   b. 視覺化

   c. 直覺判斷如何前往那裡

14. 你偏好老師或訓練師使用下列何者？

a. 書面講義、流程圖、圖表，以及其他視覺材料

b. 實地參觀、實驗及各種應用

c. 討論、邀請演講人及談話

15. 一旦你完全了解一個新概念後：

a. 它就變得具體，你對它有感覺了

b. 你感覺像是聽得清清楚楚

c. 你能夠想像得到

16. 仰賴下列何者，你能夠作出最佳決策？

a. 你的直覺

b. 你看得最清楚的東西

c. 你聽起來最好的束西

17. 在宴會中，你對哪種人最感興趣？

a. 有趣且口條好的講話者

b. 表現親切、令人感到輕鬆的人

c. 散發優美外貌的人

　　答完之後，參考下列解答，研判哪種學習風格對你而言最自然。

1: a (A) b (V) c (K)	**7:** a (V) b (A) c (K)	**13:** a (A) b (V) c (K)
2: a (V) b (A) c (K)	**8:** a (V) b (A) c (K)	**14:** a (V) b (K) c (A)
3: a (V) b (A) c (K)	**9:** a (V) b (A) c (K)	**15:** a (K) b (A) c (V)
4: a (A) b (V) c (K)	**10:** a (A) b (V) c (K)	**16:** a (K) b (V) c (A)
5: a (K) b (V) c (A)	**11:** a (V) b (A) c (K)	**17:** a (A) b (K) c (V)
6: a (A) b (K) c (V)	**12:** a (A) b (K) c (V)	

你對這些問題的回答，將幫助你了解你是哪種風格的學習者。極有可能，你是聽覺（A）、視覺（V）和動覺（K）的某種混合型，但你也許會發現其中一種是你的主要風格。這非常有助於你展開你的無限思考，因為你可以刻意加入其他的學習風格。

心智模式

心智模式為思考而建構，幫助我們理解周遭世界，我們可以把心智模式視為捷徑。比方說，我們全都聽過經濟學的供需模型，你大概熟知這個概念，供給代表市場上某個東西，例如：一項產品、服務或大宗物資的供應量，把供應量和市場的需求量對應起來，就決定了這個東西在市場上的價值，通常指的是價格。這個模型是了解市場情況的快速方法，未必總是正確，也不能解釋所有牽涉其中的因素，但不失為評估一個東西的價格或價值的簡單方法。

心智模式訓練你的頭腦思考；畢竟，你的水準不會跟著期望自動上升，若是下滑，則至少降到你的訓練水準。當你評估一個點子、作決策或解決問題時，心智模式是節省你的寶貴精力和時間的捷徑。

接下來的段落，要討論一些我喜歡的心智模式，有助於更快速、更明智地作出決策，以及創意解決問題。

作決策：40 ／ 70法則

快速決策的最大障礙之一是，我們總是覺得沒有「足

夠」資訊，可以作出「正確」決策。前美國國務卿科林·鮑威爾（Colin Powell）用他的「40／70法則」來解決這個問題，[6]他的這個法則是：絕對別在你取得的資訊，少於你可能取得的資訊的40％時作決策，但也別等到你取得的資訊，超過你可以取得的資訊的70％後才作決策。鮑威爾指出，少於你可能取得的資訊的40％時，你只是猜測；等待超過可取得資訊的70％，那就是拖延作決策。當然，這意味的是，你必須變得自在於你可能作出錯誤決策，但不論如何，縱使你取得了幾乎完整、充分的資訊，發生錯誤的可能性都存在，因此這種自在是必要的。

鮑威爾說：「當你擁有約七成資訊時，或許你就該作出決策了，因為你可能會坐失良機。我的經驗是，你要盡所能取得愈多資訊，然後注意你的直覺，那個你根據資訊所產生的直覺。有時候，我的分析頭腦對我說的，不是我會做的。」[7]

生產力：製作一張「不做清單」

或許，有人會覺得這件事聽起來違反直覺，但有時知道別做什麼的重要性，不亞於知道該做什麼。這項訣竅的最佳用途，就是把你的注意力導向當下重要的事，避免你把時間和心力花在不重要的瑣事。

常常，在一項計畫開始之時，或是在忙碌的某天，我們難以決定該專注在什麼上頭。「不做清單」的功效，就是在一開始，就決定你將絕對把哪些事情擺在一邊。我們

寫出當日待辦事項清單時，通常不會排定優先順序，也不會對這些事項給予對應價值或重要程度。傳統的待辦事項清單，很容易變成籠統涵蓋我們知道當天必須做的事項，而不是優先處理必須先做、最有價值或最重要的事項。

　　未免你以為「不做清單」充滿了諸如不看社群媒體之類的事情，下列教你如何編列這張清單：

- 首先，寫出可能重要、但因為外部境況而無法做的事情。例如，你可能在等某人的一封電子郵件，或是等同事完成整件案子他負責的部分。

- 其次，寫出你認為必須做、但不會對你的生活增添價值的事情，這些事情可視為「瞎忙」（busywork）。你可以考慮能否把這些事情委託他人，或是雇用他人代為處理。甚至，你可以想想，是否只有你會注意到這些事情沒做，別人完全沒注意到。這裡的重點是，你的時間最好花在那些能讓你的生活和目標前進的事情上。

- 接著，列出目前持續進行中、但多投入心力也不會增益的事務。這可能包括已經建立規律的事情，例如：料理孩子的午餐，或是每個工作日一開始，和你的團隊舉行簡短會議。這些是例行事務，不該塞進你每天的待辦事項清單上。

- 最後，列出他人交代的緊急事務，例如：針對專案研究一下背景資料，或是打電話追蹤進度等等。這些可能是必須做的事，但也許不需由你來做。[8]

　　你完成的這張「不做清單」，應該聽起來像是一張

「拒絕選單」，都是不能占用你的時間的事項。完成這張清單後，你會很容易辨識出那些能讓你的生活和目標前進的事情。

✨ *Kwik Start* **快速啟動**

現在就花點時間製作你今天的「不做清單」。你今天必須避免聚焦於哪些事情，以達成目標？明確列出這些事項，逐一打勾，確定你不做這些事：＿＿

＿＿＿＿＿＿＿＿＿＿＿＿＿＿＿＿＿＿＿＿＿＿＿＿＿＿＿

＿＿＿＿＿＿＿＿＿＿＿＿＿＿＿＿＿＿＿＿＿＿＿＿＿＿＿

＿＿＿＿＿＿＿＿＿＿＿＿＿＿＿＿＿＿＿＿＿＿＿＿＿＿。

解決問題：檢討你犯的錯

當我們花時間檢討自己犯的錯誤時，尤其是那些對我們的生活有持續影響的錯誤，就是把每個錯誤化為學習的機會。你可以使用下列這個模式，檢視你犯的錯誤，使你下次獲得較好的結果：

- 首先，搞清楚發生了什麼事，或是什麼事沒有發生。我們常把原因和相關性給混淆了，請務必釐清發生什麼事，到底是什麼導致錯誤或疏失。

- 然後，自問為何會發生這些錯誤，對事件做更深入的檢視。你可以連續問多個「為什麼」，直到已經抵達根源，答案都一樣。

- 接著，思考你之後可以如何避免犯相同的錯誤。若導致錯誤的一些因素非你所能掌控，思考你要如何預防這些不能消除的因素。
- 最後，善用你從這個檢討獲得的啟示，決定日後將如何創造最佳條件，以支持你獲得你想要的成果。[9]

　　舉例說明一下，請想像下列情境：你為你的小孩的學校發起募捐專案，但成效遠低於你的期望。首先，你必須釐清發生什麼事。你們是不是沒能激發家長捐款，還是捐款人沒有出現？且讓我們假定，有些家長有意捐款，但捐款金額不如你預期的多，或是有些家長完全沒捐款。

　　現在，你必須探索為什麼 —— 跟你們提出需求的方式有關嗎？跟募捐的時間點有關嗎？跟經濟狀況有關嗎？這些探索得出的答案，可能會引領出更多疑問。在此例中，且讓我們假定，你探索後研判，你們可能未能強調這次募捐的重要性，因為學校在兩個月前，已經舉辦過一次募捐活動，你們不想顯得太進取。結果，你們的過於禮貌，導致很多家長以為這次的募捐目的並不重要。

　　那麼，你未來要如何避免再犯相同錯誤？你決定，下次舉辦募捐活動時，要選在學年的更早時間點，而且不管距離其他募捐活動舉辦的日期有多近，你都會盡全力強調，你這次募捐活動的價值和重要性，讓家長知道為何必須慷慨捐助。結論是，你認知到，你必須改進傳達活動訊息的方式。所以，你決定去上一門相關課程，為明年的活動做更好的準備。

策略：二階思維

絕大多數人都會思考行動的後果，但很少人會在思考行動的直接影響後，再多思考兩步。萊恩・霍利得（Ryan Holiday）在《密謀》（*Conspiracy*）一書中，敘述創業家彼得・提爾（Peter Thiel）如何策劃並執行扳倒美國最多產（且最討人厭）的線上雜誌之一 —— 高客網（Gawker）。[10]更早前，高客網曝光提爾是同性戀者的身分，提爾決心對付該雜誌，但他沒有立即行動。他和一支團隊根據他們策劃的永久摧毀高客網計畫，用十年時間，策略性地採取一步步的行動。不論你對提爾的行動作何感想，它們絕對不是衝動思維的產物，這是一個二階思維（second-order thinking）的例子，能夠策略性地思考一系列事件。

這個模式簡單，但未必容易。在考慮未來行動時，為使用二階思維，你應該：

- 總是自問：「接下來呢？」
- 以漸進時間來思考，五天後的結果是什麼？五個月後？五年後呢？
- 使用欄位來列出你可能採取的行動的後果。[11]

一階思維比較容易，但是讓我們更深入考慮時間和後果的是二階思維。最棒的是，二階思維能讓我們看出別人未能看出的。

大躍進

　　逐漸往前是進步的明顯跡象，在變得無限的過程中，你的每一步，都是朝往正確方向的一步。但是，若你能使你的才智指數型地大躍進呢？畢竟，若我們能以正常步伐向前走三十步，我們可以走上街道上的某處，但若我們以指數型前進三十步，我們就能繞地球數十圈了。這就是愛因斯坦科技獎章（Albert Einstein Technology Medal）得獎人納溫‧傑恩（Naveen Jain）倡導的思維，傑恩創辦了一些舉世最創新的公司，包括第一家獲得政府批准登陸月球的私營公司月球快遞（Moon Express）、世界創新研究所（World Innovation Institute）、人力資源雲端解方供應商TalentWise、個人背景資訊收集與販售公司Intelius，以及綜合型金融服務公司Blucora。

　　傑恩告訴我：「指數型思維（exponential thinking）是當你開始用不同心態看待事物時，它不是框外思考，而是在完全不同的框架中思考。」[12]普通才智者就是在這種思維下，開始朝向變成無限才智者。誠如傑恩所言，線性思考（多數人的思考模式）導致我們看一個問題，尋求一個解方。我們可能從不同角度去看問題，戴上不同顏色的帽子，拓寬我們的思考，甚至可能得出有效的解方，因而進步，這都是有價值的進步。

　　但是，若我們檢視並解決問題的根本原因呢？這將可以產生指數型進步——改變世界的進步。傑恩舉一個例

子：世界許多地方欠缺乾淨用水。你可以從許多觀點，嘗試解決這個問題，包括設法改善過濾系統，建立輸送系統，把淨水從充沛區輸送至缺乏區。但是，若你發現，在欠缺乾淨用水的種種導因中，最大原因是太多淨水被用於農業灌溉，導致可飲用淨水的不足呢？那你就會嘗試用完全不同的方法來解決問題了。也許，你能設法讓農業使用明顯更少的水，例如結合氣耕（aeroponics）、魚菜共生，或是其他正在實驗中或尚未發明出來的栽培法？這將可以節省大量淨水，顯著解決原來的問題；這就是指數型思維的運作，明顯可見價值。

傑恩創立Viome公司的目的，是想改善慢性病普遍的狀況，他認為這是世界的健康危機。每個人的免疫系統不同，因此每個人的身體處理吃進去的食物的方式可能也大不同，傑恩團隊發展一種工具，分析一個人的腸道微生物體：「讓你能夠得知什麼食物適合你的身體，優化你的腸道活動，可以大大改善你的健康狀況。」[13]我撰寫此文時，他們正在收集來自大量用戶的資訊，這些資料將可以對使用此項工具的每個人，提供非常有益的建議。

傑恩總是在最宏大的層次運作，他是一個從不在同一產業創立兩家公司的成功創業家。他的運作理念之一是，創立一家10億美元規模的公司，「只是」為了解決一個100億美元規模的問題。多數人不會在如此宏大的規模上思考，但是你仍然可以使用指數型思維，鍛鍊你的心智，使你的個人才智變得無限。

指數型思考

　　那麼，個人要如何進行指數型思考呢？也許，你的目標不是要解決所有的世界問題、發明一種新技術，或是創立一家10億美元規模的公司。但是，你可以看看運用指數型思考，可以如何為你的學校、你的事業，或你的個人成長帶來大不同。所以，較不那麼線性思考，改為更指數型思考，可以如何大幅改變你的生活呢？

　　第一步，你要了解指數型心態是什麼模樣。在《哈佛商業評論》上刊登的一篇文章中，轉變思維顧問公司（Shift Thinking）創辦人既頓悟長馬克‧彭榭克（Mark Bonchek）繪製一張圖，在這張圖中，線性心態是一條歷時逐漸上升的直線。圖中繪出另一條升趨曲線，起初緩慢上升，然後越過前述線性直線，快速飛升，這條曲線描繪的是指數型心態。

　　彭榭克指出：「漸進式心態（incremental mindset）聚焦於使情況獲得改善，指數型心態（exponential mindset）則是聚焦於使情況變得不同。漸進式心態滿足於10％，指數型心態追求10倍。」[14]

　　他解釋：「漸進式心態繪出一條從現在到未來的直線。一個『良好』的漸進式事業計畫，使你看出你要如何從這裡到那裡。但指數模型不是直線，它們像道路上的一個轉彎，你無法看到拐角，但這條指數型曲線是上升的。」

　　彭榭克談的是把指數型思維應用在事業經營上，但相

事業階段

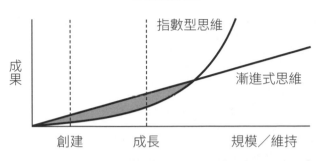

同概念也可以應用在思考生活中的其他部分。舉例來說，想像你試圖安排所有家人每週至少共進晚餐三次，你的線性心態會去查看每個家人的工作行程、學校行程、活動安排，以及社交安排，試圖排出一些空間。但指數型心態，就會設法把家人繁忙的行程變得不同。

也許，你真正的目的並不是「吃晚餐」，而是在一週內，找到所有家人都能共聚一堂、只聚焦於彼此的重要時刻。所以，問題根本不在於你們的行程，而是你們每個人如何選擇花用自己的時間。進展可能看起來不怎麼像是進展（三個月後，你們幾乎沒有比一開始時變得更好），但你們發展出的改變開始成形，你們突然有更多在一起的時間。

若你想要激發你的指數型思考能力，朝著無限才智躍進一大步，下次當你在思考需要解方的問題或工作任務時，可以考慮使用下列這四個步驟。

步驟1：探索根本問題

　　如同傑恩所舉的例子，在應付世界許多地方欠缺乾淨用水的問題時，核心問題可能根本不是表面上看到的問題。就像他說的，欠缺淨水的根本問題並非沒有水，而是有太多淨水被用於農業。解決根本問題，將可得出遠比解決表面問題更可行、更有成效的解方。

　　我們再回到晚餐的例子。表面問題是家人鮮少共進晚餐，因為每個人的行程太忙。但根本問題可能是，你們的行程之所以這麼忙，是因為你的另一半覺得必須工作長時數；你的女兒覺得必須成為傑出運動員；你的兒子覺得必須取得完美的學業成績，以申請到錄取率只有3％的大學；而你則是必須擔任三個非營利組織董事會的成員。不過，搞不好這些也不是根本問題。

　　或許，真正的根本問題是，你們每個人感受到的壓力，並不是因為你們個人有志於這些目標，而是因為你們生活的社區，看不起沒有這類目標的人。

步驟2：設想新方法

　　指數型思考的要訣之一是，讓你的思考中充滿「若……會怎樣？」（what if...）的疑問，幫助你一層層探索。約翰路易斯合夥公司（John Lewis Partnership）創新中心的工程師艾薇・麥基（Evie Mackie）說：「『若……會怎樣？』的疑問，讓你探索不設限的情境。例如：『若人

類必須適應生活於一個90％是水的世界，會怎樣？』，或『若我們不能再用手觸摸東西、互動，會怎樣？』這讓我們設想從未想像過的種種不同情境，讓我們想像我們需要什麼，才能在一個可能非常不一樣的未來世界生存。」[15]

在前面所舉的例子中，若你發現，根本問題是你生活的社區的普遍思想，迫使你和家人用活動來填滿你們的每日生活，結果占據了你們太多時間。或許，你可以思考：「若我們不在意別人的想法呢？」或者，你可以思考：「若一天只有十八小時，而非二十四小時呢？」甚至，你可以思考：「若我們住在別的地方呢？」

步驟3：閱讀

你應該已經知道，我強烈倡導盡量閱讀。閱讀比任何其他活動，更能釋放你的腦力。說到指數型思考，閱讀尤其重要。若你對一個主題沒有豐富、多元的觀點，你無法做出大躍進。

在做完「若……會怎樣？」的探索後，接下來請你研讀各種選擇的可能性。也許，你的另一半可以閱讀一些關於事業成功與快樂的關連性的書籍。也許，你的女兒可以閱讀一些部落格版主及影響力人士討論如何成為傑出運動員，並且進一步了解傑出運動員的生活型態等等。也許，你的兒子可以閱讀一些研究報告，了解從超級競爭的大學畢業後，職場成就與情緒面的關聯性。也許，你自己可以閱讀有關透過你所屬的非營利組織倡導理想的書籍，

重新思考這些理想對你的重要性。

步驟4：研判

　　若你已經辨識出根本問題、探索疑問，想像過一個沒有這些問題的世界，並且經由閱讀做過研究，接下來就是嘗試新情境的時候了。讓我們在此上演一個新情境：你和你的家人相信，你們的生活填滿活動，是因為你們需要這些，以維持你們在當地社區的地位。你們思考這個問題：「若我們居住在別的地方呢？」結果發現，家裡的每一個人，對這個想法都感興趣。你們閱讀相關資料後發現，若重新設想、改變你們的工作／運動／學校／慈善事業等等目標，你們可以變得更快樂、對生活更滿意。

　　所以，若你們搬到另一座城市，甚至移居另一個國家，會怎樣呢？你知道，做出如此巨大的改變，可能不會馬上看出進步。你已經看過漸進式思維的直線和指數型思維的曲線，知道做出如此巨大的改變，起初甚至可能看起來像是倒退了一大步，因為你們必須作出種種調適。不過，假設你們四個人已經探索了各種情境，判斷此舉是正確的，經過兩年的調適後，你們將會生氣蓬勃、和樂融融，全家幾乎天天共進晚餐。

繼續前進之前，請做這些練習

　　這是無限方法的最後一章，我相信，你現在一定躍躍欲試，想開始使用你在本書學到的所有東西。我將在本書

的最後，讓你一睹這些東西可能如何為你帶來效用。我會提供一個十天快速啟動計畫，讓你把所學應用到你的生活中。不過，在啟動十天計畫之前，請花點時間嘗試下列這幾件事：

- 回顧加德納分析的八種類型智能，哪些類型最符合你？
- 知道你是哪種學習風格後，你可以如何在你的思考中融入其他風格？
- 嘗試使用六頂思考帽。給自己一件較簡單的工作，使用狄波諾的思考方法。

「我們
不該停止探索。
所有探索終將
把我們帶回起點。
讓我們重新認識
這個地方。」

—— 艾略特 T. S. Eliot，
諾貝爾文學獎得主

後記

可能性的報酬

　　若你和絕大多數的人一樣，那麼剛開始閱讀本書時的你，有意識或無意識地被種種限制束縛、支配。這些可能是你對自己加諸的限制，也可能是別人對你加諸的限制。

　　也許，你想學習一種新能力，但你確信自己沒那個資質，學不來。也許，你想競爭工作上的升遷機會，但你內心的聲音不斷地告訴自己，你不夠格。也許，你相信你總是會忘了帶手機出門，或是你永遠記不住你在下個社交場合中結識的所有人的姓名，你永遠是個在演講或簡報必須「照本宣科」演出的無趣傢伙。若你吻合這些描述中的一或多項，現在你已經讀到了本書最後，我希望你已經準備好，向過去的自己告別。

　　讓我們來會會新的、無限的你吧。

　　無限的你擁有無限心態，不再相信種種「你無法……」、「你做不到……」的觀點。可能還有種種你「尚未」做過的事，以及種種你以往嘗試了、但是做得很

吃力的事；然而，無限的你知道，你的過去不等於你的未來。無限的你了解，你的頭腦是強大的工具，你的潛能遠比你以往所想的還大；只要你下定決心學習任何你想學的東西，你可以學習近乎任何技能。

　　無限的你擁有無限幹勁。過去，你或許能夠想像一種更宏大、更有抱負的人生；但實際上，你沒能讓自己採取行動。現在，你懂得如何調整習慣，以實現你的抱負。你能夠致力於終身學習與終身進步，而且這就像你早上著裝般自然。

　　你也知道如何透過食物、睡眠及運動，為你的頭腦補充燃料，使你能夠以最佳狀態展開一天。你總是做好準備，迎接新的、高要求的挑戰。你懂得如何進入心流，在開始做一件事後，你能夠完全沉潛其中。或許，最重要的是，無限的你已經開啟學習如何學習的方法，這使你變得遠比以往更為強大，一些實體限制除外，但凡你能學習的，你就能做到。而且，你現在可以使用的工具，使你能夠更快速地學習任何東西。這些，再加上你追求使專注力、記憶力、思考力、閱讀力變得無限時習得的那些技巧，你現在擁有最棒的超級英雄工具箱。

　　不過，超級英雄並非只是發現及發展超能力，每個超級英雄最終必須回報他們的世界，為世界所用。他們必須帶著在旅程中學到的啟示和智慧，不能只把超級力量用在自己的生活，必須學習使用超能力幫助他人。在電影《駭客任務》的結尾，尼歐戰勝了，擺脫限制。最後，他打電

話給「母體」（the Matrix）說：「掛斷電話後，我將向這些人類揭露你不想讓他們看到的。我將向他們展示一個沒有你的世界，一個不受支配或控制、沒有邊界或界限的世界，一個凡事皆有可能的世界。」他回到現實世界，但是帶著幫助激勵他人、解放他人心智的任務。

　　我希望你不只應用你在本書學到的工具和方法來改善你的生活，也可以幫助改善你周遭人們的生活，公式是：學習，贏得，回報。沒有任何一個英雄的旅程是只為了自己謀益，請善用你獲得的新知，幫助你周遭的人學習得更好、更快，幫助他們變得無限。

　　在電影《露西》中，史嘉蕾‧喬韓森（Scarlett Johansson）飾演的美國學生，在頭腦的全部潛能被釋放後，發展出超人能力。摩根‧費里曼飾演的神經科學家諾曼教授，幫助露西應付她的身心發生的驚人變化。露西問諾曼教授，她該用她的新才能來做什麼？諾曼教授以摩根‧費里曼那獨特的招牌嗓音這麼回答：

> 妳知道的……想想生命的本質 ── 我指的是最開始，當世上第　個細胞分裂成兩個細胞伊始，生命的唯一目的就是傳遞學到的東西，沒有比這更高級的目的了。所以，若妳問我，妳該用妳累積的所有這些知識來做什麼，我會說……傳承。

　　所以，請你思考：你打算用你學到的東西來做什麼？解決工作上面對的難題，使你和你的同事能夠對你們所屬

的產業、或世界作出影響？成立一個讀書會？閱讀你家裡堆得老高的期刊，把你從中學到的東西拿來教導你的孩子？以更靈活的方式，和他人互動往來？舉辦一場補腦食物晚宴？報名去上能夠為你開啟新門徑的課程？或是，報名開班授課？你會選擇哪些？

這些都是超級英雄會做的事，都是無限的你可以做到的事。

本書從頭到尾，你都有機會把學到的一些新技巧拿來立即應用。接下來，我規劃了一個讓你快速啟動的十天計畫，該是你開始結合運用你學到的所有東西的時候了。請你找任何一處著手，從一件事做起。我相信，一旦你開始做，你對自己的新發現，將會令你感到驚奇。無限的你，才是真正的你。假以時日，這個真正的你，將是你現在根本想像不到的一個人。

認識自己，相信自己，愛自己，做自己。

別忘了，你過的生活就是你教別人的課。請當個無限的人。

吉姆

十天快速啟動計畫

　　恭喜你讀到本書的最後，你是完成這件事的少數人之一，我衷心稱讚你。

　　本書涵蓋很多技巧與方法，我建議你實行你學到的所有東西。若你不知道從何做起，那麼這個十天快速啟動計畫，可以幫助你啟動你的無限旅程。

　　你可以遵循我為你打造的這個計畫，或者你可以從本書的每一部（心態、幹勁、方法）中，分別挑選你想實行的前三項訣竅，這樣，你就能聚焦於你覺得目前欠缺且需要更多幫助的領域。你也可以上 limitlessbook.com/resources，註冊觀看影片版的「十天快速啟動計畫」。

　　感謝你透過閱讀這本書，讓我擔任你的腦力教練，我期待聽到你進步的消息。

第一天：加速學習

　　第一天，把「FASTER」這個首字母縮略字付諸行動：

- **F是「忘掉」（Forget）**：想要如雷射般聚焦，要訣是移除或忘記使你分心的事物，有三件你必須忘記（至少暫時忘記）的東西：

    1. 你已知的東西
    2. 不緊急的事項
    3. 你的限制

- **A是「行動」（Act）**：傳統教育訓練許多人把學習想成是一種被動體驗，但學習並不是一種觀賞性活動，人腦在創造時獲得的學習，跟它在吸收時獲得的學習一樣多。知道這點後，請思考你可以在學習中，如何變得更積極、活躍？你可以做筆記，做本書的練習。

- **S是「狀態」（State）**：你的狀態是你目前的情緒快照，高度受到你的思想（心理）及你的身體狀況（生理）的影響。改變你的姿勢或你的呼吸深度，刻意選擇愉悅、陶醉、好奇的狀態。

- **T是「教導」（Teach）**：若你想大大縮短你的學習曲線，在學習時，請懷抱一個意圖 —— 把你學到的東西或資訊教給別人。

- **E是「登錄」（Enter）**：若你不記到行事曆上，很可能就不會做。所以，請拿出你的行事曆，在上面安排投資自己的時間，哪怕一天只有十或十五分鐘也行。

- **R是「溫習」（Review）**：用多個延伸段來溫習你學到的資訊，這樣你就更能夠記住資訊。請養成習慣，回想一下當天的重點，每天溫習你學到的東西。

想了解更多，請重讀第4章「FASTER」這個訣竅。

第二天：消滅你的「螞蟻」

辨察你腦海中那些聚焦於「你做不到」的聲音 ──那些「自動負面思想」（Automatic Negative Thoughts, ANTs），開始反駁。

記得，也別理會那些惱人的「謊言」（LIEs）──「抱持的局限觀念」（Limited Idea Entertained），經常檢查你的信念系統。當你發現自己這麼想：「我總會搞砸……」時，請這麼反駁：「我以前並非總是擅長這個，但這並不意味我現在不能變得擅長這個，我該如何學習、進步呢？」

不要限縮你的可能性，只是為了配合你腦裡的聲音。你應該擴展你的頭腦，展現出各種可能。想了解更多，請重讀第8章「消滅螞蟻」的段落。

第三天：質疑你的疑問

仔細思考支配性疑問的影響力，你可能有一個你整天下意識自問的問題，請辨察這個問題，想想你可以如何改變，藉以改變你的行為。知識本身不是力量，它只是具有成為力量的潛力，所以請開始詢問能讓你獲得賦能的答案的問題。想了解更多，請重讀第4章「問題就是答案」的段落。

第四天：想像你最想要什麼

　　若你不應用你在本書學到的東西，你將有什麼不利或劣勢？請花點時間，把它們全部寫下來。例如，你可能會寫：「我會繼續學得很辛苦，但還是只能獲得二流成績或工作」，或「我會繼續自我懷疑」，或「我無法在關愛的人面前，表現出最好的一面」，或是「我找不到好工作。」

　　現在，把你應用學到的東西後可以獲得的益處寫下來，例如：「我可以很有自信學會必須學習的東西，找到一份我愛的工作，賺很多錢，然後回饋給社會」，或「我會有更多空閒時間可以運動，變得更健康，還可以去旅行，有更多時間和另一半相處」，或是簡單如「我終於能有一點空閒時間，可以好好耍廢，輕鬆一下！」

　　你在寫這些益處時，要具體一點，看見它們，感受它們，相信它們，然後天天努力，想像你開心慶祝的時刻。想要了解更多，請重讀第7章「不改變，你將必須承受什麼痛苦和損失？」的段落。

第五天：思考你的目的

　　目的是關於你如何與他人連結，以及你想和這個世界分享什麼。你的「為什麼」是什麼？

　　想想，誰仰賴你變得無限？你的家人？你的愛人？你的朋友？同事？鄰居？對你的生活設限，會令誰感到失望？然後，想想當你展現100％的你時，你可以如何影響

他人的生活？這樣，你就能找到你的目的了。想了解更多，請重讀第7章。

第六天：開始養成一種有益的新習慣

用小而簡單的步驟，建立一種能夠引領你邁向成功的有益新習慣，把它變成你的早晨慣例。在下決心改變你每天做的某件事之前，你將不會改變你的生活。我們的日常決策和習慣，對我們的福祉及成功，有著巨大的影響。若你堅持不懈，你就能養成習慣；若你持之以恆，你就能保持習慣。漸漸地，一點點可以變成很多；別忘了，每個專家都是從新手做起。

選一項你將從今天開始的新習慣，你可以如何把它分解成小而簡單的步驟，使你能夠每天堅持地做下去？想了解更多，請重讀第9章。

第七天：為你的頭腦供給能量

善用你的精力，天天致勝。天天吃下列補腦食物中的一或多種，其中，你最喜歡哪種，為什麼？切記，吃什麼，大有影響，尤其是對你的灰質組織。你現在的飲食能夠增進或耗弱你的精力？寫出你能使用下列補腦食物製作的一些創意料理食譜：

酪梨　　　　　　綠葉蔬菜
藍莓　　　　　　鮭魚

綠花椰	薑黃
黑巧克力	核桃
蛋	水

想了解更多，請重讀第8章從「有益頭腦的飲食」開始的相關段落。

第八天：優化你的研習

研習不是只有在學學生需要做的事，我們都是終身學習者。請建立最理想的研習與學習狀態，移除令你分心的事物，使用「HEAR」（停止、移情、期待、回顧）方法，觀看一支你從未看過的TED演講影片，練習你的聆聽技巧。想了解更多，請重讀第12章「如何提升研習效率？」的段落。

第九天：永遠記得「MOM」

做任何事之前，記得查一下你的「MOM」（動機、注意、方法），也別忘了檢視一下你的「為什麼」。你要記住某人姓名的動機是什麼？你注意到什麼？切記，你的記憶力問題，大多不是你記不住的問題，而是你的注意力不足的問題。針對你今天遇到的每個新朋友，練習使用聯想的技巧，記住對方的姓名。若你忘了某人的姓名，是因為你的動機、注意力或方法，導致你忘記對方的姓名呢？把原因寫下來。接著，再試試另一個人。

縱使是在店內購物、走在街上、看電視，或是做任何其他事時，你也可以練習這項技巧，對你看到的陌生人指派一個名字，爾後測試自己記得多少人的名字。想了解更多，請重讀第13章「任何時候都能依賴『MOM』」的段落。

第十天：擁抱閱讀的力量

設定你每天的閱讀目標，就算一天只讀十分鐘也行。開卷有益，而且這些好處會隨著時日利滾利地增加，關鍵在於持之以恆。挑一本你一直想看的書，把定時器設定十分鐘，移除可能令你分心的事物，練習使用一個視覺節奏器來輔助引導你的閱讀。

請安排你每天的閱讀時間，記在行事曆上，當成你跟自己的重要約會。

領導者都是閱讀者，閱讀對你的心智，是一種很好的鍛鍊。別忘了，光是閱讀一本書，就能讓你獲得數十年的經驗談。想了解更多，請重讀第14章。

推薦閱讀書單

我們的社群熱愛閱讀。若某人擁有數十年的經驗，並且把一身知識和技巧撰寫成書，而你能夠用幾天的時間閱讀這本書，你等於是用幾天時間吸收數十年的功力。

領導者都是閱讀者，我有很多學員的目標是：每週讀完一本書（每年52本）。

下列是我喜歡的一些書籍，主題也和心態、幹勁、方法有關，書目隨機排列。

- *The Magic of Thinking Big* by David J. Schwartz （《就是要你大膽思考》）

- *Man's Search for Meaning* by Viktor Frankl（《活出意義來》）

- *Understanding Understanding* by Richard Saul Wurman

- *The Tapping Solution for Manifesting Your Greatest Self* by Nick Ortner

- *Start With Why* by Simon Sinek（《先問，為什麼？》）

- *The 7 Habits of Highly Effective People* by Stephen R. Covey（《與成功有約》）

- *Change Your Brain, Change Your Life* by Dr. Daniel Amen（《一生都受用的大腦救命手冊》）

- *The Motivation Manifesto* by Brendon Burchard（《自由革命》）

- *Tiny Habits* by Dr. BJ Fogg

- *Brain Food* by Lisa Mosconi

- *Me to We* by Marc Kielburger & Craig Kielburger

- *The Promise of a Pencil* by Adam Braun（《一枝鉛筆的承諾》）

- *Miracle Mindset* by JJ Virgin

- *The TB12 Method* by Tom Brady

- *Super Human* by Dave Asprey

- *The Infinite Game* by Simon Sinek

- *The Future Is Faster Than You Think* by Steven Kotler & Peter Diamandis

- *The Code of the Extraordinary Mind* by Vishen Lakhiani

- *The School of Greatness* by Lewis Howes

- *Stress Less, Accomplish More* by Emily Fletcher（《壓力更少，成就更多》）

- *The Power of When* by Dr. Michael Breus

- *Becoming Super Woman* by Nicole Lapin

- *Chineasy Everyday* by Shaolan

- *#AskGaryVee* by Gary Vaynerchuk

- *Becoming Supernatural* by Dr. Joe Dispenza
- *Moonwalking with Einstein* by Joshua Foer（《記憶人人 hold 得住》）
- *The Brain that Changes Itself* by Dr. Norman Doidge
- *Mindset* by Carol Dweck（《心態致勝》）
- *The Align Method* by Aaron Alexander
- *Super Brain* by Deepak Chopra and Rudolph Tanzi
- *Genius Foods* by Max Lugavere
- *Sleep Smarter* by Shawn Stevenson
- *The UltraMind Solution* by Dr. Mark Hyman
- *Spark* by Dr. John Ratey（《運動改造大腦》）
- *The 4-Hour Chef* by Tim Ferriss（《廚藝解構聖經》）
- *Math Doesn't Suck* by Danica Mckellar
- *Boundless* by Ben Greenfield
- *Six Thinking Hats* by Edward de Bono（《6 頂思考帽》）
- *Thrive* by Arianna Huffington（《從容的力量》）
- *The Element* by Sir Ken Robinson with Lou Aronica（《讓天賦自由》）
- *TED Talks* by Chris Anderson（《TED TALKS 說話的力量》）
- *Atomic Habits* by James Clear（《原子習慣》）
- *Imagine It Forward* by Beth Comstock & Tahl Raz（《勇往直前》）
- *Belong* by Radha Agrawal
- *Disrupt-Her* by Miki Agrawal
- *The Ripple Effect* by Dr. Greg Wells

- *Exponential Transformation* by Salim Ismail, Francisco Palao & Michelle Lapierre

- *Think Like a Monk* by Jay Shetty

- *The Alter Ego Effect* by Todd Herman

- *How to Live a Good Life* by Jonathan Fields

- *The Mind Map Book* by Barry Buzan & Tony Buzan（《心智圖聖經》）

- *The Principles* by Ray Dalio（《原則》）

- *Re-Create Your Life* by Morty Lefkoe

- *Emotional First Aid* by Dr. Guy Winch

- *A Higher Branch* by Sam Makhoul

- *Cancer-Free with Food* by Liana Werner-Gray

- *Food Can Fix It* by Dr. Mehmet Oz（《修復身體的超級食物》）

謝辭

　　這是本書最難寫的部分，因為一本書的問世，需要一整支團隊通力合作。有人可能以為撰寫和出版一本書是一場個人秀，其實是一次的團隊壯舉。

　　這篇謝辭被限定了頁數，我無法以有限的篇幅，涵蓋所有引領與支持我走到今天的人。名單實在太長了，你可以說它近乎無限。

　　我深知這點，因為你們在我心中，全都有特殊地位。當我在做我的感恩課時，我感覺到你們的存在。

　　首先，我感謝你 —— 我的讀者。不僅感謝你購買這本書，更重要的是，感謝你閱讀及使用這本書。

　　謝謝我們的播客來賓、聽眾，以及所有觀看和分享我們的影片的人。謝謝你們每週收聽、收看，跟我一起學習變得更聰明。

　　我們位於全球各地的線上學員，非常感謝你們的時間和信賴，謝謝你們讓我們的團隊能夠實現我們的目

的 ── 打造更好、更聰明的頭腦。

感謝我們的演講與訓練客戶，讓我能夠和你們的聽眾及團隊分享我的知識。

感謝我的個人訓練客戶（你們知道你們是誰），謝謝你們的友誼，以及反過來教我那麼多東西作為回報。

感謝我的長期事業夥伴 Alexis Banc，沒有妳，就不會有這本書和這個事業。妳戴上了每一頂能想像得到的帽子，妳不僅有讓這個世界變得更好、更光明的願景，還為此全力貢獻，我永遠感激。

James Banc，我的好兄弟，謝謝你這個腦力戰士。

感謝我的個人助理 Elena，妳是我的右手（有時還是我的大腦），感謝妳所做的一切。

我們的快速團隊，天天努力服務社群，感謝你們的愛心與奉獻：Jonie、Sasha、Brittany、Jade、Iris、Denyce、Nicole、Jessica、Kyle、Dallas、Jen、Zareen、Jena、Lauren、Louie、Romario、Elizabeth、Miriam、Julia、Matilda、Alex、Dmitri、Jena、Kristie、LJ、Arthur、Marcin、Angelo、Pawel、Radek、Agata、Natalia、Katia、Hugo、Michal、Chris、Marta、Drew、Kris、Rusty，以及我們團隊以往、現在及未來的其他成員。（沒錯，我們的團隊成員，大多是傑出女性。）

我相信，每個人都能成為你的人生旅程中的老師。從那位要求我每週讀一本書的伯父，到那個說我的腦袋壞了的人，感謝你們教我的，謝謝你們給我的啟示。

謝辭

我的朋友Brendon Burchard、Scott Hoffman、Lewis Howes、Nick Ortner，鼓勵、支持並督促我撰寫這本書。感謝你們激勵這個世界，激勵我把我的混亂轉化成有用的訊息。

感謝Reid Tracy和Patty Gift看出這本書的潛力，很榮幸成為Hay House, Inc.出版品的一員。謝謝Anne、Mary、Margarete、Lindsay、Patricia、Cathy、Alexandra、Sally、Marlene、Perry、Celeste、Tricia、Julie、Yvette、Diane、John、Karen、Steve，以及其他所有參與製作、出版這本書的人。

特別感謝我們的創意團隊，為本書作出的重大貢獻。

感謝Lou Aronica幫助我精心製作本書，使它能有最佳呈現。

Sara Stibitz，妳的貢獻無法估量。感謝妳做的一切研究、訪談，雕章琢句，帶領我們跑到終點線。

Clay Hebert，感謝你多年來的支持，以及從頭到尾指揮本書的撰寫製作計畫。

感謝Jose Alonso製作的設計標誌，感謝傑出的攝影師Nick Onken。

Mark Hyman醫師，謝謝你相信我們的工作，並且為這本書撰寫推薦序，非常感謝你和Mia對本書的支持。

特別感謝Michael Robertson及The Beverly Hilton整個團隊招待我和我們的活動。

感謝商品團隊，我們看到的，就是我們關心的。謝謝

Daniel、Tom、Mitchell、Jakob、Anthony及整個團隊，謝謝你們把腦意識帶給世界。

感謝那些在這趟旅程早期啟發與激勵我的傳奇傑出人　士：Quincy Jones、Neil Gaiman、Gene Roddenberry、George Lucas、Joseph Cambell、Oprah Winfrey、Piers Anthony、JK Rowling、Napoleon Hill、Bruce Lee、Howard Garner、Tony Buzan、Harry Lorraine、Norman Vincent Peale、Brian Tracy、Jim Rohn、Les Brown、Arianna Huffington、Sir Ken Robinson、Mister Fred Rogers、Stan Lee。

感謝原創當責團隊：Michael Fishman、Brian Kurtz和Ryan Lee。

感謝Vishen Lakhian團隊，以及我們在Mindvalley的所有超級頭腦，幫助我們和世界分享元學習。

感謝我的超級英雄朋友，以及他們領導的社群：Giovanni Marsico與ArchAngels；Tom & Lisa Bilyeu，以及你們的Impactivists；Ken Rutkowski與METal兄弟；Elliot Bisnow與Summit；Chris Winefield & Jen Gottlieb，以及UAL；Chris Anderson與TED；Roman Tsunder與PTTOW & WORLDZ；Michael Fishman與CHS；Jack Canfield與TLC；JJ Virgin與Mindshare；Cole & Sanja Hatter與Thrive；Dan Fleyshman、Joel Marion，以及他們的MME 100 Group；Joe Polish，以及你的Genius Network；Anthony Tjan與On Cue；Gareb Shamus與ACE。

感謝所有關心我，以及幫助我們和這個世界分享

謝辭

我們的教學的朋友：Aaron Alexander、Adam Braun、Alex Banayan、Alex & Mimi Ikonn、Alex Ortner、Amy Jo Martin、Andres Roemer、Anna Akana、Ari Meisel、Audrey Hagen、Ben Greenfield、Dr. Ben Lynch、Ben Rawitz、Benny Luo、Beth Comstock、Bing Chen、BJ Fogg、Bo & Dawn Eason、Bob Proctor、Branden Hampton、Brandon Routh、Brian Evans、Brian Florio、Brian Grasso、Brooke Burke、Carrie Campbell、Carlos Gardes、Chalene Johnson、Charles Michael Yim、Chervin、Chloe Flower、Chris & Lori Harder、Christina Rasmussen、Christopher Lee、Chris Pan、Claire Zammit、Collin Chung、Craig & Sarah Clemens、Craig Kielburger、Cynthia Kersey、Cynthia Pasquella、Dr. Daniel Amen、Dan Caldwell、Dandapani、Danica McKellar、Dan Schawbel、Dave Hollis、Dave Nurse、David and Lana Asprey、David Bass、David Goggins、David Meltzer、David Michail、David Wolfe、Dawn Hoang、Dean Graziosi、Derek Halpern、Derek Hough、Dhru Purohit、Donna Steinhorn、Ed Mylett、Elizabeth Gilbert、Emily Fletcher、Emily Morse、Erik Logan、Erin Matlock、Frank & Natalia Kern、Gail Kingsbury、Gary Vaynerchuk、Dr. Halland Chen、Henk Rogers、Hutch Parker、Ian Clark、IN-Q、Jack Delosa、Jack Hidary、Jacqueline Schaffer、James Altucher、James Colquhoun、

Jason Stuber、Jayson Gaignard、Jay Shetty、Jeannie Mai、Jeff Krasno、Jeff Spencer、Jelena & Novak Djokovic、Jesse Itzler、Jessica Ortner、Jim Poole、Dr. Joe Mercola、Joel & Laurin Seiden、John Assaraf、John Lee、John Romaniello、Jon Benson、Jonathan Fields、Jon Fine、Jules Hough、Jon Levy、Kandis Marie、Katie Wells、Keith Ferrazzi、Ken Hertz、Kerwin Rae、Kevin & Annmarie Gianni、Kevin Pearce、Kevin Rose、Khaled Alwaleed、Kimberly Moore、Kimberly & James Van Der Beek、Kris Carr、Kute Blackson、Larry Benet、Larry & Oksana Ostrobsky、Laurel Touby、Leigh Durst、Liana Werner-Gray、Lisa Garr、Dr. Lisa Mosconi、Lisa Nichols、Liz Heller、Luke Storey、Manny Goldman、Marc Kielburger、Marie Forleo、Mariel Hemingway、Mari Smith、Mark Anthony Bates、Mark & Bonita Thompson、Mary Shenouda、Matt Mullenweg、Max Lugavere、Mel Abraham、Mel Robbins、Mia Lux、Dr. Michael Breus、Michael Gelb、Michael Lane、Mike Cline、Mike Koenigs、Mike Wang、Mikkoh Chen、Miki Agrawal、Mimi Pham、Mindpump Guys、Mona Sharma、Montel Williams、Naomi Whittel、Natalie & Glen Ledwell、Naveen Jain、Nick Kuzmich、Nicole Patrice、Nikki Sharp、Nina Sugasawa、Nusa Maal、Ocean Robbins、Oz Garcia、Paul Hoffman、Penni Thow、Pete Vargas、Peter Diamandis、Peter Hoppenfeld、Peter Nguyen、

謝辭

Rachel Goldstein、Radha Agrawal、Ramit Sethi、Randy Gage、Randy Garn、Rene & Akira Chan、Richard Miller、Richard & Veronica Tan、Richard Saul WurmanWurman、Rick Barber、Rick Frishman、Robin Farmanfarmaian、Robin Sharma、Rudy Tanzi、Ryan Holiday、Ryan Kaltman、Ryan Levesque、Sabrina Kay、Sam Horn、Sandy Grigsby、Sashin Govender、Sazan & Stevie Hendrix、Scooter Braun、Scott Flansburg、Sean Croxton、Sean & Mindy Stephenson、Dr. Seeta Narsai、Selena Soo、Shaman Durek、Shannon Elizabeth、Shannon Lee、Seth Godin、ShaoLan、Shawn & Anne Stevenson、Dr. Shefali、Simon Kinberg、Simon Mainwaring、Simon Sinek、Sonia Ricotti、Sony Mordechai、Sophie Chiche、Dr. Stephanie Estima、Stephanie McMahon、Steven Kotler、Steve Sims、Steven Tyler、Sunny Bates、Susan Cain、Tana Amen、Tara Mackey、Thomas Bahler、Tim Chang、Tim Larkin、Tim Ryan、Todd Herman、Tom Ferry、Tony Hsieh、Tracy Anderson、Trent Shelton、Tucker Max、Vani Hari、Whitney Pratt、Will Eppes、Wim Hof、Yanik Silver、Yanjaa Wintersoul、Yue-Sai Kan、Yuka Kobayashi，還有非常多的人，無法在此一一列名。

感謝我們喜愛及支持的孩童教育非營利組織（本書的部分所得將捐給它們）——我們慈善組織（WE Charity）、鉛筆的承諾（Pencils of Promise）、勢不可當基

金會（Unstoppable Foundation）等等。謝謝你們創立的學校，以及你們為貧困小孩提供的保健服務和淨水。

感謝那些以促進腦部健康為宗旨，而資助及研究阿茲海默症的非營利組織：史蒂夫·青木（Steve Aoki）和青木基金會（Aoki Foundation）；瑪麗亞·施立佛（Maria Shriver）及女性阿茲海默症運動（Women's Alzheimer's Movement）；阿茲海默症專家、哈佛醫學院神經科學教授魯道夫·譚梓（Rudolph Tanzi）；克利夫蘭醫學中心的勞盧沃腦部健康中心（Lou Ruvo Center for Brain Health）；麗莎·莫斯科尼（Lisa Mosconi）的女性腦部醫學研究計畫，以及威爾康乃爾醫學院（Weill Cornell Medical College）阿茲海默症預防診所。

感謝我求學時的所有老師（以及世界各地的所有老師）。我曾和這麼多教育從業者，以及我的母親（最近從公立學校退休）一起努力多年，這段歷程使我知道多麼不容易，感謝你們的愛心、仁慈及奉獻，你們是真正的超級英雄，我們感激你們穿的超級英雄外衣。

感謝原創技客小組——Dakota、Morris、Dave，謝謝你們製作的漫畫、電玩遊戲及紙牌遊戲。感謝你們的友誼，以及長期以來的課業輔導；沒有你們，我無法完成學業。

感謝 Rick 先生多年的武術訓練、智慧傳授及友誼。Bryan Watanabe，我高度敬佩你的誠正，以及你對周遭人產生的正面影響。

感謝我的狗兒 Rocky，每天早上陪我寫作——找不到

比你更棒的狗狗啦！

感謝我親愛的太太，這趟旅程有妳相伴，實在太幸運了！感謝妳接受我對所有與頭腦有關的東西及超級英雄的狂熱著迷，和妳一起度過的每一天，是學習與歡笑交織的探索旅程。我感佩妳無限的愛與支持，妳是我人生中最棒的福賜。

感謝我的家人，洋溢強而深的愛，為我們留下珍貴的終身回憶。

感謝我的兄弟姐妹所做的一切，不論是個人或家人層面，你們都鼓舞了我，最愛你們了！

感謝我的父母 —— 我的原始英雄。謝謝你們對這本書的鼓勵，打從一開始就相信我。我的一切像樣或好的成就，全都歸功於你們。至於那些較差的表現，全都得歸咎於我本身。

最後，再次感謝本書的讀者，我們很榮幸能夠幫助你，一起打造一個充滿無限大腦、無限人生的世界。

注釋

② 「變得無限」為何現在很重要？

1. "Digital Overload: Your Brain On Gadgets," NPR, last modified August 24, 2010, www.npr.org/templates/story/story.php?storyId=129384107.

2. 同上注。

3. 同 上 注；Matt Richtel, "Attached to Technology and Paying a Price," *New York Times*, last modified June 7, 2010, www.nytimes.com/2010/06/07/technology/07brain.html.

4. Paul Waddington, "Dying for Information? A Report on the Effects of Information Overload in the UK and Worldwide," Reuters, accessed December 11, 2019, www.ukoln.ac.uk/services/papers/bl/blri078/content/repor~13.htm.

5. "Digital Distraction," American Psychological Association, last modified August 10, 2018, www.apa.org/news/press/releases/2018/08/digital-distraction.

6. Daniel J. Levitin, *The Organized Mind: Thinking Straight in the Age of Information Overload* (New York: Dutton, 2016).

7. Sean Coughlan, "Digital Dependence 'Eroding Human Memory,'" *BBC News*, BBC, last modified October 7, 2015, www.

bbc.com/news/education-34454264.

8. Rony Zarom, "Why Technology Is Affecting Critical Thought in the Workplace and How to Fix It," *Entrepreneur*, September 21 2015, www.entrepreneur.com/article/248925.

9. Jim Taylor, "How Technology Is Changing the Way Children Think and Focus," *Psychology Today*, December 4, 2012, www. psychologytoday.com/us/blog/the-power-prime/201212/how-technology-is-changing-the-way-children-think-and-focus.

10. Patricia M. Greenfield, "Technology and Informal Education: What Is Taught, What Is Learned," *Science*, January 2 2009, https://science.sciencemag.org/content/323/5910/69.full.

11. Richard Foreman, "The Pancake People, or, 'The Gods Are Pounding My Head'," *Edge*, March 8 2005, https://www.edge. org/3rd_culture/foreman05/foreman05_index.html.

③ 你的無限大腦

1. Tara Swart, *The Source: Open Your Mind, Change Your Life* (New York: Vermilion, 2019).

2. Suzana Herculano-Houzel, "The Human Brain in Numbers: a Linearly Scaledup Primate Brain," *Frontiers in Human Neuroscience*, November 9, 2009, www.ncbi.nlm.nih.gov/pmc/articles/PMC2776484/.

3. Ferris Jabr, "Cache Cab: Taxi Drivers' Brains Grow to Navigate London's Streets," *Scientific American*, December 8, 2011, www. scientificamerican.com/article/london-taxi-memory/.

4. Courtney E. Ackerman, "What Is Neuroplasticity? A Psychologist Explains [+14 Exercises]," PositivePsychology. com, last modified September 10, 2019, positivepsychology.com/neuroplasticity/.

5. Catharine Paddock, Ph.D., "Not Only Does Our Gut Have Brain Cells It Can Also Grow New Ones, Study," Medical News Today,

last modified August 5, 2009, https://www.medicalnewstoday.com/articles/159914.php; Jennifer Wolkin, "Meet Your Second Brain: The Gut," *Mindful*, last modified August 14, 2015, https://www.mindful.org/meet-your-second-brain-the-gut/.

6. Emily Underwood, "Your Gut Is Directly Connected to Your Brain, by a Newly Discovered Neuron Circuit," *Science*, last modified September 20, 2018, https://www.sciencemag.org/news/2018/09/your-gut-directly-connected-your-brain-newly-discovered-neuron-circuit.

7. Ken Robinson and Lou Aronica, *Creative Schools: The Grassroots Revolution That's Transforming Education* (New York: Penguin Books, 2016), xxvii-xxvii.

④ 如何閱讀與記住本書（以及任何書籍）

1. Sonnad, Nikhil. "A Mathematical Model of the 'Forgetting Curve' Proves Learning Is Hard." Quartz, February 28, 2018, qz.com/1213768/the-forgetting-curve-explains-why-humans-struggle-to-memorize/.

2. Francesco Cirillo, "The Pomodoro Technique," Cirillo Consulting, francescocirillo.com/pages/pomodoro-technique.

3. Oliver Wendell Holmes, "The Autocrat of the Breakfast-Table," *Atlantic Monthly* 2, no. 8 (June 1858): 502.

⑤ 信念系統的魔咒

1. "Kwik Brain with Jim Kwik: Break Through Your Beliefs with Shelly Lefkoe," Jim Kwik, May 2, 2019, https://kwikbrain.libsyn.com/114-break-through-your-beliefs-with-shelly-lefkoe/.

2. Jan Bruce, et al., *Mequilibrium: 14 Days to Cooler, Calmer, and Happier* (New York: Harmony Books, 2015), 95.

3. Jennice Vilhauer, "4 Ways to Stop Beating Yourself Up,

Once and For All," *Psychology Today*, March 18, 2016, www.psychologytoday.com/us/blog/living-forward/201603/4-ways-stop-beating-yourself-once-and-all.

4. "The Power of Positive Thinking," Johns Hopkins Medicine, www.hopkinsmedicine.org/health/wellness-and-prevention/the-power-of-positive-thinking.

5. Mayo Clinic Staff, "Positive Thinking: Stop Negative Self-Talk to Reduce Stress," Mayo Clinic, last modified February 18, 2017, www.mayoclinic.org/healthy-lifestyle/stress-management/in-depth/positive-thinking/art-20043950.

6. James Clear, "How Positive Thinking Builds Your Skills, Boosts Your Health, and Improves Your Work," James Clear, accessed April 22, 2019, jamesclear.com/positive-thinking.

7. 同上注。

8. 同上注。

9. Barbara L. Fredrickson, "The Broaden-and-Build Theory of Positive Emotions," National Center for Biotechnology Information, last modified August 17, 2004, www.ncbi.nlm.nih.gov/pmc/articles/PMC1693418/pdf/15347528.pdf.

⑥ 關於學習的 7 個謊言

1. Carol S. Dweck, *Mindset: the New Psychology of Success* (New York: Random House, 2006).

2. Daphne Martschenko, "The IQ Test Wars: Why Screening for Intelligence Is Still so Controversial," The Conversation, accessed August 16, 2019, https://theconversation.com/the-iq-test-wars-why-screening-for-intelligence-is-still-so-controversial-81428.

3. 同上注。

4. 同上注。

5. David Shenk, "The Truth About IQ," *The Atlantic*, accessed

August 4, 2009, https://www.theatlantic.com/national/archive/2009/07/the-truth-about-iq/22260/.

6. 同上注。

7. Brian Roche, "Your IQ May Not Have Changed, But Are You Any Smarter?", *Psychology Today*, July 15, 2014, www.psychologytoday.com/us/blog/iq-boot-camp/201407/your-iq-may-not-have-changed-are-you-any-smarter.

8. David Shenk, *The Genius in All Of Us* (New York: Anchor Books, 2011) 117.

9. Gabrielle Torre, "The Life and Times of the 10% Neuromyth," Knowing Neurons, last modified February 13, 2018, https://knowingneurons.com/2018/02/13/10-neuromyth/.

10. Eric H. Chudler, "Do We Only Use 10% of Our Brains?," Neuroscience for Kids, https://faculty.washington.edu/chudler/tenper.html.

11. Gabrielle Torre, "The Life and Times of the 10% Neuromyth," Knowing Neurons, last modified February 13, 2018, https://knowingneurons.com/2018/02/13/10-neuromyth/.

12. Eric Westervelt, "Sorry, Lucy: The Myth of the Misused Brain Is 100 Percent False," *NPR*, July 27, 2014, https://www.npr.org/2014/07/27/335868132/sorry-lucy-the-myth-of-the-misused-brain-is-100-percent-false.

13. Barry L. Beyerstein, "Whence Cometh the Myth that We Only Use 10% of our Brains?," in *Mind Myths: Exploring Popular Assumptions About the Mind and Brain*, ed. Sergio Della Sala (Wiley, 1999), 3–24.

14. 同上注。

15. Robynne Boyd, "Do People Only Use 10 Percent of Their Brains?" *Scientific American*, last modified February 7, 2008, https://www.scientificamerican.com/article/do-people-only-use-10-percent-of-their-brains/.

16. Thomas G. West, *In the Mind's Eye: Creative Visual Thinkers, Gifted Dyslexics, and the Rise of Visual Technologies* (Amherst, NY: Prometheus Books, 2009).

17. 同上注。

18. "Einstein's 23 Biggest Mistakes: A New Book Explores the Mistakes of the Legendary Genius," *Discover*, last modified September 1, 2008, http://discovermagazine.com/2008/sep/01-einsteins-23-biggest-mistakes.

19. "About Page," Beth Comstock, https://www.bethcomstock.info/.

20. 99U, "Beth Comstock: Make Heroes Out of the Failures," video, 12:40, September 3, 2015, https://www.youtube.com/watch?v=0GpIlOF-UzA.

21. Thomas Hobbes, *The English Works of Thomas Hobbes of Malmesbury*, ed. William Molesworth (Aalen: Scientia, 1966).

22. "Carol W. Greider," Wikipedia, accessed July 27, 2019, https://en.wikipedia.org/wiki/Carol_W._Greider.

23. "Carol Greider, Ph.D., Director of Molecular Biology & Genetics at Johns Hopkins University," *Yale Dyslexia*, http://dyslexia.yale.edu/story/carol-greider-ph-d/.

24. Mayo Clinic Staff, "Dyslexia," Mayo Clinic, last modified July 22, 2017, https://www.mayoclinic.org/diseases-conditions/dyslexia/symptoms-causes/syc-20353552.

25. Claudia Dreifus, "On Winning a Nobel Prize in Science," *The New York Times*, October 12, 2009, Science section, https://www.nytimes.com/2009/10/13/science/13conv.html.

26. Jim Carrey, commencement address, Maharishi International University, Fairfield, Iowa, May 24, 2014, www.mum.edu/graduation-2014, accessed January5, 2020.

27. Fred C. Kelly, "They Wouldn't Believe the Wrights Had Flown: A Study in Human Incredulity," Wright Brothers Aeroplane Company, http://www.wright-brothers.org/History_Wing/

Aviations_Attic/They_Wouldnt_Believe/They_Wouldnt_Believe_the_Wrights_Had_Flown.htm.

28. 同上注。

29. "Bruce Lee," Biography.com, last modified April 16, 2019, www.biography.com/actor/bruce-lee.

30. Mouse AI, "I Am Bruce Lee," directed by Pete McCormack, video, 1:30:13, last modified June 13, 2015, www.youtube.com/watch?v=2qL-WZ_ATTQ.

31. "I Am Bruce Lee," Leeway Media, 2012, www.youtube.com/watch?v=2qL-WZ_ATTQ.

32. Bruce Lee, *Bruce Lee Jeet Kune Do: Bruce Lee's Commentaries on the Martial Way,* ed. John Little (Tuttle Publishing, 1997).

33. Daniel Coyle, *The Talent Code: Greatness Isn't Born. It's Grown* (London: Arrow, 2010); "The Talent Code: Grow Your Own Greatness: Here's How," Daniel Coyle, http://danielcoyle.com/the-talent-code/.

⑦ 目的

1. "Kind (n.)," Index, www.etymonline.com/word/kind.

2. Christopher J. Bryan, et al., "Motivating Voter Turnout by Invoking the Self," PNAS, last modified August 2, 2011, https://www.pnas.org/content/108/31/12653.

3. Adam Gorlick, "Stanford Researchers Find That a Simple Change in Phrasing Can Increase Voter Turnout," Stanford University, last modified July 19, 2011, https://news.stanford.edu/news/2011/july/increasing-voter-turnout-071911.html.

⑧ 精力

1. Eva Selhub, "Nutritional Psychiatry: Your Brain on Food," Harvard Health (blog), Harvard Health Publishing, last modified

April 5, 2018, www.health.harvard.edu/blog/nutritional-psychiatry-your-brain-on-food-201511168626.

2. Jim Kwik, "Kwik Brain with Jim Kwik: Eating for Your Brain with Dr. Lisa Mosconi," Jim Kwik, last modified January 4, 2019, https://jimkwik.com/kwik-brain-088-eating-for-your-brain-with-dr-lisa-mosconi/.

3. Jim Kwik, "Kwik Brain with Jim Kwik: When to Eat for Optimal Brain Function with Max Lugavere," Jim Kwik, last modified July 19, 2018, https://jimkwik.com/kwik-brain-066-when-to-eat-for-optimal-brain-function-with-max-lugavere/.

4. "Table 1: Select Nutrients that Affect Cognitive Function," National Institutes of Health, www.ncbi.nlm.nih.gov/pmc/articles/PMC2805706/table/T1/?report=objectonly, accessed June 1, 2019.

5. Heidi Godman, "Regular Exercise Changes the Brain to Improve Memory, Thinking Skills," Harvard Health (blog), Harvard Health Publishing, April 5, 2018, www.health.harvard.edu/blog/regular-exercise-changes-brain-improve-memory-thinking-skills-201404097110.

6. Daniel G. Amen, *Change Your Brain, Change Your Life: the Breakthrough Program for Conquering Anxiety, Depression, Obsessiveness, Lack of Focus, Anger, and Memory Problems* (New York: Harmony Books, 2015), 109–110.

7. The Lancet Neurology, "Air Pollution and Brain Health: an Emerging Issue," *The Lancet* 17, no. 2 (February 2018): 103, www.thelancet.com/journals/laneur/article/PIIS1474-4422(17)30462-3/fulltext.

8. Tara Parker-Pope, "Teenagers, Friends and Bad Decisions," Well (blog), *The New York Times*, February 3, 2011, well.blogs.nytimes.com/2011/02/03/teenagers-friends-and-bad-decisions/?scp=6&sq=tara%2Bparker%2Bpope&st=cse.

9. "Protect Your Brain from Stress," Harvard Health (blog),

Harvard Health Publishing, last modified August 2018, www.health.harvard.edu/mind-and-mood/protect-your-brain-from-stress.

10. "Brain Basics: Understanding Sleep," National Institute of Neurological Disorders and Stroke, U.S. Department of Health and Human Services, last modified August 13, 2019, www.ninds.nih.gov/Disorders/Patient-Caregiver-Education/Understanding-Sleep.

11. Jean Kim, "The Importance of Sleep: The Brain's Laundry Cycle," *Psychology Today*, June 28, 2017, www.psychologytoday.com/us/blog/culture-shrink/201706/the-importance-sleep-the-brains-laundry-cycle.

12. Jeff Iliff, "Transcript of 'One More Reason to Get a Good Night's Sleep,'" TED, last modified September 2014, www.ted.com/talks/jeff_iliff_one_more_reason_to_get_a_good_night_s_sleep/transcript.

13. 同上注。

14. Sandee LaMotte, "One in Four Americans Develop Insomnia Each Year: 75 Percent of Those with Insomnia Recover," Science Daily, June 5, 2018, https://www.sciencedaily.com/releases/2018/06/180605154114.htm.

15. Kathryn J. Reid, et al., "Aerobic Exercise Improves Self-Reported Sleep and Quality of Life in Older Adults with Insomnia," *Sleep Medicine*, U.S. National Library of Medicine, last modified October 2010, www.ncbi.nlm.nih.gov/pmc/articles/PMC2992829/.

16. Michael J. Breus, "Better Sleep Found by Exercising on a Regular Basis," *Psychology Today*, September 6, 2013, www.psychologytoday.com/us/blog/sleep-newzzz/201309/better-sleep-found-exercising-regular-basis-0.

17. Sandee LaMotte, "The Healthiest Way to Improve Your Sleep: Exercise," CNN, last modified May 30, 2017, www.cnn.

com/2017/05/29/health/exercise-sleep-tips/index.html.

18. David S. Black, et al., "Mindfulness Meditation in Sleep-Disturbed Adults," *JAMA Internal Medicine 5* (April 2015): 494–501, jamanetwork.com/journals/jamainternalmedicine/fullarticle/2110998.

19. Karen Kaplan, "A Lot More Americans are Meditating Now than Just Five Years Ago," *Los Angeles Times*, November 8, 2018, www.latimes.com/science/sciencenow/la-sci-sn-americans-meditating-more-20181108-story.html.

20. Jim Kwik, "Kwik Brain with Jim Kwik: How to Make Meditation Easy with Ariel Garten," Jim Kwik, last modified November 8, 2018, https://jimkwik.com/kwik-brain-080-your-brain-on-meditation-with-ariel-garten/.

21. 同上注。

⑨ 小而簡單的步驟

1. Sarah Young, "This Bizarre Phenomenon Can Stop You from Procrastinating," *The Independent*, last modified March 9, 2018, www.independent.co.uk/life-style/procrastinating-how-to-stop-zeigarnik-effect-phenomenon-at-work-now-a8247076.html.

2. Art Markman, "How to Overcome Procrastination Guilt and Turn It Into Motivation," HBR Ascend, January 7, 2019, hbrascend.org/topics/turn-your-procrastination-guilt-into-motivation/.

3. B. J. Fogg, "When you learn the Tiny Habits method, you can change your life forever," Tiny Habits, last modified 2019, www.tinyhabits.com/.

4. Deepak Agarwal, *Discover the Genius in Your Child* (Delhi: AIETS.com Pvt.Ltd., 2012), 27-28.

5. Charles Duhigg, *The Power of Habit: Why We Do What We Do in Life and Business* (New York: Random House, 2012), 20–21.

6. James Clear, "The Habits Academy," The Habits Academy, habitsacademy.com/.

7. Jim Kwik, "Kwik Brain with Jim Kwik: Understanding Habit Triggers with James Clear," Jim Kwik, October 18, 2018, https:// jimkwik.com/kwik-brain-075-understanding-habit-triggers- with-james-clear/.

8. 同上注。

9. Phillippa Lally, et al., "How Are Habits Formed: Modelling Habit Formation in the Real World," *European Journal of Social Psychology*, vol. 40, no. 6 (July 2009): 998–1009, doi:10.1002/ ejsp.674.

10. Alison Nastasi, "How Long Does It Really Take to Break a Habit?" Hopes&Fears, accessed November 20, 2015, www. hopesandfears.com/hopes/now/question/216479-how-long- does-it-really-take-to-break-a-habit.

11. 同上注。

12. B. J. Fogg, "A Behavior Model for Persuasive Design," Persuasive '09: *Proceedings of the 4th International Conference on Persuasive Technology*, no. 40 (April 26, 2009), doi:10.1145/1541948.1541999.

13. 同上注。

14. 同上注。

15. 同上注。

⑩ 心流

1. Mihaly Csikszentmihalyi, *Flow: the Psychology of Optimal Experience* (New York: Harper Row, 2009).

2. Mike Oppland, "8 Ways To Create Flow According to Mihaly Csikszentmihalyi," PositivePsychology.com, accessed February 19, 2019, positivepsychologyprogram.com/mihaly-

csikszentmihalyi-father-of-flow/.

3. Susie Cranston and Scott Keller, "Increasing the 'Meaning Quotient' of Work," *McKinsey Quarterly*, January 2013, www. mckinsey.com/business-functions/organization/our-insights/ increasing-the-meaning-quotient-of-work.

4. Entrepreneurs Institute Team, "A Genius Insight: The Four Stages of Flow," Entrepreneurs Institute, last modified February 12, 2015, entrepreneursinstitute.org/updates/a-genius-insight-the-four-stages-of-flow.

5. Hara Estroff Marano, "Pitfalls of Perfectionism," *Psychology Today*, March 1, 2008, www.psychologytoday.com/us/ articles/200803/pitfalls-perfectionism.

6. Travis Bradberry, "Why the Best Leaders Have Conviction," World Economic Forum, last modified December 7, 2015, www. weforum.org/agenda/2015/12/why-the-best-leaders-have-conviction/.

⑪ 專注

1. Jim Kwik, "Kwik Brain with Jim Kwik: How to Concentrate with Dandapani," Jim Kwik, October 8, 2019, https://jimkwik.com/ kwik-brain-149-how-to-concentrate-with-dandapani/.

2. 同上注。

3. 同上注。

4. "A Clean Well-Lighted Place," *BeWell*, accessed January 7, 2020, https://bewell.stanford.edu/a-clean-well-lighted-place/.

5. Melanie Greenberg, "9 Ways to Calm Your Anxious Mind," *Psychology Today*, June 28, 2015, www.psychologytoday.com/ us/blog/the-mindful-self-express/201506/9-ways-calm-your-anxious-mind.

6. Donald Miller, "The Brutal Cost of Overload and How to Reclaim the Rest You Need," *Building a StoryBrand*,

buildingastorybrand.com/episode-40/.

7. Markham Heid, "The Brains of Highly Distracted People Look Smaller," *VICE*, October 12, 2017, tonic.vice.com/en_us/article/wjxmpx/constant-tech-distractions-are-like-feeding-your-brain-junk-food.

8. Kristin Wong, "How Long It Takes to Get Back on Track After a Distraction," *Lifehacker*, July 29, 2015, lifehacker.com/how-long-it-takes-to-get-back-on-track-after-a-distract-1720708353.

9. "4-7-8 Breath Relaxation Exercise," Council of Residency Directors in Emergency Medicine, February 2010, www.cordem.org/globalassets/files/academic-assembly/2017-aa/handouts/day-three/biofeedback-exercises-for-stress-2---fernances-j.pdf.

⑫ 研習

1. Ralph Heibutzki, "The Effects of Cramming for a Test," *Education*, November 21, 2017, education.seattlepi.com/effects-cramming-test-2719.html.

2. Mark Wheeler, "Cramming for a Test? Don't Do It, Say UCLA Researchers," UCLA Newsroom, August 22, 2012, newsroom.ucla.edu/releases/cramming-for-a-test-don-t-do-it-237733.

3. William R. Klemm, "Strategic Studying: The Value of Forced Recall," *Psychology Today*, October 9, 2016, www.psychologytoday.com/us/blog/memory-medic/201610/strategic-studying-the-value-forced-recall.

4. 同上注。

5. James Gupta, "Spaced Repetition: a Hack to Make Your Brain Store Information," *The Guardian*, January 23, 2016, www.theguardian.com/education/2016/jan/23/spaced-repetition-a-hack-to-make-your-brain-store-information.

6. Jordan Gaines Lewis, "Smells Ring Bells: How Smell Triggers Memories and Emotions," *Psychology Today*, January 12, 2015,

www.psychologytoday.com/us/blog/brain-babble/201501/
smells-ring-bells-how-smell-triggers-memories-and-emotions.

7. Wu-Jing He, et al., "Emotional Reactions Mediate the Effect
of Music Listening on Creative Thinking: Perspective of the
Arousal-and-Mood Hypothesis," *Frontiers in Psychology* 8
(September 26, 2017): 1680, www.ncbi.nlm.nih.gov/pmc/
articles/PMC5622952/.

8. Claire Kirsch, "If It's Not Baroque Don't Fix It," *The Belltower*,
January 25, 2017, http://belltower.mtaloy.edu/2017/01/if-its-not-
baroque-dont-fix-it/.

9. Alina-Mihaela Busan, "Learning Styles of Medical Students—
Implications in Education," *Current Health Sciences Journal* 40,
no. 2 (April–June 2014): 104–110, www.ncbi.nlm.nih.gov/pmc/
articles/PMC4340450/.

10. Bob Sullivan and Hugh Thompson, "Now Hear This! Most
People Stink at Listening [Excerpt]," *Scientific American*, May 3,
2013, www.scientificamerican.com/article/plateau-effect-digital-
gadget-distraction-attention/.

11. 同上注。

12. Cindi May, "A Learning Secret: Don't Take Notes with a Laptop,"
Scientific American, June 3, 2014, www.scientificamerican.com/
article/a-learning-secret-don-t-take-notes-with-a-laptop/

⑬ 記憶

1. Eve Marder, "The Importance of Remembering," *eLife* 6
(August 14, 2017), https://www.ncbi.nlm.nih.gov/pmc/articles/
PMC5577906/.

2. William R. Klemm, "Five Reasons That Memory Matters,"
Psychology Today, January 13, 2013, www.psychologytoday.com/
us/blog/memory-medic/201301/five-reasons-memory-matters.

3. Joshua Foer, "How to Train Your Mind to Remember Anything,"

CNN, 11 June 2012, www.cnn.com/2012/06/10/opinion/foer-ted-memory/index.html.

⑭ 速讀

1. Lauren Duzbow, "Watch This. No. Read It!" Oprah.com, June 2008, www.oprah.com/health/how-reading-can-improve-your-memory#ixzz2VYPyX3uU.

2. "Keep Reading to Keep Alzheimer's at Bay," Fisher Center for Alzheimer's Research Foundation, last modified November 12, 2014, www.alzinfo.org/articles/reading-alzheimers-bay/.

⑮ 思考

1. "Six Thinking Hats," the De Bono Group, www.debonogroup.com/six_thinking_hats.php.

2. "The Components of MI," MI Oasis, www.multipleintelligencesoasis.org/the-components-of-mi, accessed April 10, 2019.

3. 同上注。

4. 同上注。

5. The Mind Tools Content Team, "VAK Learning Styles: Understanding How Team Members Learn," Mind Tools, www.mindtools.com/pages/article/vak-learning-styles.htm, accessed April 10, 2019.

6. Matt Callen, "The 40/70 Rule and How It Applies to You," Digital Kickstart, last modified May 3, 2016, https://digitalkickstart.com/the-4070-rule-and-how-it-applies-to-you/.

7. 同上注。

8. Rimm, Allison, "Taming the Epic To-Do List." *Harvard Business Review*, June 14, 2018, https://hbr.org/2018/03/taming-the-epic-to-do-list.

9. Peter Bevelin, *Seeking Wisdom: from Darwin to Munger* (PCA

Publications LLC, 2018).

10. Ryan Holiday, *Conspiracy: The True Story of Power, Sex, and a Billionaire's Secret Plot to Destroy a Media Empire* (New York: Portfolio, 2018).

11. "Second-Order Thinking: What Smart People Use to Outperform," Farnam Street, accessed January 22, 2019, https://fs.blog/2016/04/second-order-thinking/.

12. "Kwik Brain with Jim Kwik: Exponential Thinking with Naveen Jain," Jim Kwik, May 4, 2018, https://jimkwik.com/kwik-brain-059-exponential-thinking-with-naveen-jain/.

13. Viome.com Home Page, Viome, Inc., accessed February 5, 2020, www.viome.com.

14. Mark Bonchek, "How to Create an Exponential Mindset," *Harvard Business Review*, October 4, 2017, hbr.org/2016/07/how-to-create-an-exponential-mindset.

15. Evie Mackie, "Exponential Thinking," Medium, Room Y, last modified August 30, 2018, medium.com/room-y/exponential-thinking-8d7cbb8aaf8a.

認識自己，相信自己，愛自己，做自己。
調整心態、幹勁和方法，請當個無限的人。

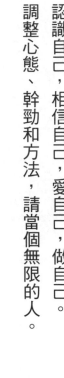

Star 星出版 財經商管 Biz 009

腦力全開
打破局限信念，加速學習，
開啟無限人生新境界

Limitless
**Upgrade Your Brain, Learn Anything Faster,
and Unlock Your Exceptional Life**

作者 ── 吉姆・快克 Jim Kwik
譯者 ── 李芳齡

總編輯 ── 邱慧菁
特約編輯 ── 吳依亭
校對 ── 李蓓蓓
封面設計 ── 兒日設計
內頁排版 ── 立全電腦印前排版有限公司

出版 ── 星出版／遠足文化事業股份有限公司
發行 ── 遠足文化事業股份有限公司（讀書共和國出版集團）
　　　　231 新北市新店區民權路 108 之 4 號 8 樓
　　　　電話：886-2-2218-1417
　　　　傳真：886-2-8667-1065
　　　　email: service@bookrep.com.tw
　　　　郵撥帳號：19504465 遠足文化事業股份有限公司
　　　　客服專線 0800221029
法律顧問 ── 華洋法律事務所 蘇文生律師
製版廠 ── 中原造像股份有限公司
印刷廠 ── 中原造像股份有限公司
裝訂廠 ── 中原造像股份有限公司
登記證 ── 局版台業字第 2517 號

出版日期 ── 2023 年 06 月 28 日第一版第六次印行
定價 ── 新台幣 450 元
書號 ── 2BBZ0009
ISBN ── 978-986-98842-5-9

著作權所有　侵害必究

星出版讀者服務信箱 ── starpublishing@bookrep.com.tw
讀書共和國網路書店 ── www.bookrep.com.tw
讀書共和國客服信箱 ── service@bookrep.com.tw
歡迎團體訂購，另有優惠，請洽業務部：886-2-22181417 ext. 1132 或 1520

本書如有缺頁、破損、裝訂錯誤，請寄回更換。
本書僅代表作者言論，不代表星出版／讀書共和國出版集團立場與意見，文責由作者自行承擔。

國家圖書館出版品預行編目（CIP）資料

腦力全開：打破局限信念，加速學習，開啟無限人生新境界／
吉姆・快克（Jim Kwik）著；李芳齡 譯. 第一版. – 新北市；星出
版, 遠足文化發行, 2020.09
400 面；14.8x21 公分 . --（財經商管；Biz 009）.
譯自：譯自：Limitless: Upgrade Your Brain, Learn Anything Faster,
and Unlock Your Exceptional Life

ISBN 978-986-98842-5-9 　　　　（平裝）

1. 成功法 2. 生活指導 3. 學習方法

177.2　　　　　　　　　　　　　　　　　109012212

新觀點
新思維
新眼界

Star☆
星出版